# "读书的料"及其文化生产

## 当代农家子弟成长叙事研究

程猛 著

中国社会科学出版社

图书在版编目（CIP）数据

"读书的料"及其文化生产：当代农家子弟成长叙事研究/程猛著.—北京：中国社会科学出版社，2018.12（2024.10 重印）
（中国社会科学博士后文库）
ISBN 978-7-5203-3695-6

Ⅰ.①读… Ⅱ.①程… Ⅲ.①农民阶级—研究—中国—现代 Ⅳ.①D663.2

中国版本图书馆 CIP 数据核字（2018）第 284715 号

| | |
|---|---|
| 出 版 人 | 赵剑英 |
| 责任编辑 | 王 琪 |
| 责任校对 | 李 剑 |
| 责任印制 | 李寡寡 |

| | |
|---|---|
| 出　　版 | 中国社会科学出版社 |
| 社　　址 | 北京鼓楼西大街甲 158 号 |
| 邮　　编 | 100720 |
| 网　　址 | http://www.csspw.cn |
| 发 行 部 | 010-84083685 |
| 门 市 部 | 010-84029450 |
| 经　　销 | 新华书店及其他书店 |
| 印刷装订 | 北京君升印刷有限公司 |
| 版　　次 | 2018 年 12 月第 1 版 |
| 印　　次 | 2024 年 10 月第 9 次印刷 |
| 开　　本 | 710×1000　1/16 |
| 印　　张 | 19.5 |
| 字　　数 | 332 千字 |
| 定　　价 | 89.00 元 |

凡购买中国社会科学出版社图书，如有质量问题请与本社营销中心联系调换
电话：010-84083683
版权所有　侵权必究

# 序一　文化生产与中国的相遇

为程猛学术生涯的第一本书作序，这既让我感到非常荣幸，又让我受挫。

之所以荣幸，是因为在旅居中国（2014—2017年）并任教于北京师范大学期间，我深入地了解了这位年轻人。这段旅居生活让我结识了许多朋友，对中国浩瀚无边而又光怪陆离、蒙着神秘面纱的巨变有过心驰神往的凝视。巧合的是，程猛的博士生涯与我在北京师范大学任教的三年时光完美重叠了，我也非常幸运地担任了他的副导师。

程猛参与了我开设的有着严苛要求并带有读书会性质的全英文教学研讨课，课程内容是西方民族志取向的经典之作和一些当代作品，主要讨论文化视野下的学校生活和工厂劳作。他非常勤勉，很好地把握了那些复杂的思想、争论和方法论。因此，我邀请他在随后的课程中担任了我的助教。在这个过程中，他全方位释放了自己非凡的才华。

之所以受挫，仅仅是因为我不认识、也无法理解在这篇序言之后出现的每一个字。我没有学中文的想法，他的研究对我而言是一个永远解不开的谜题——除非我能够读到这本书的英文版！还令我感到受挫的是，在指导他的过程中，我没有理解中文的能力。当然，英语交流是够的。经常在共进晚餐后的谈话中，程猛耐心地解释他的研究路径以及初步的研究发现，也对我《学做工》中研究路径的基本准则做出比较性的评论。是这些讨论而不是这本书本身，让我能够为这本书作序。

就课程文本而言，程猛是我所著的《学做工》最专注且有悟性的读者之一。在研讨课上，他仔细地倾听我的观点并谨慎地予以分析。他对我被众人所知的着力以"抵制"（resistance）来把握汉默顿家伙们文化生产的研究路径理解得相当透彻。更出乎意料的是，他捕获了我整个研究路径中常常被忽视的潜在意义和主题。这一点在中国尤甚。

具体而言，大多数人抓住了"创造性"（creativity）这一概念，一定程度上理解我在《学做工》中呈现的"自下而上的行动"（action from below）取向，带着对反学校文化的敬意展开论争。但是他们不曾且直到现在也没有看到这些行为背后更为广阔的模式——文化生产（cultural production）。至少在理论上，所有的社会群体都展示出或者有能力在他们意义建构的实践中锻造出非正式文化。既不能将这些实践简单地等同于被动的、自上而下的传输意识形态，也不能将其视为纯然制度化的知识和给定行动方式的内化。他们将自己的某些禀赋带到这场盛会，以一种无法预知的方式超越他们原本的价值、现有的意义，并发展出身份认同以及更长时期的社会命运。

很早以前，程猛就对探寻"循规生"的文化世界抱有浓厚兴趣，特别是对那些虽身处不利处境却依然能够取得高学业成就的"循规生"。他坚持认为，文化生产这一观念是一个连续的集合体，既有不循规的学生对学校教育的反应，也可能具有非常不同的样式和意蕴。据此，他剑指"循规生"群体文化回应中潜藏的创造性。基于经验研究和概念的发展，他转向"读书的料"这一文化现象。我确信，他将在序言之后的内容中充分论述这一点。

我时常好奇且有诸多疑问：在这些文化实践中，有没有"抵制"的元素？如果有的话，是抵制什么？我们能够用"对抵制的抵制"（resistance to resistance）来解释吗？如果可以，这一表述和官方话语中对不循规的指责有何不同？这种实践包含对他们身处的严苛的学校管制制度、更广阔的社会、可能的未来、将占据的社会关系和角色的"知识"或者"洞见"吗？这些文化和他们父母以及地方性文化（这是他们自出生起就浸润其中的）有何种连续性或是输入了什么样的新元素？有何种

序一　文化生产与中国的相遇

线索，无论是没有实现的还是分散的，能够将其引向一个更大范围的社会解放？我会一直等待详细的答案，直到英文版到来的那一天。

与此同时，我也受益于我们之间的许多对话。最重要的也许是今日之中国已不能和20世纪70年代的英国直接比较，后者是庞大而平常的一代代阶层和文化的整体性沉积，"家伙们"只能从他们自己的家庭、数代同堂的家族、邻居、酒吧以及社交聚会上的文化经验中窥见他们未来的职业所在。至少从整体上说，这些群体归属于一个阶层。恐怕这一沉积过程在我们关注中国之前就已经存在了，不过复杂和稳定的结构也可能正在形成之中，这就给了我们做出一些预见的可能。伴随蒙着面纱的、具有历史连续性的复杂社会结构而来的是新一代的社会图景和新形式的社会排斥。

当然，社会结构本身也从属于所处时代的社会巨变。但是和英国相比，无论是过去还是现在，中国依旧是乐观的情景。尽管这可能是非常不明确的，也许对于所有社会阶层来说都是一场幻梦。中国领土如此辽阔、千差万别，以至于任何整体性的判断都很容易遭遇挑战，但从乡村流动到城市，从作为全世界的机械和工程车间转向数字、服务和网络连通这些新经济形态的开拓者，这些是我们思考中国的基线。无论这其中的细节如何，在想象和实践中仍然有这种可能，那就是中国至少不会沿着西方曾经走过的路去发展。时间飞逝，但中国的命运轮转之门并未封印。

为了抓住在制度化情境中所有文化和经验层次上的蛛丝马迹，程猛在研究文化创造性方面开创了一条道路。他认为，文化创造性不能被概念化地幽禁在公然的违抗（transgression）行为之中。这将是一个在更为广阔的讨论范围中更新我文化生产观念的根据。中国有庞大的、千差万别的社会群体，他们面临难以计数的挑战，既有显而易见的成功，也有非预期的结果以及没有被看见的苦难，这为探索这些可能提供了极佳的远景。

我知道这本书谈及了文化生产的"暗面"、风险、疏离以及不情愿显露的饱含痛苦的文化困境。而由于程猛在困难重重

· 3 ·

的竞争中成功获得了一项有关"读书的料"走出学校之后的生命历程的研究资助，我确信他会继续深化这项研究。

恰在此时，一件神奇且非同凡响的事情正在发生。世哲（Sage）旗下的期刊《民族志》（*Ethnography*）2018年第4期"学做工四十周年再审视"栏目刊登了一组世界范围内有关《学做工》的回应文章。其中一篇描绘了《学做工》的到来以及它在中国的接受过程。值得注意的是，这一组文章再一次观照了固有的主题"抵制"，但多数作者也强调了"文化自主性"（cultural autonomy）——各类社会群体寻找和创造意义的能力，不单是在接收到的或者给定的基础上，更多的是植根于他们自身条件和可能性的实践。当然，文化自主性是文化生产的前提——它包括人们行走的方式、交谈的风格、与他人的关系以及带着对值得追求的未来的敬意理解一个人具体的力量。我为这一期结尾的文章起的名字是"永恒的文化自主性"。

这与这本书有着惊人的契合。只要你真正愿意俯下身子去观察的话，中国是最大的非正式的文化生产（informal Cultural Production）的实验室。非正式的文化生产存在于所有的社会空间、活动和激情中，特别是在年轻人中间。

程猛采用了文化生产这个概念，将它种在中国的土壤中，并让它得以开花结果。普天之下，文化生产永恒。

保罗·威利斯（Paul Willis）
英国伍尔弗汉普顿
2018年11月

# 序二　道德世界的创造本性

最近几年，社会与学界都在关注这样一个问题，即"寒门为何再难出贵子"。程猛的选题，就直接与此相关。我一直没有意识到程猛是一个农家的孩子，他给我的感觉一直是性格开朗、谈吐优雅，直到他提出这个话题。当时我忍不住多看了他两眼。

当然，程猛的选题说到底还是与此不同，他想要反其道而行之，关注"寒门何以出贵子"。对这个问题，前几年的相关研究也不少。那些研究虽然摆脱了再生产理论，但经常按照再生产理论的某种提示，对它进行拨乱反正。理论研究中的"唱反调"是一种"点金术"，但也容易程式化。而且，这一选题中明确的因果解释的取向，也容易使个人深陷结构主义的泥淖。但我又害怕强加立场，只能慢慢地跟他磨。时间还来得及！我心里这样默默地念叨着。

"'物或损之而益'——关于底层文化资本的另一种言说"的写作，让我感受到了某种新气象。令人印象深刻的是他对"钱"的分析，这在我所收集的学生自传中比比皆是，但从来没有进入过我的理论视野。他对布迪厄理论的反思也别出心裁。布迪厄所强调的文化资本，在此被验明正身，只意味着一种对高雅文化的占有。结果，底层的文化，就此遮蔽了创造的本性。这样的理论以功能论的对立面出现，却最终依附某种形式的功能论，将学业成功看成特定文化的功能。对农家子弟的道德世界的揭示也令人振奋，这是自涂尔干后一直被误读与遮蔽的力量。这些惊喜让我不由自主地拿起了笔，去修改那些尚未雕琢的文字。

但随着交流的增多，其间的欣喜也渐渐平复，一种似曾相识的感觉再一次占据心头。说到底，其中对先赋性动力、道德化思维乃至学校化的心性品质的描述与分析，似乎只是文化资本理论的另一个版本。虽然不像他人那样，强调借助学校，以中产阶级的文化资本弥补农家子弟的文化缺陷，但这依然是一套带有强烈的功能论倾向的理解，没有能力给我们提供更多具有冲击性的细节。这样着力于事件的因果解释，虽然借着意义理解的形式展开，并不能获得真正的意义。"寒门何以出贵子"话题带给我们的无力感，似乎又一次回潮。

不记得究竟经历了一个怎样相互折磨的过程，我们慢慢地将目光从布迪厄转向了威利斯，或者更准确地说，转向威利斯不断强调的"meaning-making"，转向那个比威利斯在《学做工》中刻画过的更具普遍性的"cultural production"过程。我们的目光仍是盯着寒门中的那群成功或即将成功的人，这群人在威利斯的《学做工》中只是作为"家伙们"的陪衬，并且被界定为"循规生"。但书中那不经意的几笔，依然足以让我们看到一个完全不同的"循规者"形象。我们试图更清晰地刻画他们，但不是盯着"阶层跨越"本身，也试图将目光从他们身上的那种结构性力量上移开，深入刻画他们在总体上被威利斯误读了的那一面，关注威利斯在《学做工》的中文版序言中不断提起的那样一种普遍的文化或意义生产过程。这不是要确认文化生产过程的存在及其现实意义，而是要回答它究竟是如何展开的，在理论上究竟意味着什么。这一思路在开题时名为"'循规者'的文化生产——农民子弟在城市重点高中"，它试图突破《学做工》对文化生产的狭隘理解，但继续沿用了威利斯的"循规生"概念。但很快，我们用一个更具本土意义的词代替了它，他们最终被表述成了这里的"读书的料"。

但要真正将这一面展现出来又是何其困难。说到底，"读书的料"的日常生活确实表现为"循规"。他们最精彩的世界是内在化的，大量的过程发生在头脑之中，而不像"家伙们"那样历历在目、清晰可见。所以，要了解他们的生活，就必须进

序二 道德世界的创造本性

入他们的课堂与内心世界。但他们又没有强烈的就此进行表达的需要,也不是很愿意被观察。而且这种生活即便被观察到,也缺乏一种提神醒脑的新奇。在此后开展的田野研究中,这些困难体现得尤其充分。正是在这里,程猛再一次展现了自己的灵活性。他就此转向了一种"自传社会学"研究,直面他们丰富的内心世界。日常生活中很难主动呈现在研究者面前的这样一个世界,就此打开。

最终拿到程猛博士学位论文的初稿时,文中不断闪现的那种细腻而人文的美感吸引了我。我感到了一种强烈的乱读书的魅力,书中的点点滴滴,都在这里连成了照亮世界的光带。我在这里再一次看到了一种渴望已久的惊喜。虽然,"物或损之而益"一文被扩充成了论文的第三章("通往高学业成就的文化生产"),让我们看不到一个真正被打开了的文化生产的过程,只能感受到那种推动文化生产的原初力量,但在论文的其他章节,程猛再一次展现了那种见微知著的能力。而且在行文的过程中,程猛不断营造出一种一波未平一波又起或一咏三叹的感觉,一步步地将观察与讨论引向深入,最终还留下了一个意味深长的余论。

创造的活力首先在对"文化生产的暗面"的刻画中得到了复兴。先赋性动力、道德化思维以及学校化的心性品质,一直以一种复杂的方式参与个人的成长。尽管片面发展之路在这里没有得到集中的刻画,但与此关联的其他方面如羞耻、"懂事"、幽怨、边缘化与局促,在此得到了细致的展现。这些不是文化生产过程的投影,真的就是其起作用的方式。它们一直深潜在"读书的料"的内心世界,程猛借助自己的努力让我们真切地感受到这样一种超越自身地位的快速成长,尽管有其特定的教育学意义,但也足以让人感到沉重。

最终形成的"底层文化资本"的概念看起来是对布迪厄文化资本理论的另一个修正,其实具有更深刻的意义。它不但摆脱了依然暗含在布迪厄理论中的文化缺陷理论,而且摆脱了前面提到的它最初给人留下的那种印象。通过确认这种底层文化资本不是自然之物,只有在文化生产中才能呈现自身,论文建

· 3 ·

立了一种真正值得重视的底层文化资本的理论。它提醒人们，农家子弟获得高学业成就的秘诀，就在于积极参与文化生产。这里的两个关键性的命题，一个涉及"创造性的道德根基"，另一个则涉及"作为一种文化生产的循规"。而且，这一理论最终将底层文化资本与一种特定的教育生态关联起来，而不是从功能论的视角认为其先验地拥有教育功能。据此，那些经常被遮蔽的底层的力量，一旦遇到合适的土壤就会觉醒。

　　这里涉及的对道德的关注，是程猛的这篇论文留给我们的一个值得进一步深究的问题。与威利斯笔下的"家伙们"完全不同，他们不是游戏人生，而是以一种特别严肃认真的态度对待一切。而且这种道德不是像涂尔干所揭示的那样来自外部世界，而是来自家庭教养本身，但却像涂尔干所揭示的那样被视同神圣之物。这种道德意识不是一种纯粹的规则意识，不是一种纯粹的循规蹈矩。它仿佛拥有一种不屈服的本性，激励那些表面上的"循规者"在眼前的具体的冲突中保持足够的克制，却从根本上挑战那种根深蒂固的社会限制与偏见。程猛自己意识到，威利斯也曾数次靠近这一理论视野的大门，但最终还是转身而去。

　　程猛的这篇论文，是我指导的第一篇博士学位论文。我对博士学位论文的一贯理解是，一篇真正的博士学位论文，应当能被人郑重其事地摆上书架，与书架上我们精挑细选的其他著作，具有同等的地位。它必须突破了现有的知识前线，在上面至少扎了一针，打开了一个口子，或将这一边界往前推进了一步。它既不会比其他经得起推敲的作品更好，但也不会不如它们。它们在知识体系中的地位应当是等同的，都提供了不可替代的独特知识或见解。所以我曾说，博士学位论文是没有什么优秀、良好、及格之分的，真正的博士学位论文只有优秀一个等级，其他的都不合格，因为最终没有在学术前沿再往前迈出一步。就此而论，他做到了。

2018 年 12 月

# 再版前言

我曾看到有读者在豆瓣留言,"我不是读这本书的料"。没有想到它这么快能够有机会再版。

在不同场合分享这项研究之后,有读者来信分享了自己作为"读书的料"的相似经历,觉得自己并不孤单,一些内心的褶皱被看见和抚平。有读者说自己"难以言说的阴翳被温和地化解了"。

也有读者述说了自己与书里描述有差异的生命体验,帮助我看见更复杂和独特的成长。好几位并没有农村成长经历的读者告诉我,这本书让他们从中理解了自己的父辈或者伴侣。

2021年3月20日,受邀在一席做了"读书的料"的演讲之后,这本书也有了更多的读者。有听众说"将将触及了问题",也有听众说,这项研究能"促进不同阶层人士之间彼此的认知"。

这次演讲让我更加明确,在"读书的料"的成长叙事里,最打动读者和听众的,是一个丰富而复杂的内心世界,而不仅仅是那个"走出农村,改变命运"的故事。在演讲中,我也曾这么说:"他们的故事,并不是像字面所展现的那样一个天赋异禀的故事,也不是一个逆袭的励志故事。它是一个农家子弟负重前行,充满了矛盾冲突和困惑挣扎的故事。"

叶启政老师有一篇文章,题目叫作"社会学家作为说故事者"。"读书的料"的故事可以说得非常沉重。结构性的力量穿过他们的身体,留下创口,或者在心里沉积成粗糙的沙粒,时不时会有隐痛。他们的故事也可以说得非常轻盈。这些农家子弟的学业成就和人生际遇,凸显了我们这个时代依然能够给予个体的公平正义和发展空间。

可是,当故事被讲述、被拣选、被定型,复杂的生命体验就成了一种特定的现实。我怕写得太沉,没有凸显这种生命体验特有的光彩。我也怕写得太轻，遗忘了苦痛和泪水。

好在还有另一种叙事方式。这些农家子弟的成长叙事不止是一种个人叙事，更是一种社会叙事。这些农家子弟的苦痛，不只是他们的，也是他们父母辈的。更关键的是，它是改革开放之后剧烈的社会变迁和城乡差异在个体内心世界的投影。在一个更广的社会历史维度，它还掩藏着面朝黄土背朝天的农民祖祖辈辈无声的眼泪。

今天，关于"内卷""小镇做题家""985废物"的讨论此起彼伏。如果普通城镇家庭背景的大学生有一种被欺骗感和无力感，那么农家子弟就更是如此。

作为农家子弟个体，在泥沟里还是要倔强地仰望星空，至少保有一些这样的念想。甚至门关上了，还要努力去找窗。窗关上了，还要学电影《肖申克的救赎》里的安迪，去挖个洞。哪怕要走下水道，遭遇各种阻碍和绝望，最终也要奋力在大雨磅礴的夜里重见漫天星空。

但需要认识到的是，当社会发生结构性的病变，个人英雄主义式的努力就显得渺小和无力。农家子弟身上自带的天分、不屈的勇气和激昂的道德力量，高度依赖一个健全的公共支持体系。从这个意义上说，他们跨越城乡边界的社会流动与其说是个人成就，不如说是社会成就。只要城乡差异不能弥合，社会公平正义被阻绝，他们就会经常显得一无是处。也正是在这里，我们看到那种"底层文化资本"的社会性质。

不是所有的人都是"读书的料"，但没有人是一座孤岛。我们的生命在不同的时空成长、绽放、困顿、挣扎或熄灭，但都彼此连接，也彼此共担。这本书没有办法帮助每一个人直面和解决现实的困扰，却总能让一些"微不足道"的苦痛被看见、被听到、被抚慰。最终在这里，我们可以发现一种新的结构性力量，并重燃每个人心中生命的星星之火。

谢谢一席的华晓军老师和她可爱的同事们。谢谢鼓励、支持和帮助这项研究的所有人。谢谢被访者和传主勇敢地把这些珍贵的个人体验托付给这项研究，允许我讲述这样一些并非天赋异禀，也不阳光明媚的故事。

程 猛

2021年4月10日

# 前　言

在我家乡的方言中，"读书的料"是与"榆木疙瘩"相对应的话，指那些在学习上脑袋特别灵光的孩子。

4岁起，我就跟着在村小当民办教师的母亲，经过一段段泥泞的乡间小路，到相邻的村子里念书。那时我书念得不错，算得上村子里"读书的料"。可是，我经常怀疑自己是不是块"读书的料"。

因为我知道自己从来不是一个天资卓越的人。最好的证明是，我得非常努力。初高中时期，我经常熄灯后还会去水房或门房借着微弱的灯光写作业，但成绩始终不是班里最好的。初中还勉强维持在班里前几名，到了高一就直接落到了班里很后面的位置。因此，我一直对那些不用怎么学就学得很好的人怀有崇敬之心。

幸运的是，每逢大考我就超常发挥，直到多出分数线一点点为止。我一度怀疑自己是不是被某种神秘而未知的力量眷顾。而在我的身边，太多极有天资的小伙伴因为某次大考差了几分，或者遭遇了学业阶段转换过程中的不适应，或者家庭出现某些变故，走着走着就变换了人生道路。有的人正自在地生活，在学业之外绽放了自己的才华。有的人正失落地忧愁，现实的逼仄让他们透不过气。

和年少时的小伙伴相比，一读起书来就读20多年的经历不太寻常。我的成长经历让我很怀疑"读书的料"真的脑袋比别人灵光，真的"天生丽质"，更倾向于认为那些沿着读书这条路走下来的农家子弟是再平凡不过的芸芸众生。当然，这些农家子弟还是有不同寻常之处，但这不寻常之处究竟是什么？从哪里来？我满是困惑。我时而感谢命运的眷顾，时而又因这种命运的眷顾感到深深的不安。有时候，我宁愿自己从未走出过家乡。我忍不住怀疑，这种"眷顾"本身对于我，对于和我有类似经历的"读书的料"，究竟意味着什么。

这些我个人的追问促成了一篇博士学位论文，最终有了这本在博士学位论文基础上修改而成的书，但其间的构思依然经历了好几次破碎再重建的痛苦。不同时期的文档里堆满了乱七八糟的文献和天马行空的想法。开题不顺、田野"失败"，在凌乱的写作过程中，我时常找不到感觉，那些我厌恶的虚妄、空洞、陌生、矫情灌满了每一个字。更让我焦虑和厌恶的是，我只能写出这样的文字。

最终，是那些滋养又困扰着我的灵魂的复杂情绪以及种种对"我之为我"的困惑拯救了我，使我逐渐找回了写作的自信。动用个人的生命历程与理论对话，用自己的方式去倾听、洞察和领悟"读书的料"，是一件看似偷懒却又十分沉重的事情。这种做法或许不甚"科学"，但却几乎是唯一能够落笔的方式。

对一篇博士学位论文来说，理论上的突破是至关重要的。但在不同场合与人分享我的博士学位论文之后，我发现真正能触动读者或听众的不是理论上的突破，而是故事中展现的"读书的料"的道德和情感世界。这个道德和情感世界一直存在，却少有人去表达。剥去理论的外壳，驱散现实的迷障，赤裸地展现这样一个融于日常生活、无时无刻不在影响我们的世界，现在看来尤为重要。这些故事散落在书中看似艰涩的理论表述中间，但如果你愿意静下心来去看，就会发现他们和正在全力以赴面对这个世界的每一个人一样。可见，这种成长叙事不只是一种个人叙事，而是一种社会叙事。甚至可以说，这里记录的"读书的料"的故事，也是我们这个时代的投影。

说到底，呈现在读者面前的这本书是由所有自传传主和被访者的真诚和勇气浇筑而成的。与其说他（她）们是"研究对象"，不如说他（她）们是我的研究伙伴，带着我走了一段路。是他（她）们的真诚和勇气让这本书成了可能。没有他（她）们的帮助，这本书不可能诞生。为了保护隐私，姓名均做了匿名处理，唯有感激铭记于心。

最近，收到两封读者来信。一封诉说了自己成长过程中的压抑、愧疚以及"懂事"的困惑；另一封在坦诚地分析自己一直以来的被动、否定、逃离以及对责任的逃避后，质问自己"为什么到今天才能尊重自己的感觉"。这些回应帮助我进一步确认了写作的意义。无论是不是"读书的料",如果读者能从文字中收获理解,在心里涌出回响,那么在这本书里所有受访者付出的真诚和勇气,就有了最好的归宿。

程 猛

写于 2018 年 12 月

# 摘　要

在保罗·威利斯的经典著作《学做工：工人阶级子弟为何继承父业》（以下简称《学做工》）中，"循规者"是创造"反学校文化"的"家伙们"的陪衬。国内研究者大多沿袭这一范式，聚焦底层违规生的文化生产。这种文化生产的逻辑是：底层子弟通过生产群体亚文化，主动放弃通过教育向上流动的可能性，最终陷入阶层复制的自我诅咒。在这类研究里，取得高学业成就、最终可能实现阶层突破的底层子弟被选择性遗忘了。这类底层子弟真的是《学做工》所刻画的"书呆子"吗？"循规"背后究竟有怎样的文化生产？他们的主动性和创造性绽放于何处？

基于以上疑问，本书反其道而行之，将注意力转向底层子弟在取得高学业成就、实现阶层突破进程中的文化生产。在改革开放之后出生、最终进入精英大学的农家子弟，为我们在中国情境下探索"阶层突破中的文化生产问题"提供了理想的样本。本书将这样一群农家子弟称作"读书的料"。借助自传社会学和深度访谈的方法，本书试图解释性地理解取得高学业成就的农家子弟在通过教育向上流动过程中的文化生产及其非预期后果。为此，本书拓展了文化生产理论的适用群体和时空范围，围绕"读书的料"的成长叙事，探寻他们的意义世界。

研究发现：（1）存在一种遵循"物或损之而益"逻辑并最终通往高学业成就的文化生产。"读书的料"创生出先赋性动力、道德化思维以及学校化的心性品质，所有这些有力地支撑着他们的学校生活。（2）"读书的料"的文化生产凸显出中国底层特有的文化资本。据此可以认为，农家子弟取得高学业成就的关键不在于其弥补了自身文化资本的缺陷，而是充分利用底层特有文化资本的结果。（3）底层文化资本是一柄双刃剑，其局限性一直存在并在进入大学之门后愈发凸显。先赋性动力经常伴随着极大的后坐力，道德化思维潜伏着巨大的心理压力，学校化的心性品质高度依赖及时激励的制度情境和强有力的公共教育体系。（4）底层子弟的文化生产具有复杂性，伴随高学业成就而生的是一个隐匿的暗面。在逐级跨越学业阶梯的过程中，他们生发出了一个复杂的、以农村出身为中心的情感结构，身心难得自如。"懂事"虽然让他们融入了家庭共同体，却也同时框定了他们的家庭角色，限制了他们的情感表达，衍生出与家人爱怨交织的关系结构。此外，他们还在阶层和文化穿梭的过程中成了村庄的异乡人，面临人际交往的双重高墙，缺乏文化归属感。（5）"读书的料"取得高学业成就的另一代价是基于个人苦修之上的片面发展，引发严重的成功焦虑，承受贤能主义的竞争风险，陷入异化与自我疏离的困扰，甚至走向成功与幸福相对立的道路。

由此可以进一步确认：第一，在"反学校文化"之外，创造性还有另外一种可能，即通过某种意义上的"循规"，进行主动的文化生产，最终走向生活重建和阶层突破。"读书的料"并非完全基于"天生丽质"，其背后有一个根植于中国的文化传统、家庭教养和学校生活实践的道德世界，这样一个世界极大地激发了他们自身的力量。由此可见，"循规"也是一个文化生产过程，家庭经验则是探索高学业成就的底层子弟文化生产的重要面向。第二，文化资本不是均质化的存在，社会底层也有其独特的文化资本。底层文化资本即先赋性动力、道德化思维以及学校化的心性品质。这种文化资本不是自然之物，只有在文化生产中才能呈现自身。底层文化资本理论以其特有的方式将文化生产与文化再生产理论相连，沿着布迪厄与威利斯未曾料想到的方向发展了他们的思想，一定程度上也突破了"底层缺乏文化资本"这一为学界所默认的观念。第三，对底层子弟而言，要么因抵制而被淘汰、要么被中上阶层文化同化和笼络而背叛原生家庭文化的二律背反并非铁律。阶层和文化穿梭促成感情定向的重叠交织。高学业成就的农家子弟并不会、也不可能完全割舍与原生家庭的文化连接，而是在情感上与家人爱怨交织，在行动中创造性地重建着家人关系。

  "读书的料"的高学业成就既受制于底层的客观经济条件，又同时受益于其主观意向状态的创造性力量。威利斯忽略了"循规"的底层子弟可能具有的文化生产能量，布迪厄则忽略了行动者的个人意志与社会结构之间的复杂关系，"物或损之而益"的思想路径在他们的理论设想里没有丝毫的生存空间。"读书的料"的人生是披荆斩棘的旅程。对他们而言，客观的家庭经济条件不是宿命，底层文化资本不是永恒的达摩克利斯之剑，心理和情感结构的藩篱也并非不可逾越。在一个更加健全、公正、多元的社会中，"读书的料"作为一个地位群体所体尝的痛苦将会得到减缓，其文化世界面临的风险在一定程度上也可以化解。

  **关键词**：农家子弟；高学业成就；读书的料；阶层旅行；传记社会学；文化生产；底层文化资本

# 目 录

**第一章 阶层突破中的文化生产问题** …………………… (1)

**第一节 理论的空白地带** …………………………………… (1)
    一 被忽略的陪衬 ……………………………………… (2)
    二 "第三类循规者" …………………………………… (7)
    三 最初的探索 ………………………………………… (10)

**第二节 "读书的料"及其问题** …………………………… (15)
    一 反求诸己 …………………………………………… (15)
    二 "读书的料" ………………………………………… (20)
    三 问题的确证 ………………………………………… (26)

**第三节 概念界定** …………………………………………… (31)
    一 文化 ………………………………………………… (31)
    二 文化生产 …………………………………………… (34)
    三 当代农家子弟 ……………………………………… (40)
    四 高学业成就 ………………………………………… (41)
    五 成长叙事 …………………………………………… (42)

**第四节 研究方法** …………………………………………… (42)
    一 自传社会学 ………………………………………… (43)
    二 深度访谈 …………………………………………… (50)

**第五节 关于方法的讨论** …………………………………… (54)
    一 资料收集与个案代表性 …………………………… (54)
    二 何种意义上的真实 ………………………………… (56)
    三 深度访谈的中国经验 ……………………………… (59)
    四 个人身份对研究的影响 …………………………… (62)

　　　　五　研究伦理 ………………………………………… (63)

## 第二章　再生产与文化生产：一个述评 …………………… (67)

### 第一节　再生产理论的发展脉络 ………………………… (67)
　　　　一　鲍尔斯和金蒂斯的对应理论 ………………… (69)
　　　　二　布迪厄的文化再生产理论 …………………… (74)
　　　　三　文化再生产理论的延展 ……………………… (79)

### 第二节　文化生产的分析视野 …………………………… (82)
　　　　一　威利斯的思想特色 …………………………… (82)
　　　　二　"家伙们"的文化洞察 ……………………… (87)
　　　　三　两个相互冲突的理论抱负 …………………… (90)

### 第三节　农家子弟的学业与命运分化 …………………… (94)
　　　　一　子承父业的农家子弟 ………………………… (95)
　　　　二　反学校文化的迷思 …………………………… (97)
　　　　三　"循规者"文化生产的蛛丝马迹 …………… (101)
　　　　四　寒门何以出贵子 ……………………………… (103)
　　　　五　"读书的料"的学校和社会适应 …………… (107)

## 第三章　通往高学业成就的文化生产 ……………………… (111)

### 第一节　先赋性动力 ……………………………………… (112)
　　　　一　农家子弟的生活世界 ………………………… (112)
　　　　二　不同的世界，不同的梦想 …………………… (120)
　　　　三　物或损之而益 ………………………………… (124)

### 第二节　道德化思维 ……………………………………… (126)
　　　　一　"一钱一世界" ……………………………… (126)
　　　　二　有负担的爱 …………………………………… (129)
　　　　三　学习作为一种道德事务 ……………………… (132)

### 第三节　学校化的心性品质 ……………………………… (134)
　　　　一　命运的文化底色 ……………………………… (135)
　　　　二　渴求关注的目光 ……………………………… (138)
　　　　三　以学业为轴心的联合生活 …………………… (141)

## 第四章　文化生产的暗面 ……………………………… (150)

### 第一节　农村出身：一种复杂的情感结构 …………… (151)
一　隐匿的社会排斥 ………………………………… (151)
二　三重羞耻感 ……………………………………… (154)
三　情感结构的隐与现 ……………………………… (159)

### 第二节　"懂事"及其非预期结果 …………………… (164)
一　"懂事"的多重意涵 …………………………… (165)
二　底层家庭的情感表达 …………………………… (169)
三　爱怨交织的命运共同体 ………………………… (172)

### 第三节　跨入大学之门 ………………………………… (180)
一　单向度优越的陨落 ……………………………… (180)
二　不得自如的身心 ………………………………… (184)
三　"读书的料"的自我重塑 ……………………… (189)

### 第四节　文化穿梭中的边缘人 ………………………… (191)
一　在故乡成为异乡人 ……………………………… (192)
二　人际交往的两面高墙 …………………………… (196)
三　感情定向的重叠交织 …………………………… (198)

## 第五章　关于底层文化资本的另一种言说 …………… (202)

### 第一节　从文化再生产到底层文化资本 ……………… (202)
一　反推文化资本理论 ……………………………… (203)
二　剩余性观念的启发 ……………………………… (206)
三　惯习作为身体形态的文化资本 ………………… (210)
四　底层文化资本：一个突破性概念 ……………… (213)
五　对布迪厄文化资本理论的反思 ………………… (218)

### 第二节　文化生产理论的重构 ………………………… (223)
一　徒有虚名的文化生产 …………………………… (223)
二　创造性的道德根基 ……………………………… (226)
三　作为一种文化生产的循规 ……………………… (228)
四　底层子弟文化生产的复杂性 …………………… (230)
五　走向文化生产的家庭经验 ……………………… (233)

### 第三节 底层文化资本的生成土壤 ……………… (234)
  一 及时激励的教育教学模式 ………………… (235)
  二 家庭教养与村庄文化传统 ………………… (239)
  三 强有力的公共支持体系 …………………… (242)

## 余论 对"读书的料"的再认识 ……………………… (245)
### 第一节 一个风雨飘摇的地位群体 ………………… (246)
### 第二节 "读书的料"的文化世界及其风险 ………… (251)
  一 匮乏与"向上爬" …………………………… (252)
  二 贤能主义者的幻灭 ………………………… (254)
  三 异化与自我疏离 …………………………… (255)
### 第三节 他们能成为道统的守护者吗? ……………… (258)

## 附　录 ……………………………………………………… (261)

## 参考文献 …………………………………………………… (265)

## 索　引 ……………………………………………………… (280)

## 后　记 ……………………………………………………… (283)

# 第一章　阶层突破中的文化生产问题

三只牛吃草。一只羊也吃草。一只羊不吃草，他看着花。[1]
　　　　　　　　　　　　　　　　——《开明国语课本》

## 第一节　理论的空白地带

自2013年《学做工：工人阶级子弟为何继承父业》（以下简称《学做工》）简体中文版面世以来，国内学术界对《学做工》以及"反学校文化"的研究迎来一波热潮。与国内研究者大多对"家伙们""抵制"和"反学校文化"的热衷不同，受学界冷落的"循规者"[2]激活了我三年学术生涯的好奇心，唤醒了内心潜藏的情感。当然，与其说是《学做工》中的"循规者"点燃了我的学术志趣，不如说是"循规者"与自己生命历程内在的某种关联，让我念念不忘。

---

[1] 叶圣陶编，丰子恺绘：《开明国语课本》（上册），上海科学技术文献出版社2005年版，第10页。
[2] "循规者"在《学做工》英文原文中为conformists。译林出版社2013年译本将其译为"循规生"。"循规生"顾名思义为"墨守成规的学生"，强调这个群体的学生身份及其学校生活。但"循规生"的文化生产不仅发生在学校，也发生于家庭等诸多场域。与其说是"墨守成规的学生"，不如说是"墨守成规者"。而且"循规生"最终要走出中学，进入工厂或大学。本研究中"读书的料"作为中国情境下的"循规者"，对他们的研究涵盖了相对较长时间的求学和生活历程。基于以上原因，考虑到威利斯的研究与本研究的内在关联，与"家伙们"（the lads）作为学校规则的抵抗者（违规者）相对应，称遵循学校规则的这个群体为"循规者"。

## 一 被忽略的陪衬

保罗·威利斯（Paul Willis）认为再生产理论过快走向了教育领域"'自由主义'期望的反面"，人类的认知、文化和能力"被简化成了对结构性决定因素的干巴巴的抽象"，"人成了傀儡、僵尸和受愚弄的"，"内在的情感被肆意吸干了"①。在其《学做工》中，威利斯细致入微地刻画了学校生活里那个让人印象深刻的工人阶级子弟群体——作为主角的"家伙们"（the lads）②，偶尔也涉及了他们的陪衬——"循规者"。通过刻画"家伙们"的认知能力和创造性，威利斯颇为成功地完成了他的理论抱负，为再生产理论增添了一个"质的维度"（add a qualitative dimension）：以抵制（resistance）为中心的文化生产。③ 这被学界认为是威利斯最大的学术突破。由此，这一切变得广为人知："家伙们"生产"反学校文化"（counter-school culture），抵制学校制度、教师权威以及"循规者"，主动放弃了通过教育向上流动的可能性，因自我诅咒最终子承父业，陷入社会再生产（social reproduction）④的泥潭。自1977年问世以来，《学做工》影响了诸多领域。戴维·比尔斯（David Bills）和帕克（Su Euk Park）曾这样总结道：

> （《学做工》）不仅很快与民族志学者、献身于人类学和文化学的研究者，而且还与一些女性主义理论家、批判性的教育学者、革命主

---

① ［英］保罗·威利斯：《学做工：工人阶级子弟为何继承父业》，秘舒、凌旻华译，译林出版社2013年版，第263页。
② "the lads"是《学做工》中置身于"反学校文化"的工人阶级子弟们对自己人的指称（the self-elected title of those in the counter-school culture），既然是自称，如意译的话可能用"哥们儿"更为贴切。中文版将其译为"家伙们"（很少有人会自称为"家伙"），有些研究者将其译为"小子们"。这里，考虑到已有译本和多数研究者都使用了"家伙们"，本书选择沿用"家伙们"。凡文中引用已有译本或文章，尊重作者本人的个人偏好。
③ Paul Willis, *Learning to Labor: How Working Class Kids Get Working Class Jobs*, Columbia University Press, 1981, pp. 205 – 206.［注：由于对《学做工》中文译本（译林出版社2013年版）部分紧要之处的翻译存在疑问，本书中对《学做工》的引用也结合其英文版来进行］
④ 研究者一般将"social reproduction"译为"社会再生产"，指社会阶层结构中底层的自我复制。我国台湾地区研究者通常将"reproduction"译为"再制"。参见姜添辉《资本社会中的社会流动与学校体系——批判教育社会学的分析》，（台北）高等教育文化事业有限公司2005年版，第169页。

第一章　阶层突破中的文化生产问题

义的历史学家和社会学家、青年文化的研究者以及使用社会调查为主的社会分层研究者建立了一种热情（有时也是批判）的关联。①

批判的声音的确也此起彼伏。持女性主义立场的研究者，如安吉拉·麦克卢比（Angela McRobbie）批评包括威利斯在内的青年文化研究者在对青年亚文化进行研究时，常常习惯于以男性为中心，②"很少说到女性"或者女性"被忽略以及不正确地描述"③。在沃克（J. C. Walker）看来，威利斯"浪漫化了'文化'以及抵制"④。琼·麦克法兰（Joan McFarland）和迈克·科尔（Mike Cole）则批评威利斯过于"以阶级为中心"，忽视了性别和种族。⑤ 以克莉丝汀·格里芬（Christine Griffin）为代表的学者则敏锐地指出：相比之下，《学做工》及各种相关研究的贡献者们"长期忽略了另一组工人阶级少年……这组少年经常被误解……我们依然对他们知之甚少"⑥。

针对类似批评，威利斯也曾承认，说他"忽视了而且基本上只是被动展示了其他重要的社会群体——'书呆子'（循规者）以及女孩子们"的指责"并非不公正"。⑦ 但与此同时，他还是坚称，"循规者"在文中的出现"与其说是一种理论必要，不如说是一种文体策略"，他们只是"家伙们"的"衬托"。⑧ 在二十年之后的一次访谈中，威利斯强调"我的工作

---

① David Bills, Su Euk Park, "A Review of: 'Learning to Labor in New Times'", *Educational Studies*, Vol. 43, No. 3, 2008, p. 263.
② Angela McRobbie, *Feminism and Youth Culture: From "Jackie" to "Just Seventeen"*, Macmillan Education LTD, 1991, pp. 16–34.
③ Lorraine Gamman, "Reviewed Works Feminism and Youth Culture: From Jackie to Just Seventeen by Angels Marbie; Schoolgirl Fictions by Valerie Walkerdine", *Feminist Review*, Vol. 41, 1992, pp. 121–125.
④ J. C. Walker, "Romanticising Resistance, Romanticising Culture: Problems in Willis's Theory of Cultural Production", *British Journal of Sociology of Education*, Vol. 7, No. 1, 1986, pp. 59–80.
⑤ Joan McFarland, Mike Cole, "An Englishman's Home is His Castle? A Response to Paul Willis's 'Unemployment: The Final Inequality'", *British Journal of Sociology of Education*, Vol. 9, No. 2, 1988, pp. 199–203.
⑥ Christine Griffin, "Whatever Happened To The (Likely) Lads? 'Learning to Labor' 25 Years On", *British Journal of Sociology of Education*, Vol. 26, No. 2, 2005, p. 295.
⑦ [英]保罗·威利斯：《学做工：工人阶级子弟为何继承父业》，秘舒、凌旻华译，译林出版社2013年版，第265页。
⑧ Paul Wills, "Cultural Production is Different from Cultural Reproduction is Different from Social Reproduction Is Different from Reproduction", *Interchange*, Vol. 12, 1981, p. 62.

· 3 ·

起步于这样一个假设,即'家伙们'是具有创造性的"①。斯图亚特·霍尔(Stuart Hall)曾在伯明翰当代文化研究中心(The Centre for Contemporary Cultural Studies)的一次讨论会上评价道:"保罗所说的创造性,就是我说的生存。"② 但显然,威利斯在研究中更偏重"家伙们"的生存和创造性。他认为,"归根结底,民族志就是要关注那些行动的主体及他们的'惊人之作'"③。正是借助"循规者"的陪衬,《学做工》生动再现了那些"子承父业"的工人阶级违规生——"家伙们"——的学校生活,凸显了他们的文化自主性与创造性。就这样,在学校制度化情境中常常被轻慢甚至蔑视的"家伙们"不再"跑龙套",而是反转成了"剧本"的主角。

可是,这种反转在彰显一个世界的同时,又遮掩住了另外一个世界。"家伙们"继承了工人车间盛行的"反智文化"④,推崇"男子气概"和"体力劳动",对权威无情解构并加以嘲弄,被视为"与现代性(modernity)短兵相接的斗士"⑤。作为陪衬的"循规者"则显得无趣许多。他们唯恐自己被牵扯进违纪的圈子,反感"家伙们"闹腾和耍弄老师的行为,觉得"家伙们"浪费了自己的时间,恨不得让捣乱的"家伙们""直接打包走人",期待教师可以"更严格一点"。⑥ 威利斯认为,"学校里循规生的文化多多少少接近于那些理想的模范学生的文化"⑦。彼得·麦克拉伦(Peter Mclaren)和安尼巴莱(Scatamburlo-D'Annibale)甚至认为,在某种意义上,"循规者"可视同于中产阶级。⑧ 循规者"认同教育的正式目标,支持

---

① David Mills, Robert Gibb&Paul Willis, "Centre and Periphery—An Interview with Paul Willis", *Cultural Anthropology*, Vol. 16, No. 3, 2001, pp. 388 – 414.
② [英]保罗·威利斯:《学做工:工人阶级子弟为何继承父业》,秘舒、凌旻华译,译林出版社2013年版,第299页。
③ 同上书,中文版前言第7页。
④ "反智文化"即认为"实践比理论更重要","一盎司的敏锐知觉可以媲美整座图书馆的学位证书"。参见[英]保罗·威利斯《学做工:工人阶级子弟为何继承父业》,秘舒、凌旻华译,译林出版社2013年版,第73页。
⑤ Paul Willis, "Foot Soldiers of Modernity: The Dialectics of Cultural Consumption and the 21st-Century School", *Harvard Educational Review*, Vol. 73, No. 3, 2003, p. 390.
⑥ [英]保罗·威利斯:《学做工:工人阶级子弟为何继承父业》,秘舒、凌旻华译,译林出版社2013年版,第21页。
⑦ 同上书,第265页。
⑧ Paul Willis, "Class Consciousness, and Critical Pedagogy: Toward a Socialist Future", In Peter McLaren (ed.), *Capitalists and Conquerors: A Critical Pedagogy Against Empire*, Lanham, MD: Rowman & Littlefield Publishers, 2005, p. 115.

# 第一章 阶层突破中的文化生产问题

学校制度……放弃了自己找'乐子'的权利"①,被"家伙们"嘲弄为只懂得俯首帖耳的"耳朵眼"(ear'oles)②"书呆子""娘娘腔"。他们看似完全顺服于学校盛行的那套中产阶级文化,只知遵从,不知反抗,自然也不能像"家伙们"那样对工人阶级命运和资本主义社会再生产的隐蔽机制有所洞察。在"家伙们"生动表演的映衬下,"循规者"成了少有创造性的学习机器、被统治阶级意识形态驯服的"僵尸和傀儡"。

如此一来,无趣的"循规者"必定被"家伙们"笑料百出、"惊天动地"的表现所遮蔽,被人们脑海中符号化的"书呆子"形象所覆盖。对"循规者"的忽视由此成了研究者的必然选择,在某种意义上也是一种自然选择。据此,威利斯开创了一个研究底层子弟文化生产的经典范式。不过吊诡的是,"家伙们"虽然通过主动的文化生产创造了一整套类似工人阶级车间文化的反学校文化,最终却在抵制和自我贬低中陷入了从文化再生产(culture reproduction)③到社会再生产的循环。但威利斯认为,这反而彰显了一种抵制的辩证法:

> 承认决定论并不意味着排斥创造力……在资本主义社会中,文化和各种文化形式的精髓就在于它们对各类社会关系的再生产所做出的贡献,而这种社会再生产多是创造性的、不确定的和富于张力的。④

但是,《学做工》对"循规者"的忽略还是限制了文化生产理论的解释力。即便我们忽略中产阶级子弟的文化生产,底层子弟也并非只有置身于反学校文化之中的"家伙们"。对于与"家伙们"有着同样工人阶级家

---

① [英]保罗·威利斯:《学做工:工人阶级子弟为何继承父业》,秘舒、凌旻华译,译林出版社2013年版,第17页。
② "耳朵眼"是人体器官中最缺乏表达能力的器官,只能听从而无法反抗。
③ 文化再生产指社会各阶层子弟带着父辈所处阶层的文化进入校园,在学校教育中居于不同的文化处境。"文化资本"是文化再生产理论的核心概念之一。张建成、陈珊华曾这样形象地描述:"学校宛若中上阶层的堡垒,文化资本相契相合的中上阶级学生,入学之后,如鱼得水,事事顺遂,而文化资本有段'落差'的劳工阶级学生,至此纵想步步为营,恐亦难有所成。"参见张建成、陈珊华《生涯管教与行为管教的阶级差异:兼论家庭与学校文化的连续性》,《教育研究集刊》2006年第3期(第五十二辑第一期)。
④ [英]保罗·威利斯:《学做工:工人阶级子弟为何继承父业》,秘舒、凌旻华译,译林出版社2013年版,第153—222页。

庭出身的"循规者"而言,他们的文化生产与再生产会呈现出何种关联?显然,《学做工》无力回应这一问题。如若否认"循规者"也有文化生产,那又会为文化生产理论留下一些更加无法摆脱的疑点,甚至会危及这一理论的根基。因为,在威利斯看来:

> 文化层面也有生产过程,即文化生产。……文化的特性在于社会能动者"意义创造"的积极过程,尤其是在理解自身生存处境,包括经济地位、社会关系以及为维护尊严、寻求发展和成为真正的人而构建的认同和策略的过程中。①

既然每个人作为社会能动者都是意义生产者,"家伙们"在理解自己的生存处境、维护自己的尊严、生产自己的意义世界和"反学校文化",同样出身于工人阶级家庭、来自社会底层的"循规者"们难道就不需要?

威利斯的研究理路以及他对文化生产的诸多阐述来源于文化研究一脉,本可以也应当可以成为探索每一个群体意义创造的研究范式。但在他的工作里,"循规者"的意义世界和文化生产被遮蔽了,"循规者的文化生产"这一论题并没有得到应有的重视。这种忽略或许正说明以学业失败的"家伙们"为主角的文化生产视角是有缺憾的,可能还存在理论和实践上的空白地带。

在《学做工》研究范式强有力的影响下,学术界对底层子弟文化生产的研究被引向了看起来更具反抗精神的违规生身上。生产以抵制为中心的群体亚文化被等同于底层子弟创造性的唯一可能,哪管这种创造性将他们引向低学业成就、子承父业。国内学者对青少年文化生产的研究也大多延续了威利斯的理论兴趣,聚焦低学业成就底层子弟的创造性与文化生产,刻画出了"城市化的孩子"②"北京的子弟"③"以义的精神为核心的同辈

---

① [英]保罗·威利斯:《学做工:工人阶级子弟为何继承父业》,秘舒、凌旻华译,译林出版社2013年版,中文版前言第2页。
② 熊易寒:《底层、学校与阶级再生产》,《开放时代》2010年第1期。
③ 周潇:《反学校文化与阶级再生产:"小子"与"子弟"之比较》,《社会》2011年第5期。

群体"①"云乡少年"② 等典型形象。研究者们的理论志趣与威利斯一脉相承,试图在"底层子女为何子承父业"这一宏大论题下加一把"能动性"的柴火,即把注意力从城乡差异、教育资源不均衡等外部解释转向行动者自身的创造性和能动性上。但如若单单关注取得低学业成就的底层违规生,那些取得高学业成就的底层子女就被选择性地遗忘了,他们的文化生产成了无人涉足的空白地带。

对同样底层出身、未必"自甘如此"的"循规者"的忽略遗留下了一系列话题:"循规者"真的是威利斯所描绘的"耳朵眼""书呆子"吗?循规背后究竟有着怎样的文化生产?他们的成长道路对理解社会底层子弟的命运与学校教育到底有何意义?"两条道路分散在树林里,而我选择的那条更少人迹,从此决定了我人生的迥异。"③"循规者"背后的文化世界像那片少有人行走的荒原,不断诱惑着我。

## 二  "第三类循规者"

一旦我们将思想和概念落地,仔细思索"循规者"——遵循学校制度的那群人——在现实世界的人生处境,就会发现他们远非严丝合缝的整体,至少有着家庭背景和可能命运两个方面的重大差别。在《学做工》开篇,威利斯曾断言:

> 要解释中产阶级子弟为何从事中产阶级工作,难点在于解释别人为什么成全他们。要解释工人阶级子弟为何从事工人阶级工作,难点却是解释他们为什么自甘如此。④

---

① 熊春文、史晓晰、王毅:《义的双重体验——农民工子弟的群体文化及其社会意义》,《北京大学教育评论》2013年第1期。
② 李涛:《底层社会与教育——一个中国西部农业县的底层教育真相》,东北师范大学,博士学位论文,2014年。
③ 出自20世纪美国诗人罗伯特·弗罗斯特(Robert·Frost)的著名诗歌《未选择的路》("The Road Not Taken")。参见吴伟仁《美国文学史及选读》(第二册),外语教学与研究出版社1990年版,第180—181页。
④ [英]保罗·威利斯:《学做工:工人阶级子弟为何继承父业》,秘舒、凌旻华译,译林出版社2013年版,序言第1页。

威利斯主要的学术兴趣，集中在后一个问题。在威利斯看来，中产阶级子弟从事中产阶级工作是无须从行动者自身角度进行解释的，而工人阶级子弟子承父业则饱含行动者的强烈意图。这里有一个明显的暗示：相比中产阶级子弟，工人阶级子弟在成长过程中表现出了一种更令人瞩目的能动性。正是借助这样一种主动参与的文化生产过程，"家伙们"再生产了父辈的阶级身份，文化生产与社会再生产就这样辩证地交织在一起。

但在20世纪70年代威利斯身处的那样一个以工人阶级子弟为主的学校，他笔下的12个"家伙们"显然并不能代表工人阶级整体。这里并不是要苛责社会科学研究中的代表性问题，而是需要指出对我们至关重要的一点：工人阶级子弟并非都"子承父业"，"子承父业"的工人阶级子弟也并非只有"家伙们"这一类。威利斯主要研究"那些无心自学、心怀不满的男性"①——"家伙们"——的文化生产，从根本上忽略了另外两类工人阶级子弟的文化与命运。在《学做工》中，除了"家伙们"，威利斯的研究还涉及5个比较群体，其中"循规生"占了2个，包括"家伙们"的那些循规的同学，也包括另一所更野的学校中的一群工人阶级出身的"循规生"。② 不但那些没有生产反学校文化却最终也继承父业的工人阶级"循规者"在后文中很少被提及③，那些"子不承父业"、最终实现阶层突破、从事中产阶级工作的工人阶级"循规者"更难以在他的理论框架内找到自己的位置。

沃克（J. C. Walker）指出，威利斯只是单方面刻画了工人阶级的文化生产，忽视了统治阶级本身也是自由的行动者。④ 但实际上，无论是中产阶级还是工人阶级都不是铁板一块的整体。与其说威利斯单方面刻画了工人阶级子弟的文化生产，不如说他只是单方面刻画了一部分工人阶级子弟的文化生产。斯坦利·科恩（Stanley Cohen）就曾批判道："伯明翰文化研究中心的研究往往太多地关注奇观，而对日常的越轨行为或'普通'工人阶级的活动关注不够，而且还经常通过一种过于僵硬的方式来描绘亚文化

---

① Paull Willis, Learning to Labor: How Working Class Kids Get Working Class Jobs, Columbia University Press, 1981, p. 2.
② [英] 保罗·威利斯：《学做工：工人阶级子弟为何继承父业》，秘舒、凌旻华译，译林出版社2013年版，第6—7页。
③ 后文中直接提及的主要有5处。参见 [英] 保罗·威利斯《学做工：工人阶级子弟为何继承父业》，秘舒、凌旻华译，译林出版社2013年版，第17—18、21、129、137、145页。
④ J. C. Walker, "Romanticising Resistance, Romanticising Culture: Problems in Willis's Theory of Cultural Production", British Journal of Sociology of Education, Vol. 7, No. 1, 1986, p. 70.

第一章 阶层突破中的文化生产问题

的边界。"① 加里·克拉克（Gary Clarke）也认为"有必要去研究所有类型的青年正在做什么，而不仅仅是亚文化在做什么"②。

这样的责难实质上区分出了三类"循规者"。他们都遵循学校制度，在某种意义上也认可学校官方的时间表和意图，但其命运却出现了重大差别。第一类是遵循学校制度、最终获得中产阶级工作的中产阶级子弟。第二类是遵循学校制度却取得低学业成就，最终只得到工人阶级工作的工人阶级子弟。第三类是遵循学校制度，取得高学业成就，最终实现阶层突破的工人阶级子弟。当然，威利斯虽把中产阶级子弟都看作某种意义上的"循规者"，但他认为中产阶级子弟子承父业是被"成全"的。③ 在《学做工》中，"循规者"主要还是来自社会下层，即第二类（循规但依然子承父业）和第三类（"循规"但"子不承父业"）"循规者"。

虽然"家伙们"与第三类"循规者"同为工人阶级子弟，有着相似的阶级处境，但他们却在学校生活中进行着完全不同的文化实践，其命运也最终出现了重大差别。第三类"循规者"是遵从学校官方的时间表，带着向上流动的强烈意志，最终"子不承父业"的那类人。现有研究主要关注主动放弃学业、子承父业的底层子女，而忽视了第三类"循规者"，也就是取得高学业成就、可能实现阶层突破的底层子弟。底层子弟的学业失败是一种"自甘如此"的文化生产过程，这是《学做工》带给我们最重要的启发之一。对于"家伙们"来说，"自甘如此"尚且展露了创造性，那么对于并不"自甘如此"的底层子弟，他们的生存怎么可能绽放不出任何创造性？他们的最终命运与文化生产之间怎么会呈现不出任何关联？

至此，一个具有填补理论空白意义的论题已经初步浮出水面——阶层

---

① 转引自［英］鲍尔德温等《文化研究导论》，陶东风等译，高等教育出版社2007年版，第359页。
② 同上。
③ 在威利斯的论述里，中产阶级家庭是孕育"循规者"的温床。中产阶级父母认为"学校不是具体实践应用的理论源泉，而是文凭的源泉"，是为了"确保在我们社会特有的交换链中实现流动"。中产阶级家庭依赖性的亲子关系容易形成同化，形成一种"向心力"，"逐步把非正式纳入正式或者官方范式的过程中"，将"他们推入制度的怀抱"。实际上，中产阶级子弟从事工人阶级工作在现实世界并不鲜见，但距离本书所讨论的底层出身的"循规者"关联较远，因而这里笼统地把中产阶级子弟都看作第一类"循规者"。参见［英］保罗·威利斯《学做工：工人阶级子弟为何继承父业》，秘舒、凌旻华译，译林出版社2013年版，第81、99页。

· 9 ·

突破中的文化生产。皮特·考夫曼（Peter Kaufman）曾把社会再生产（social reproduction）的反面称为社会转换（social transformation），意味着社会再生产的逆转（the converse of social reproduction）。① 他指出，"社会再生产和文化再生产的文献很少说到社会转换"，并认为"我们要致力于克服社会再生产理论所批判的那种不平等，创造一个真正贤能治理的社会，就必须更好地在微观策略层面理解社会再生产，正如我们这里已知的那些没有再生产他们所属社会阶级的人们的经验和实践"。②

《开明国语课本》有这样一个小故事："三只牛吃草，一只羊也吃草，一只羊不吃草，他看着花。"③ 相比于那些像父辈一样吃草的牛和羊，那一部分没有再生产父辈阶级地位的底层子弟——"子不承父业"的第三类"循规者"——就像不吃草而看着花的那只羊。诸如威利斯这类有志于通过教育实现向上流动的底层子弟④真的只知遵从，不知反抗，完全被中产阶级文化驯养，是彻头彻尾的"书呆子"吗？威利斯在《民族志的想象力》（The Ethnographic Imagination）中直截了当地断言："通过创造我们的文化世界，我们成为了我们自己。"⑤ 那么，"循规者"是如何创建自己的文化世界，又是如何成为"我们自己"的呢？

## 三 最初的探索

前面已经说到，"第三类循规者"是取得高学业成就，有望实现阶层突破的底层子弟。那么谁算得上中国情境下的第三类"循规者"？又要如何

---

① Peter Kaufman, "Learning to Not Labor: How Working-class Individuals Construct Middle-class Identities", *Sociological Quarterly*, Vol. 44, No. 3, 2003, p. 482.
② Ibid., p. 501.
③ 叶圣陶编，丰子恺绘：《开明国语课本》（上册），上海科学技术文献出版社2005年版，第10页。
④ 2001年，成名之后的保罗·威利斯在一次访谈中这样谈起自己的成长经历："我的父亲是一个木匠，后来成了一个总工头……所以我的背景是什么呢？一种很特殊版本的上进心：一个典型的霍加特式的'助学金男孩'的故事，即通过文法学校体系被选拔去接受好的精英教育。事实上，我是我所在的文法学校里唯一一个后来到剑桥念书的学生。"可见，最后到剑桥念书的威利斯也是一个社会底层出身的第三类"循规者"。参见David Mills, Robert Gibb, Paul Willis, "Centre and Periphery—An Interview with Paul Willis", *Cultural Anthropology*, Vol. 16, No. 3, 2001, pp. 388–414.
⑤ Paul Willis, *The Ethnographic Imagination*, Polity, 2000, Foreword, p. xiv.

去研究"阶层突破中的文化生产"？

在西方发达国家，中产阶层（middle class）和工人阶层（working class）的二分已成学术界通行的惯例。中国社会的历史发展脉络则有其特殊性，其阶层结构自1949年以来也出现了数次翻转。在西方学术界动辄用"工人阶级""中产阶级"来分析一些社会事实的时候，中国学术界照搬过来就颇有"水土不服"之感。谁是中产阶级？谁是工人阶级？农民怎么算？农民工又怎么算？吴康宁也曾在《我们家是什么阶级》这篇随笔中，通过与儿子的对话折射出人们对"阶级和阶层有什么不同"这一问题的普遍困惑。①

尽管阶级话语长期成为一个敏感地带，但也有研究者颇具勇气地指出，"那种认为'在我国已经没有阶级之分'的观点是缺乏常识与极为荒谬的"②。北京大学中国社会科学调查中心发布的《中国民生发展报告2014》显示，中国的财产不平等程度在迅速升高：1995年我国财产的基尼系数为0.45，2002年为0.55，2012年我国家庭净财产的基尼系数达到0.73，顶端1%的家庭占有全国1/3以上的财产，底端25%的家庭拥有的财产总量仅在1%左右。③ 我国目前的这种社会状况究竟是阶层差异还是阶级差异？对于日常生活中的人们而言，区分这两个词也许并没有实质性意义。不管是用阶层还是阶级，人们切身感受着的不平等已然是一个无法回避的社会事实。④

---

① 吴康宁：《如果人师在今天当老师：吴康宁教育随笔集》，广西教育出版社2009年版，第156—161页。
② 王欧：《文化排斥：学校教育进行底层社会再生产的机制》，华中科技大学，硕士学位论文，2011年。
③ 赵娜娜：《报告称我国顶端1%的家庭占有全国三分之一以上财产》，2014年7月25日，人民网（http://society.people.com.cn/n/2014/0725/c1008-25345140.html）。
④ 梁漱溟曾提出，中国不存在阶级，与其用阶级对立，不如用"职业分途"。他还认为"在中国耕与读之两事，士与农之两种人，其间气脉浑然相通而不隔。士与农不隔，士与工商岂隔绝？"（参见梁漱溟《中国文化要义》，上海人民出版社2005年版，第136页）这种乐观看法在历史中是否站得住有待商榷，但至少与当下中国人的日常经验十分不符。弃用阶级后，社会学界不少学者开始使用阶层一词。但近几年"把阶级分析带回来"，重返阶级分析不断成为社会学领域的呼声。参见刘剑《把阶级分析带回来——〈大工地：城市建筑工人的生存图景〉》，《开放时代》2011年第1期；刘剑《阶级分析在中国的式微与回归》，《开放时代》2012年第9期；冯仕政《重返阶级分析？——论中国社会不平等研究的范式转换》，《社会学研究》2008年第5期。

"读书的料"及其文化生产

　　改革开放之后,中国社会结构由总体性社会向分化性社会转变,①阶层结构也出现了转向。李强认为,改革开放以来,社会分层结构的变化并不是简单拉大差距的过程,而是经济上的不平等取代了政治上的不平等。②城乡差异导致了我国"丁字型结构"和"两极型社会","城市有中间阶层倾向",而"可以肯定地说,我国农村是一个典型的由普遍较低地位者构成的社会,农村根本谈不上有什么中产阶级"③。在近几年的一篇文章中,李强进一步指出,虽然我国近年来城镇化年均增速超过1%,城镇常住人口比例到2011年已超过50%,但"六普"数据显示,非农业户籍人口比例仅为29.7%。④"社会日益分裂为'城市—农村','中小城市—超大城市'四个世界,不同世界之间社会分层结构迥异,并且差异有加强的趋势。"⑤在今天的中国,区域之别日益演化为阶层之隔。相比于本区域的城市,绝大多数农村始终处于这多重世界中最底端的一层。

　　尽管对中国是否存在"the lads"式的反学校文化有许多分歧甚至是争论,⑥但中国的底层是谁,多数关注反学校文化的研究者并没有太大分歧,他们大都将农民和农民工视为底层群体,默契地选择了农民工子弟学校或者农村学校作为研究田野。李涛在其博士学位论文中将基层农业县范围内

---

① 孙立平等:《改革以来中国社会结构的变迁》,《中国社会科学》1994年第2期。
② 李强:《政治分层与经济分层》,《社会学研究》1997年第4期。
③ 李强:《"丁字型"社会结构与"结构紧张"》,《社会学研究》2005年第2期。
④ 李强、王昊:《中国社会分层结构的四个世界》,《社会科学战线》2014年第9期。
⑤ 同上。
⑥ 熊易寒认为在打工子弟学校存在反学校文化,在公立学校就读的农民工子女则是制度性的自我放弃。反学校文化是农民工子女对阶级再生产的一种反应。周潇则认为北京的农民工子弟并没有生产出一套类似"家伙们"的文化,两种文化"形似质异"。熊春文等则认为反学校行为依托于众多的同辈群体,主导这些群体精神的是一种突出的"义气"文化。李涛坚定地认为云乡少年发展出了类似"家伙们"的文化。王伟剑认为看似反学校的行为实则是不指向抵制的行动(参见熊易寒《底层、学校与阶级再生产》,《开放时代》2010年第1期;周潇《反学校文化与阶级再生产:"小子"与"子弟"之比较》,《社会》2011年第5期;熊春文、史晓晰、王毅《义的双重体验——农民工子弟的群体文化及其社会意义》,《北京大学教育评论》2013年第11卷第1期;李涛《底层社会与教育——一个中国西部农业县的底层教育真相》,东北师范大学,博士学位论文,2014年;王伟剑《不指向抵制的行动:从身份角度理解农村初中学生的学校表现》,北京师范大学,硕士学位论文,2016年)。

·12·

第一章　阶层突破中的文化生产问题

的普通农民以及外出务工、中低收入的农民工界定为底层群体。[1] 农民和农民工[2]的社会经济地位长期处于社会底端，农家子弟也就成了中国社会的底层子弟，他们实现阶层突破的过程最为漫长和艰难，因此是探索"阶层突破中的文化生产"论题最适合的研究对象。

但是，取得高学业成就是一个过程，实现阶层突破的路途也相当漫长。究竟选择处于何种人生阶段的农家子弟作为研究对象呢？威利斯在《学做工》中考察的底层子女是工人阶级子女，他笔下的"家伙们"和"循规者"大概处于15—16岁，相当于中国情境下从初中进入高中的阶段。基于以上思考，当我最初将"'循规者'的文化生产——农民子弟在城市重点高中"作为自己博士学位论文的选题时，自信满满，自以为既找到了理论的缝隙，又找到了相对应的研究群体。但在得知我对"循规者"感兴趣之后，威利斯说："如果去了田野，也许你会转而更关注'家伙们'。"[3] 最开始听到这些时，我不以为意，反而有些不服气。

开题虽然在文献方面做了一些比较充分的工作，但北京师范大学教育基本理论研究院的老师们还是很快洞悉了研究设计的模糊与虚妄。王啸老师认为研究目前视野还不够开阔，缺乏历史感和大格局。丁道勇老师指出研究目前的文献主要集中在西方左派教育学者的论述上，还应关注其他学派的观点。张莉莉老师认为题目中的"循规者"概念模糊不清，"循规者"的提法也并不一定适合直接移植到当下的中国情境。陈建翔老师直接提出质疑：到底你要研究中国情境的问题还是研究威利斯？郑新蓉老师也在之后的讨论中提醒我："我担心的是你下去之后……他们很多是内心的过程，你怎么看得到？"这些意见恰好击中了我内心潜藏的迷茫，拿不定主意究竟要研究处于哪一个人生阶段的"循规者"，陷入长时间的颓唐和自我否

---

[1] 李涛：《底层社会与教育——一个中国西部农业县的底层教育真相》，东北师范大学，博士学位论文，2014年。

[2] 根据国家统计局的数据，2014年我国有乡村人口6.18亿，其中有2.74亿（约44%）为农民工。这样，农家子弟也就不只是农民的子女，几乎也同时是农民工子女。参见国家统计局《新型城镇化：经济社会发展的强大引擎》，2015年3月9日，国家统计局官网（http://www.stats.gov.cn/tjsj/sjjd/201503/t20150309_691333.html）；国家统计局《2014年全国农民工监测调查报告》，2015年4月29日，国家统计局官网（http://www.stats.gov.cn/tjsj/zxfb/201504/t20150429_797821.html）。

[3] 2014年9月，威利斯来到北京师范大学教育基本理论研究院任教。对话来自2015年5月我在威利斯办公室与他就"循规者"展开的一次讨论。

定，食不甘味，夜不能寐，几乎想到换题。但和我的博士导师康永久老师商量后还是觉得其他想法都不成熟，自己也缺乏相应准备。毕竟时间不等人，只能"摸着石头过河"，边做边找思路，盼着蓦然回首处，灵光乍现时。

匆匆制订研究计划，选定一所初中初三年级的12名学生，关注他们从中考前的一个多月到进入高中的一个多月的学校生活，并在这所初中和一所重点高中进行了近两个半月的参与观察，期待从他们"活生生的日常经验"中发现"惊人之作"。无论是进入初中还是高中，因为自己当过老师，对学校比较熟悉，适应上没有什么问题，除了偶尔对自己的研究者身份和必须去做一个"窥视狂"[1]感到不适以外，与学生、老师相处都比较融洽。但在田野中的日子却并不好过，越来越强烈地感觉到自己很难进入这些孩子的内心，更难以找到什么"惊人之作"。在田野中像是"等待戈多"一般，每次搜集资料都开始不断地自我怀疑，究竟麻烦的人情、将要搜集的问卷、参加的学校会议、进班听的课、进行的访谈有没有用？如果没有用，我还要不要"打扰"人家？一次次，我只能拿怀特（William Foote Whyte）在《街角社会——一个意大利贫民区的社会结构》后记中说的一句话来回地鼓舞自己——"不能未经争取就承认失败"[2]。

搜集的资料越多，自己越是担心到头来竹篮打水一场空。结束前后折腾约5个月的田野工作，揣着几十段录音、乱成一团的田野笔记，我以比初去田野时更焦虑的心情回到了学校。走在校园里，时常眉头紧锁，看似行尸走肉一般。在很长时间，当周围的师长、同学、朋友问起我要研究什么时，我都支支吾吾说不出答案，很是有些羞愧的样子。越是这样，越怕别人问起，内心的恐慌也与日俱增。我也越来越在内心追问自己，究竟我要研究什么？我的初心又是什么？在不断"骚扰"康老师的过程中，他对我说："你不要去证明'循规者'有文化生产，这个不需要证明，问题是这样一群人是如何进行文化生产的？"是啊，只是为"'循规者'的文化生产"竖或立一个"此路可通"的牌子又有什么意义呢？说明此路可通就必须摸着石头过河，深描出一条中国情境下"循规者"文化生产的路子来。

---

[1] 参见［英］保罗·威利斯《学做工：工人阶级子弟为何继承父业》，秘舒、凌旻华译，译林出版社2013年版，第319页。

[2] ［美］威廉·富特·怀特：《街角社会——一个意大利贫民区的社会结构》，黄育馥译，商务印书馆1994年版，第328页。

在一次给导师的邮件中，我写道："底层出身又按照通过教育实现向上流动这条路在走的这批读书人（循规者）是最让我感同身受的人群。"① 其实仔细想来，不仅是"感同身受"，而是真正的"身受"，我不就是我要研究的人之一吗？实际上，自入学以来，我就对农家子弟的社会流动很感兴趣，尤其关心像我一样进入重点大学的农家子弟的成长经历和情感体验。这种兴趣本身暗含了认识自我的渴望。没有想好去哪里就出发，可能南辕北辙，也可能已然身处"灯火阑珊处"② 而不自知。我不由反思自己此前"依葫芦画瓢"的研究设计让我与真正有所触动的东西渐行渐远。如果连自己都忘了，又怎么可能看得清这个世界？对我来说，"循规者"激发的理论想象——"阶层突破中的文化生产问题"——亟须与自己的生命历程以及当下中国的社会现实对话，由此才有可能真正实现一次转向。

## 第二节 "读书的料"及其问题

体会、体验、体察、体认等中国词语都意指认知，但无一不暗示"体之劳"在求知过程中的核心地位。③ 艾伦·卢克（Allan Luke）在一次讲座中断言："学术研究就是个人自传。"④ 研究者的学术志趣总是深深植根于个人的生命历程之中，我对"循规者"的念念不忘同样源于自己的成长经历。那么在研究中，与其扭捏地回避，不如将自己对象化，坦诚地分享给读者。

### 一 反求诸己

按照出身与最终命运的划分，自己早已步入子不承父业的人生旅途。20世纪80年代末，我出生在一个三县交界的偏僻村庄，父亲是农民，母亲那

---

① 取自2016年8月26日写给导师的邮件。
② 源自王国维关于学问三重境界的论述——第一境界：昨夜西风凋碧树。独上高楼，望尽天涯路。第二境界：衣带渐宽终不悔，为伊消得人憔悴。第三境界：众里寻他千百度，回头蓦见，那人正在灯火阑珊处。参见王国维《人间词话》，上海古籍出版社1998年版，第6页。
③ 韩少功：《山南水北》，人民文学出版社2008年版，第23页。
④ 出自2015年4月卢克教授在北京师范大学的讲座。

"读书的料"及其文化生产

时还是村小的民办教师,既要种地又要教书。在从村小到乡镇中心小学、区县初中、再到市里重点高中、北京重点大学这场漫长的求学之旅中,我像一个风筝,一次次离开家,去越来越繁华的地方。在此期间,我又一次次地回到家,心里时不时地生出落寞。人生像是一场"超级玛丽"①,一关一关地在闯,却在应接不暇的挑战中忘却自己是带着怎样的心性、动力、情感和负担闯过的。在离家与归乡之间,有一些画面和声响在记忆的深渊挥之不去。

作为村落里长大的孩子,小时候看得最多的就是赤裸又干黑的土地,或者是穿上深绿色春装、绿黄渐变的夏装、金黄色秋装以及白绿相间冬装的土地。提到土地,在延展的画面中我看到的是我那弓起腰在土地上辛勤劳作的父亲黝黑的皮肤、欲滴未滴的汗水,在回过头来看我时会微微张开嘴,在阳光的暴晒下笑起来很灿烂;我看到的还有那一大片望不到边的绿油油的麦田、看不见尽头的河水、已经来来回回无数次的土路、自己小时候和一大群孩子嬉戏的身影。所有这些都褪色成黑白照片存储在心底。对于我来说,养活着人们的土地,供大人们栖息、孩童玩耍的土地,是大自然最神秘的部分。这些美丽和神秘滋养着我的心灵。

但在土地上劳作既值得赞美,又让人心碎。看天吃饭,因为穷看不起病,甚至不愿意看病,受冻,忍饥挨饿,被人看不起,这些是农村人和农村生活的家常便饭。家乡中学的教学质量连年下降,为了求学,母亲即便不舍也在爷爷的建议下让我参加了区里中学的招生考试,以多出分数线0.5分的成绩侥幸进入了区里最好的初中。福楼拜曾说"任何到10岁还不知道寄宿学校的人对社会肯定一无所知"②,而我恰好在10岁那年离家寄宿,③ 也确实在这个过程中强烈感受到了一些东西。

那时,我一周的生活费是20块钱。有一次,到了周三的时候,我丢了10块钱,也就意味着半周的饭钱没了。不知所措的我在班级里肆无忌惮地大哭,班里一位女同学拿着我的铅笔盒张罗着让大家5毛、1块地捐出自己的零用钱,这才让我没有饿着肚子过完一周;我的家远在数百里之外,没有办法依靠谁,有些事情总得自己面对。我要学着自己去食堂蒸米

---

① 20世纪90年代流行的一款过关游戏。
② 转引自《文化资本与社会炼金术:布尔迪厄访谈录》,包亚明译,上海人民出版社1997年版,第46页。
③ 我先是在村小读小学,二年级随着母亲工作调动去了乡镇上的中心小学。由于乡镇初中教学质量每况愈下,爷爷极力主张将我送到区里的中学。

饭，学着自己洗衣服，生病了自己去看，而且还要用为数不多的钱保证自己不饿肚子。冬天没有厚衣服可以换，每天都只能穿仅有的那一件衣服。它很快就脏了，但我只能硬着头皮穿着脏衣服去上课。同桌要把新买的运动衣借给我穿，我坚持不肯。与生存相比，自尊心只是累赘，却又是唯一的倚靠。最为清晰的记忆是在一个冬天的晚上，发烧特别严重，我跌跌撞撞地跑去学校外的诊所看病。风雪漫天，道路泥泞，我被绊倒在雪和泥的混合物里，挣扎了好几次，再也没有力气爬起来。我索性不再努力，直挺挺地躺在漆黑的夜里，任凭漫天飞雪放肆地敲打我的脸，泪水扑籁籁地顺着脸颊流淌。我曾一次次地问自己：为什么偏偏就我生在农村，就该忍受贫穷的牢笼，就该付出更多的努力才能获得向上发展的空间？

当然，这些话是不会对父母说的。我知道，他们要为支撑这个家受更多的苦。姐姐上中专需要300块学费，家里没钱，父亲拉了一架车子①粮食去集市卖了300多块钱。卖完粮食，父亲想在姐姐离开家之前买条鱼做给她吃，挑鱼的时候，口袋里的300块钱全都被小偷顺走。直到现在，我都还记得一家人的困顿与绝望。我一次又一次地为家庭的贫穷而感到屈辱，而后陷入深深的愤怒、无力和自责。

在种种运气之下，我侥幸进入了市里的重点高中，那是我第一次进入真正意义上的城市。虽然彼时的高中生活经历已经在时间冲刷下所剩无几，但当我回溯高中求学的经历时，曾这样写道：

> 年幼的我总是感觉城市的孩子们衣着总是那么合手周遭的人和事物，自己总是那么不搭。不搭教室、食堂、宿舍、操场，甚至不搭路边的一棵柳树。自己的一言一行总是缺少那么一种悠然自得的味道，容易局促、紧张、不知所措。②

现在想来，这种自卑心理甚至在入学前就开始生长了。当时，考入的重点高中每年都有两个实验班，在公布录取名单后不久学校就会组织一次选拔考试，我却去也没有去，想着反正自己也考不上，还不如省下去市里的路费。

---

① 家乡方言，为拉粮食的人力车。
② 2016年3月，因阅读台湾夏林清老师所著的《斗室星空》而情感涌动，以《在离开与归乡之间——我与家的故事》为名写下了个人自传。这段文字即来自于此。

归结起来，似乎就是，我经常感觉到"这不是我的学校"，"我也不应该出现在那儿"。经历了高一痛苦的适应和学业的失败，高二转向文科后成绩终于好了一些，最终在这个"不应该出现"的地方通过高考迎来了命运的转机。

在贾平凹的小说《高兴》第十八章里，农民五富来到西安城里打工，感叹"西安城里都是凤凰就显得咱是个鸡，还是个乌鸡，乌到骨头里"①。作为农民的儿子，在求学的漫长旅程中，我常常有"五富"的这种感受。但我又不全是"五富"的这种感受，因为我也是大学里的一个博士生，有时我会非常融入和享受城市中产者的生活样式。进入大学之后，我笨拙地在北京这个大都市学着说快听不出乡音的普通话，和城里长大的同学交朋友，穿梭于环境优雅的校园，消费有品牌的衣服，和朋友去星巴克喝咖啡，去宜家看家居，在吃西餐的时候尽力表现得娴熟。但在投身和融入这种式样的生活时，脑海中偶尔会浮现父母在农村的辛劳与勤俭，之后就陡然觉得慌张和不安。读博期间，在做一个关于农家子弟的课题时，一位不太熟悉的师妹在得知我的农村背景后惊叹："真没想到。"听到这种评价，心里五味杂陈，不知是该高兴还是难过。

有这些慌张与不安，才知道我的"乌"也到了骨头里。从在村小上小学算起，我读了21年书，跨过了一个又一个学业阶梯。但无论走多远，我都是农民的儿子。我是农村走出来的"读书的料"，便不是天生喝咖啡的料，不能完全融入城市精英生活样式的"料"，成了有严重的成功焦虑和无法真正享受眼前生活的"料"。曾几何时，我多么希望自己有朝一日能够混迹于凤凰之中不被发觉，我也无数次以为自己已经可以像城市里的同学那样轻松自如地谈论自己成长中的快乐和痛苦、烦恼或释怀，但结果却是无数次的失败。最终发现自己原来只是城市生活样式里滥竽充数的南郭先生，"乌到骨头里"的东西终究逃不过现实的逼仄与内心的拷问。一次聊天中，博士导师说我内在还有对自己农村出身的焦虑，听到后我觉得心里一震。每次穿梭于家乡和北京的学校之间，我都觉得是穿梭于两个世界。在家的时候，尽管我想着多陪爸妈、多孝顺他们，但回到北京之后我又时常为自己无法陪伴在父母身边而感到难过。我知道"父母在，不远游"，似乎懂得陪伴的意义，但我也明白自己狠不下心回去，没勇气回去，也就怎么都回不去。"家"虽然只是简简单单一个字，但它却藏身于内心最柔软脆弱的地

---

① 贾平凹：《高兴》，作家出版社2007年版，第119页。

方,治愈也撕扯着我。在这种撕扯的经历之中,我慢慢意识到,学校生活无时无刻没有家庭的影子,而学校经历也不断重塑着我和家人的关系。

中国人特别强调"反求诸己"①。关注花花世界到最后,难免看到自己。在地球上走来走去,终有一天会回到原点。我的个人生命经历颇像一个典型的"寒门贵子",或许未来我还将成为一个典型或者非典型的"凤凰男"。即便我不想把这些标签贴在身上,但我知道它们如影随形。有的时候,以为农村背景是失败者的耻辱、蛰伏着的隐痛,是成功的陪衬品,是从深海向水面上浮时需要慢慢抛掉的融入血液的气泡。但说到底,它已经弥散在海水里、遍布于空气中。无论是刻骨铭心的屈辱还是迎来鲜花和掌声的时刻,曾经的记忆总会浮现。在这记忆的深渊之中,总有一些画面和声响如冲印的照片一般挥之不去,促使我在面对理论时总容易有强烈的代入感。这既困扰着我,也赋予了我学术研究的情感动力。

在阅读《学做工》的过程中,起初我为"家伙们"的能动性而动容,但最终发现"家伙们"的文化生产以喜剧开头,却以悲剧收尾。相比于以皮埃尔·布迪厄(Pierre Bourdieu)②为代表的文化再生产一派,威利斯更像是一个"叫人愁烦的安慰者"(Leidige Trster)③,试图说明底层的"家伙们"有能动性和创造性,最终学校时光结束,他们的好日子也到了头,"反学校文化的胜利色彩在把工人阶级子弟送进紧闭的工厂大门时就戛然而止"④。种种反抗最终铸成了工人阶级命运的自我诅咒。这样的文化生产理论和文化再生产理论又有何分别呢?当结构的力量如同铁笼,个体的能动性只能令人感伤。具体到自己,我似乎可以归入威利斯笔下的"循规者"群体,但这么一代人,又心有不甘。我是那些"书呆子"吗?在漫长

---

① 出自《孟子·离娄上》,原文为"行有不得皆反求诸己"。参见万丽华、蓝旭译注《孟子》,中华书局2007年版,第149页。《论语》中也有相关论述。《论语·卫灵公》:"君子求诸己,小人求诸人"。参见杨伯峻译注《论语译注》,中华书局2012年版,第232页。
② 布尔迪厄多处译名不一,本书采取的原则是正文中皆用"布迪厄",注释中遵从原书翻译,如布尔迪厄、布尔迪约等。
③ 康德在《永久和平论》中对格劳秀斯传统提出了严厉的批评,他称这个传统为"叫人愁烦的安慰者"(Leidige Trster)。所谓"叫人愁烦的安慰者",其实是康德引自《约伯记》中的一段话:"这样的话我听了许多。你们安慰人,反叫人愁烦"。参见韩潮《自然社会的厚与薄》,《读书》2016年第3期。
④ [英]保罗·威利斯:《学做工:工人阶级子弟为何继承父业》,秘舒、凌旻华译,译林出版社2013年版,第140页。

的求学旅程中，我难道就只知遵循而没有创造吗？如此乱想一通，似乎我变成了一个"过度代入患者"，总是拿个人特殊的经历去挑战"大牛"们的精致理论。但布迪厄曾说过，"个人性即社会性"，"最具个人性的也就是最非个人性的"①。这给了我言说的勇气。子之矛和子之盾之间有着广阔的空白，等待着涂抹上个性化的色彩。

不过，理论和逻辑上的空白地带并不等同于当下情境中有意义的社会论题，个人的情感动力和使命感也可能只是不具时代感的一厢情愿。赖特·米尔斯（Charles Wright Mills）曾写道：

> 运用社会学的想象力所做的最有成果的区分是"环境中的个人困扰"和"社会结构中的公众论题"，困扰是私人事务，论题则是件公共事务，超越了个人的局部环境和内心世界。……人们只有将个人的生活与社会的历史这两者放在一起认识，才能真正地理解它们。②

这样看来，"个人困扰"具有某种社会性，而且都可能通向"社会论题"。以色列作家阿摩司·奥兹（Amos Oz）在一次访谈中谈到，"每一个个体的命运都或多或少与历史、革命、暴力、贫穷、社会变迁紧紧相连，没有一个严格意义上的个人史，它总是被公共和历史事件所穿透。……在个人与公共、家庭与历史背景之间画一条线，是不可能的"③。因此，自己求学历程中体验到的种种困扰并不完全是桩个人事务。作为出生在改革开放之后、进入精英大学的农家子弟的一分子，我的个人困扰也牵连着一个社会群体的生命历程。

## 二 "读书的料"

改革开放以来，"文凭、学历就在社会地位的区分中起到愈来愈重要的作用"④。农民（农民工）处于社会底层，不想让孩子重复自己的命运，

---

① [法] 皮埃尔·布迪厄、[美] 华康德：《实践与反思：反思社会学导引》，李猛、李康译，中央编译出版社1998年版，第265、263页。
② [美] C. 赖特·米尔斯：《社会学的想象力》，陈强、张永强译，生活·读书·新知三联书店2001年版，第1—7页。
③ 李菁：《奥兹：我爱耶路撒冷，但它变了》，《三联生活周刊》2018年第6期。
④ 李强：《改革开放30年来中国社会分层结构的变迁》，《北京社会科学》2008年第5期。

往往寄希望于教育。读书改变命运被视为"正途",但却绝非坦途。有研究者根据22所高校的问卷调查结果发现,2012年农民子女占我国一本院校(重点大学)学生总数的比例已经降低至16%。[1] 社会底层劳动家庭既容易对其子女教育期望较低,给予的支持不足,也容易对子女教育虽期望高却又因抗风险能力差,在孩子学习成绩或成长遇到障碍时选择放弃。农家子弟必须精准进入相应等级的学校(见图1—1),才较有可能越过一个个学业阶梯,走向"子不承父业"的命运。这是一场漫长的通过教育向上流动之旅。吴晓刚和唐纳德·特雷曼(Donald J. Treiman)就曾将农家子弟的这种社会流动历程称为"极度的向上流动"(extreme upward mobility)。[2]

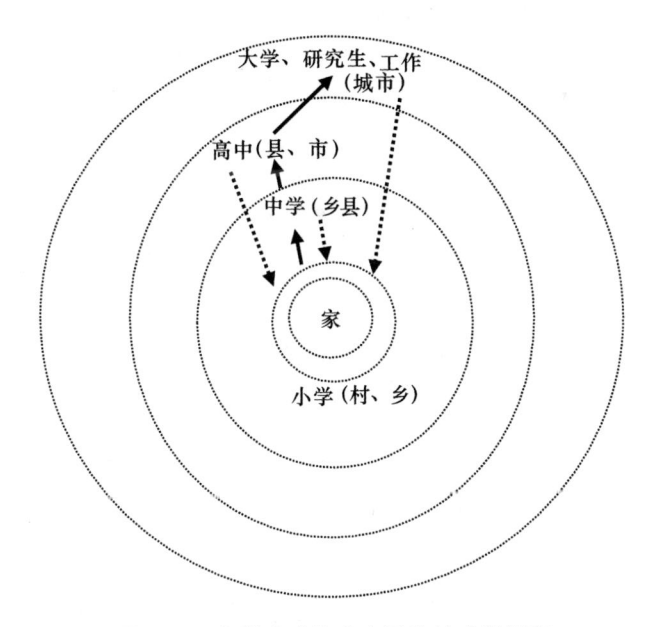

**图1—1 高学业成就农家子弟的求学历程**

注:实线为逐级跨越学业阶梯的人生轨迹,虚线为从校返家的人生轨迹。

---

[1] 程家福、董美英等:《高等学校分层与社会各阶层入学机会均等问题研究》,《中国高教研究》2013年第7期。
[2] Wu Xiaogang, Donald J. Treiman, "The Household Registration System and Social Stratification in China: 1955–1996", *Demography*, Vol. 41, No. 2, 2004, p. 382.

从空间上看，农家子弟的求学历程是以家庭为中心，从农村、县城、小城市到大城市一圈圈向外扩展的波纹形变动。从时间上看，他们的求学历程也是一次次从家返校、从校返家的候鸟式流动。城市与村庄、学校与乡间屋舍不仅有空间上的差异、经济上的差异，更重要的是有文化上的差异。在通过教育的阶梯逐级跨越的过程中，农家子弟必须面对这些差异。与父辈不同，这个群体中的大多数人只是农村生活的过客，他们最终会在城市从事中产阶层式的工作，成为"走出农村、改变命运"的美谈。人们大多注意到了他们外在的学业成功，却不清楚这样一场漫长的"子不承父业"的阶层跨越之旅中特殊的内心体验与社会行动。

一名清华本科生的典型形象是这样的——"出身城市，父母是公务员和教师，每年与父母起码外出旅行一次，甚至高中就有出国游学的经历"[1]。而同样进入精英大学的农家子弟的历史则与此迥然不同——"父母都是'老实巴交'的农民，上大学前到过最远的地方是离家50公里的地级市，上大学前未看过电影，很少有时间看电视"[2]。最终能够进入精英大学的农民子弟是"幸运"的少数人。他们在求学过程中往往会有这样的感叹，"从农村到大学，走到只剩我一个"[3]。作为家庭甚至家族的第一代大学生，他们的大学生活是为了"不成为她的母亲、她的姑妈、她的父亲"[4]。从这一点看，虽然同样是取得了高学业成就，他们的生命体验与"典型"的"清华学生"却有着云泥之别。

说到底，在当前中国社会，有这样"特殊"成长经历的农家子弟并不少。"寒门贵子""凤凰男/女"经常成为人们对这样一群人的称呼。这类农家子弟的形象也不断出现在小说[5]和热播电视剧[6]上，甚至是席卷

---

[1] 刘惠生：《清华生源状况调查：多出身城市 父母是公务员和教师》，2013年6月5日，凤凰网（http://news.ifeng.com/shendu/fzzm/detail_2013_06/05/26101519_0.shtml）。

[2] 诸葛亚寒、杨雨晨：《寒门式努力：何处见彩虹》，2015年1月26日，中国青年报（http://zqb.cyol.com/html/2015-01/26/nw.D110000zgqnb_20150126_1-09.htm）。

[3] 童磊：《从农村到大学，走到只剩我一个》，2011年8月5日，南方周末（http://www.infzm.com/content/61889）。

[4] Allison L. Hurst, *College and The Working Class: What It Takes to Make It*, In A. Hurst (Ed.), College and the Working Class (Vol.3). Rotterdam: Sense Publisher, 2012, p.1.

[5] 比如路遥的小说《人生》《平凡的世界》，贾平凹的小说《高兴》《废都》中都有这种角色。

[6] 通常是农村男性和城市女性的搭配，《父母爱情》《新结婚时代》《人民的名义》等影视剧都有类似桥段。

网络的"上海女孩逃离江西农村"①的假新闻中。虚构的事件也折射出人们内心对于这样一群人的敏感,无论是切身之痛还是隔岸远观。梁晨、李中清等通过对1952—2002年北京大学和苏州大学的学籍卡片的研究发现,"北大工人与农民子弟的总比例达到学生总数的30%以上,苏大工人与农民子弟比例在40%左右"②。据此,他们认为,1949年以来,中国高等教育领域出现了一场"无声的革命"。自中华人民共和国成立以来社会阶层结构的倒转和几千年来重视科举的传统使得阶层的突破并非不可想象。中国直到1978年改革开放时,80%以上的人口为农村人口。③ 到了2011年,中国城镇人口占总人口的比重,数千年来首次超过农村人口,达到50%以上。④ 这其中有相当一部分是农家子弟通过攀爬教育的阶梯改变了自己的命运。

这里,我倾向于将这样一群在改革开放之后出生、在教育阶梯上逐级攀爬、穿梭在"子不承父业"旅程中的农家子弟称作"读书的料"。

小时候在村里,听到大人们说起某个孩子淘气、不好学时,冷不丁就会有人抛出一个盖棺定论的说法,"他就不是读书那块料"。此话一出,马上引来一双双冷冷的赞同目光。学业早期成绩的落后很容易使一个孩子失去家庭的期待以及学校和村落的公共支持。慢慢地,父母期待的目光就从学校散落进了庄稼地里。母亲是村里的小学教师,曾听她说起一位数学老师这样批评学生:"你可⑤就是榆木疙瘩⑥刻两个眼。""读书的料"是可教、聪慧的,是很可能出人头地、前途无量的。而"榆木疙瘩"则是难教的、愚笨的,不太可能有什么特别的未来。"读书的料"与"榆木疙瘩"是村落里常用的两个有关教育的隐喻。

隐喻作为我们用以思维与行为的日常概念系统(ordinary conceptual

---

① 2016年春节"上海女孩逃离江西农村"的假新闻席卷网络,也激荡着人们的内心。事件虚构的男主人公就是一位农村出身、一步步攀爬教育阶梯、最终在大城市立足的年轻人。
② 梁晨、李中清等:《无声的革命:北京大学与苏州大学学生社会来源研究》,《中国社会科学》2012年第1期。
③ 徐勇:《农民理性的扩张:"中国奇迹"的创造主体分析——对既有理论的挑战及新的分析进路的提出》,《中国社会科学》2010年第1期。
④ 童曙泉:《中国城市化水平超过50%》,2011年12月20日,网易新闻(http://news.163.com/11/1220/03/7LMIFE1700014AED.html)。
⑤ "可"为家乡方言,起加重语气的作用。
⑥ 家乡方言,指坚硬的榆树根。

system)① 将不同性质的事物关联起来，强烈地表达了一种关系性结构。"读书的料"的说法在我国许多地方都存在，也有的地方会用"读书的种"②来表达。西方则有一种类似的表达——"上大学的材料"（Du Shu De Liao③）。无论是"读书的料""读书的种"还是"Du Shu De Liao"，作为隐喻，它们总来自特定的生活实践，有相应的"喻义空间"④，表达着特定生活情境中人们对这个世界的理解。

歌德曾说过："所有理论都是灰色的，而生活的金树常青。"⑤许多深妙精微就潜藏在"日用而不知"⑥之中。"读书的料"与"榆木疙瘩"两个截然相对的隐喻像极了宿命论的说法。有些人是"读书的料"，有些人就是"榆木疙瘩"。对"读书的料"的这种态度，也与庄稼人对收成的看法十分相似——"看老天爷吃饭"。是或不是"那块料"，是天意，是命定，既然如此，撑一撑再放弃也可求得心安。因而会有农村父母生出"他不怨我"就好的心态。⑦"读书的料"的隐喻虽然表明了自身质料与命运之间的某种关联，但"命"即便是"天之令"⑧，也总与运相连，人们纵然资质再不相同，命也总是"运转"出来的。教育显然是各阶层少有的运转命运之法。村落里，不少父母在力所能及的情况下（往往是经济方面）还是选择将孩子送到区县或者私立学校，交更贵的学费，承担更多的生活费，忍受与孩子情感的分离，期望孩子真是"那块料"。农村父母在对孩子的学业支持上既容易认命，但又并非全然被动等待着命运的裁决。

---

① ［美］雷可夫（George Lakoff）、詹森（Mark Johnson）：《我们赖以生存的譬喻》，台北联经出版事业股份有限公司2006年版，第10页。
② 熊和妮：《命运共同体：劳动阶层教育成功的家庭机制研究》，北京师范大学，博士学位论文，2016年。
③ Hall P. Beck, William D. Davidson, "Establishing an Early Warning System: Predicting Low Grades in College Students from Survey of Academic Orientations Scores", *Research in Higher Education*, Vol. 42, No. 6, 2001, p. 712.
④ 丁道勇：《作为一种隐喻的绿色教育》，《北京师范大学学报》（社会科学版）2011年第5期。
⑤ ［德］歌德：《浮士德》，绿原译，人民文学出版社1994年版，第50页。
⑥ 黄寿祺、张善文撰：《周易译注》，上海古籍出版社2012年版，第335页。
⑦ 余秀兰：《教育价值观念的社会阶层分析》，《全国教育社会学第十四届年会论文集》，2016年，第723页。
⑧ （东汉）班固：《汉书》，谢秉洪注评，凤凰出版社2011年版，第208页。

终究不同家庭背景的孩子所拥有的运作命运的资源有着天壤之别。一般而言,中产阶层对孩子的教育期望更持久,给予孩子的等待时间也更长。熊易寒指出,"对于中产阶层而言,进一步上升非常困难,但下降非常容易,这使得他们充满了不安全感"。因此,他们全面进入"抢跑游戏","他们的孩子因此成了中国学业压力最大的一群孩子"①。无论天资如何,中产阶层家长都会倾其全力于子女教育,为将其塑造为新一代中产而殚精竭虑。在外力的裹挟下,中产阶层的孩子大都走上了通过教育延续父辈命运、成为新中产的道路。中产阶层父母可能会精细地鉴别和挖掘孩子的兴趣、潜能,却很少会去区分孩子是否是读书这块料。对中产阶级子弟而言,读书是必需品。而对底层子弟,读书更接近奢侈品。

相较之下,村落里生活的人们格外在意自己的子女是不是"读书的料"。对于普通的农家子弟来说,家庭对教育的投入能力相当有限,容他犯错、慌张、犹豫踟蹰的时光也总是短促的,很难拥有学业上浪子回头所需要的时间和经济成本。如果一个孩子没有在学业早期被鉴别为"读书的料",那么很可能父母就不太会对他/她抱有太高期望,支持这个孩子沿着教育阶梯不断向上攀爬的意志也就日益稀薄。那些没有适时崭露头角,得不到家庭足够支持和等待的孩子就很可能被埋没,既不被他人认可为"读书的料",也逐渐认为自己的确不是"那块料"。终究农村家庭耗不起,难以给孩子足够的时间去让他"出落"成"读书的料"。由此,越是社会底层的家庭越需要及早确证孩子是不是"读书的料"。村落里许多孩子的潜能毫无疑问地被浪费了,没有经过等待就枯萎了。

一旦孩子在学业早期成绩比较好,父母内心就慢慢坚信孩子是"读书的料",那就砸锅卖铁也要上。这种情境下,那些在生命早期就绽放出特别的学习能力的孩子,变得格外醒目。"读书的料"更早地得到了家庭、村落和学校的重视并因而享受了一系列外部支持,受到父母、学校和村落的尊宠。这群孩子因为在学习上展露的天分,成了村落中的"王子"和

---

① 熊易寒:《"学而思"热背后是中产的集体焦虑》,2016年11月22日,凤凰网(https://culture.ifeng.com/a/20161122/50296727_0.shtml)。

"公主"①，也因此走上"子不承父业"的人生道路，在一次次赴异乡求学的旅途中与家乡渐行渐远，成了村庄的过客。

在本书中，"读书的料"不仅仅指向特定的人群，也隐喻了从农村一级级跨越学业阶梯、子不承父业的生命历程。作为隐喻"读书的料"希望传递一种整体直观的思维方向，唯有在这种意义上，你我才能就这种"新恰当"达成共识。

## 三 问题的确证

作为"子不承父业"的农家子弟，"读书的料"与当前教育社会学领域解释阶层再生产的三种理论脉络——经济再生产理论、文化再生产理论以及文化生产理论呈现出微妙的关联。

经济再生产理论（economic reproduction）的代表人物，如塞缪尔·鲍尔斯（Samuel Bowels）和赫伯特·金蒂斯（Herbert Gintis）认为，"教育的社会关系与生产的社会关系结构相对应"②。在这里，教育被认为只是资本主义不平等社会经济结构的"应声虫"③，"学校对于资本主义的再生产有着核心的功能性角色，那就是让年轻人在一个分化的等级社会做好准备迎接自己的位置"④。但"读书的料"很少会在取得高学业成就之后走回底层，他们中的绝大多数都将在城市从事中产阶层工作，通过逐级攀爬教育阶梯实现阶层突破，这一点该做何种解释？

文化再生产理论（cultural reproduction）的创立者布迪厄（Pierre Bourdieu），为分析社会再生产的"黑箱"⑤增添了一个文化的维度。其中"惯

---

① 此处比喻受康永久教授启发。参见康永久《村落中的"公主"——城市化进程中的成长陷阱》，2016年（未刊稿）。
② ［美］S. 鲍尔斯、［美］H. 金蒂斯：《美国：经济生活与教育改革》，王佩雄等译，上海教育出版社1990年版，第195页。
③ 贺晓星：《论教育社会学中的新马克思主义——S. 鲍尔斯和H. 吉丁斯的对应理论及其转向》，《南京师大学报》（社会科学版）2014年第4期。
④ Nadine Dolby, Greg Dimitriadis, "Learning to Labor in New Times: An Introduction", in Nadine Dolby, Greg Dimitriadis E. Paul（ed.）, *Learning to Labor in New Times*, Routledge Falmer, 2004, p. 2.
⑤ ［英］保罗·威利斯：《学做工：工人阶级子弟为何继承父业》，秘舒、凌旻华译，译林出版社2013年版，第263页。

习"（habitus）①和"文化资本"（cultural capital）是他用以分析的核心概念。布迪厄认为，统治阶级把自己的惯习作为一种文化资本融入学校教育之中。学校文化本质上为了"保证文化资本的效益"而"淘汰距学校文化最远的那些阶级"②，也就是缺乏中上阶层文化资本的底层子弟。那些来自中产阶级，有这种惯习的孩子更容易与之契合并取得学业成功。而来自劳工阶级的孩子，由于不拥有这种惯习或性情，经常被排斥乃至淘汰。在这一过程中，教育制度成功地"把社会特权转化为天资或个人学习成绩，从而不中断地维护不平等"③。"读书的料"虽然来自被视为距离学校文化最远的那些阶级，教育系统非但没有淘汰他们，反而成了他们实现向上流动的关键。

文化生产理论（cultural production）的创立者威利斯为解释社会再生产的黑箱进一步增加了一个创造性的维度——文化生产。在《学做工》中，"家伙们"的文化生产，最终导向了文化和阶级身份的再生产。而这一切，都基于"家伙们"对学校生活及其背后隐藏的社会结构的"洞察"。正是这种文化洞察使得他们主动生产了一整套反权威的校园版工人阶级文化，并最终成为新一代"自得其乐"的工人阶级。"读书的料"尽管也来自社会底层，却并没有主动生产出父辈的阶层身份，而是最终通过取得高学业成就步入了一条不同于父辈的人生道路。这一点又该如何解释？

说到底，作为中国情境下子不承父业的第三类"循规者"，"读书的料"的生命经历与再生产理论（reproduction theory）的核心假定存在难

---

① 高宣扬将"惯习"译为"生存心态"，认为"惯习"译为"习惯""惯习""习气"等都是误译，"habitus的基本原意，正是要表示在当时当地规定着某人某物之为某人某物的那种'存在的样态'"（参见高宣扬《论布尔迪厄美学的核心概念"生存心态"的特殊性质》，《马克思主义美学研究》2010年第2期）。李康在《反思社会学导引》（商务印书馆2015年版）的"校订说明"中提到高宣扬的译法，但并没有通改，"权当翻译局限的体现"。相较而言，"生存心态"的译法更能说明habitus与身体化文化资本之间的密切关联。但本书选择了沿用"惯习"这一译法，主要考虑以下两点：第一，国内多数研究者都在使用这一用法；第二，完全翻译是不可能的，"生存心态"也并不完美，生造的"惯习"反而可能帮助人们区分与之相近的概念，逐渐在学界形成一种共通理解。
② [法] P. 布尔迪约、[法] J.-C. 帕斯隆：《再生产：一种教育系统理论的要点》，邢克超译，商务印书馆2002年版，第224页。
③ [法] P. 布尔迪约、[法] J.-C. 帕斯隆：《继承人：大学生与文化》，邢克超译，商务印书馆2002年版，第31页。

以弥合的缝隙，与目前的文化生产理论之间也存在明显的断裂。默顿（Robert K. Merton）在"目的性社会行动的非预期结果"一文中提出了"非预期后果"（unanticipated consequences）这个概念。① 默顿使用这个概念是针对"人们（包含行动者本身）所以无法正确判断行动的目的这个问题"②，实际上与他所提的相对于显性功能的"隐性功能"高度相关。在经济再生产、文化再生产与文化生产的理论视域下，底层通过教育实现阶层突破和向上流动的努力是一场早已注定的败局。如果我们把理论人格化，很显然，那些沿着"读书的料"这条道路走下来的人就成了所有这些理论的"非预期后果"，蕴藏着增进社会学知识的可能。在这本书里，"读书的料"看似一种质料的鉴别，实则意指一种通过教育向上流动的人生过程，这个概念有着难以估量的学术潜力和理论探索空间。

改革开放之后出生、在教育的阶梯上逐级跨越并最终"进入精英大学"③ 的农家子弟为我们在中国情境下研究"阶层突破中的文化生产"提供了理想的样本。④ 他们正是这里所指的"读书的料"。虽然跨入精英大学之门不等同于阶层流动，但绝大多数情况下，这些农家子弟在毕业之后将拥有一份高于原生家庭中父母经济社会地位的工作，也就是实现了突破阶层代际传递的关键一步。除此之外，这一群体还具备以下三个特点：（1）作为第一代在市场经济大潮下长大的农家子弟，他们的成长经历伴随着中国社会几千年从农业社会步入商业社会的大变局。⑤ 在这一过程中，原先的政治分层逐渐被经济分层所替代，⑥ 城乡经济发展的差异更加显著，地域之差演变为经济社会发展的巨大差异。（2）他们有着共通的跨越城乡边界的求学和生命历程，城乡二元结构深刻嵌入其生命体验当中。城乡经济发展的不

---

① Robert K. Merton, "The Unanticipated Consequences of Purposive Social Action", *American Sociological Review*, Vol. 1, No. 6, 1936, pp. 894–904.
② 叶启政：《社会学家作为说故事者》，《社会》2016年第2期。
③ 本书的研究对象既有本科生，也有硕士生和博士生。这里进入"精英大学"指的是在本、硕、博任一阶段进入了"985"或"211"高校。
④ 在改革开放之前"向工农开门"的阶级教育模式下，个人借助教育向上流动的过程具有很强的政治意涵，因此将这些农家子弟的教育历程排除在本书的研究范围之外。
⑤ 谢宇认为，"中国现在正经历着一场划时代的社会变迁，其程度和意义堪与世界历史上其他最重大的变迁——如早期欧洲的文艺复兴、英国的工业革命——相提并论"。徐勇也在一篇文章中指出"中国正在迅速由农业文明转向工业文明"。参见谢宇《认识中国的不平等》，《社会》2010年第3期；徐勇《历史延续性视角下的中国道路》，《中国社会科学》2016年第7期。
⑥ 李强：《政治分层与经济分层》，《社会学研究》1997年第4期。

平衡致使教育资源的不平衡愈演愈烈，他们中的许多人在生命早期进入城市求学，深刻体验着城乡不平等。(3) 在中国特殊的城乡二元社会结构影响下，这群农家子弟不仅在经济地位上处于社会底层，在政治身份上也处于底端。相比于生活在城市社会的底层子弟，农家子弟身上交汇着地域、身份和阶层三种结构性力量。当他们走出精英大学，极有可能在城市从事中产阶层的工作，因而通过教育向上流动的跨度最大，最具阶层突破之意涵。

现在的问题是，"读书的料"在取得高学业成就、实现阶层突破的进程中究竟有着怎样的文化生产？这一问题又可衍生为两个维度的讨论：第一，取得高学业成就是否蕴藏着一种主动的文化生产过程？如果是，其中的文化生产机制是什么？在国内聚焦底层子弟文化生产的研究者看来，农家子弟"子承父业"不仅受到宏观社会结构的制约，也是一种"自甘如此"，即主动文化生产的结果。如若这样来解释学业失败的底层子弟，就很难想象农家子弟在通过教育向上流动的进程中没有另一种主动的文化生产。但对这一问题不仅需要"大胆的假设"，而且需要"小心地求证"。[①] 第二，在高学业成就之外，这种文化生产还伴随着哪些非预期后果？农家子弟往往把接受教育看作改变命运、出人头地的重要途径，但却很少能直接意识到这是一个复杂而漫长的文化旅程，必定伴随许多"隐性"功能与非预期后果。在默顿看来，"隐性功能（因此，连带的，未预期结果[②]）乃是社会学知识得以不断增进的重要决定元素"[③]。本书迫切揭示这样一个以阶层跨越为目的的社会流动过程的复杂性，革新已有的知识和见解。

当然，《学做工》中陷入阶层再生产诅咒的"家伙们"创造的是校园版的工人阶级文化，这是与其工人阶级家庭文化一脉相承的。而"子不承父业"的底层子弟与其家庭文化之间呈现何种关系结构，威利斯对此并没有给出明确答案，而是坦承"我的方法几乎都跟工作和学校有关，而没有

---

[①] 胡适：《胡适文存》（第一集），首都经济贸易大学出版社2013年版，第250页。
[②] 赵鼎新曾提出"非期然后果（unintended consequence）是人类社会发展的主轴"，这与默顿强调的非预期结果（unanticipated consequence）有着相似的地方。参见赵鼎新《社会科学研究的困境——从与自然科学的区别谈起》，《社会学评论》2015年第4期。
[③] 叶启政：《社会学家作为说故事者》，《社会》2016年第2期。

对家庭内部关系给予足够的关注"①。艾力森·赫斯特（Allison Hurst）在《大学与工人阶级：什么让他们做到》一书中生动描绘了一个"项目女孩"（project girl）珍妮特（Janet）的处境，"与她的朋友们努力成为'她们母亲一样的股票经纪人、她们姑妈一样的律师或者她们父亲一样的教授'不同，她的大学生活是为了不成为她的母亲、她的姑妈、她的父亲"②。在这一点上，东西方有共通之处。"读书的料"的学业成功虽然让他们的家庭引以为傲，但越是在学业上成功，他们就越可能远离父辈所处的阶层，与父辈的文化世界渐行渐远。因此，"读书的料"与家人的关系将成为我们探索"非预期结果"的一个重点。

取得高学业成就、身处精英大学的农家子弟是超越社会再生产与文化再生产理论的"计划外事实"，也超出了文化生产理论现有的解释域，他们的文化生产是目前的文化生产理论尚未涉足的。洛伊斯·韦思（Lois Weis）曾鼓励读者从旧有的结构框架中走出来，在学校中和学校外的空间做调查，为受过教育的人的文化生产研究做出贡献。③ 就此而言，本书意图超越社会再生产、文化再生产、文化生产理论对于底层学业失败学生的关注，反其道而行之，期望从对进入精英大学的农家子弟这一"计划外事实"的探索中发展出计划外的理论。对"读书的料"文化生产的探索必然会超出国内研究者聚焦于学业失败的底层子弟或"反学校文化"研究范式所能探照到的文化生产。斯图亚特·霍尔（Stuart Hall）曾说："问题的变化改变了人们提出的问题的本质，改变了提出问题的方式，改变了可能圆满地回答这些问题的方式，这种变化意味深长。"④ 作为经济再生产和文化再生产理论的"非预期结果"、文化生产理论中"被忽略的陪衬"，"读书的料"究竟能带给我们怎样的思考与惊奇？

---

① ［英］保罗·威利斯：《学做工：工人阶级子弟为何继承父业》，秘舒、凌旻华译，译林出版社2013年版，第300页。
② Allison Hurst, *College and The Working Class：What It Takes to Make It*, in A. Hurst（ed.）, College and The Working Class（Vol. 3）, Rotterdam：Sense Publishers, 2012.
③ 转引自 Christine, Fox, "Review Work：The Cultural Production of the Educated Person：Critical Ethnographies of Schooling and Local Practice by Bradley A. Levinson, Douglas E. Foley and Dorothy C. Holland", *Comparative Education Review*, Vol. 42, No. 3, 1998, p. 365。
④ ［英］斯图亚特·霍尔：《文化研究：两种范式》，傅德根译，《马克思主义美学研究》2000年第00期。

## 第三节　概念界定

概念是逻辑的起点,"一个名词的意义建立在读者和作者相同的了解上",否则就很可能"以词害义"。[1] 因而有必要就本书的相关概念做出说明。由于前面已经详细探讨了"读书的料",这里的概念界定,就让我们从多次谈到的"文化"说起。

### 一　文化

在日常生活中,我们会说一个人"有文化"或者"没文化","没文化"有时被等同于没有受过教育。识文断字往往被认为是享有和创造文化产品的前提,而处于社会底层的农民在中国历史上长期不具备识文断字的可能。这样,文化就成了"居庙堂之高"者的专属品。在这种对文化的理解里,社会底层没有文化。不但如此,客观经济条件的贫寒与主观精神世界的贫乏也是直接贯通,有"恒产"方可有"恒心"。因此,"没文化"不仅意味着不能识文断字,人们甚至还经常据此断定贫弱底层民众缺少"士不可以不弘毅"[2] 的使命感,也缺乏"贫贱不能移"[3] 的底气,难以坚持"道统",只有生存不下去了才揭竿而起,反抗政治统治。而后,一部分人荣升庙堂,大部分人又落入再次被统治的循环。

民国时期平民教育与乡村建设运动的代表人物晏阳初认为,中国农民有四种基本缺点:愚、贫、弱、私。[4] 第一个愚,就是没有文化,那时的许多农民一个大字不识,所以提出应当"文字下乡"。但费孝通却在《乡土中国》中就此为农民鸣不平。他说:

> 最早的文字就是庙堂性的,一直到目前还不是我们乡下人的东

---

[1] 费孝通:《关于民族问题的讨论》,《益世报·边疆》1939年第19期。
[2] 杨伯峻译注:《论语译注》,中华书局2012年版,第114页。
[3] 方勇译注:《孟子》,中华书局2010年版,第109页。
[4] 晏阳初:《平民教育与乡村建设运动》,商务印书馆2014年版,第146页。

西。我们的文字另有它发生的背景……不论在空间和时间的格局上，这种乡土社会，在面对面的亲密接触中，在反复地在同一生活定型中生活的人们，并不是愚到字都不认得，而是没有用字来帮助他们在社会中生活的需要。①

也即是说，乡土社会有自己的处境，这个处境中的人有自己的生活样式，识文断字虽然是有文化的重要标志，但并不能借此指责农民"愚"或"没有文化"。费孝通还这样写道，疏散在乡下的知识分子的孩子与乡下孩子相比虽然成绩更好，更得教员偏爱和夸赞，但一到了田间地头，和乡下孩子一起抓蚱蜢则败下阵来。"乡下孩子在教室里认字认不过教授们的孩子，和教授们的孩子在田野里捉蚱蜢捉不过乡下孩子，在意义上是相同的。"② 这种对农村社会和农村文化的理解实际上肯定了文化并不仅仅是"文字"，不是"居于庙堂之上"或者安坐于"象牙塔"里的人才有的。

费孝通对文化的理解与20世纪英国著名的马克思主义文化批评家雷蒙德·威廉斯（Raymond Williams）有相似之处。在西方社会，文化经常被视为精英的专属品。诸如"有了精英，才有文化"及"艺术家、作家和其他有高层次文化的人才不只需要面包"③ 的观念长期盛行。威廉斯这样诘问克莱夫·贝尔（Clive Bell）所著的《文明》（*Civilization*）："我怀疑，什么样的生活制造出这非凡的挑剔，这非凡的把一些事情称为文化，然后像用一堵围墙把它们从寻常的生活和劳作中分离出去的决定？"④ 威廉斯认为：

> 一种文化是一种普遍的意义，作为整体的人群的产品，而且提供了个人性的意义，一个整体的人坚实的个体和社会经验的产品。认为任何这些意义可以通过任何一种方式被规定都是愚蠢和傲慢的。它们由生活铸造，铸造并不断重铸，以一种我们无法提前知晓的方式。⑤

---

① 费孝通：《乡土中国》，北京出版社2004年版，第27—28页。

② 同上书，第12页。

③ Richard Sennett and Jonathan Cobb, *The Hidden Injuries of Class*, New York：Randomhouse, 1973, pp. 7 - 8.

④ Raymond Williams, "Culture is Ordinary", in Ben Highmore (ed.), *The Everyday Life Reader*, Routledge, 2002, p. 94.

⑤ Ibid., p. 96.

## 第一章　阶层突破中的文化生产问题

威廉斯深受英国文化批评学者利维斯（Frank Raymond Leavis）的影响，他在对文化的批判中特别强调："文化是寻常之物：这是一个首要事实。每一个人类社会都有它自己的形状，它自己的目的，它自己的意义。"[1] 文化的第一层含义就意味着"一整套的生活方式"（a whole way of life），"文化是寻常的，在每一个社会和每一颗心灵之中"[2]。

威廉斯的这种理解，特别是把文化作为一种"寻常之物"和"一整套的生活方式"的理解与我们日常生活中对文化一词的使用颇有距离，但实质上却更符合文化一词的本意。在《说文解字》中，文化中的"文"被解释为"错画也。象交文"[3]，意思是交错的笔画，后人也解释为纹理。《周易》中也有"观乎天文，以察时变；观乎人文，以化成天下"[4] 的说法。总的来看，"文化"的"化"有一个使之的意思，即使其富有"纹理"，这其中就有一个"教育"（广义）的过程。在英文中，文化（culture）的最早含义指"庄稼的种植和动物的饲养"，而后转换为对人心智的培养。[5] 泰勒（Edward Burnett Tylor）在《原始文化》一书中将文化或文明定义为："包括全部的知识、信仰、艺术、道德、法律、风俗以及作为社会成员的人所掌握和接受的任何其他的才能和习惯的复合体。"[6] 李凯尔特（Heinrich Rickert）也认为"文化"是一个用来区别于"自然"的概念，"自然产物是自然而然地从土地里生长出来的东西。文化产物是人们播种之后从土地里生长出来的"[7]。这些看法显然超出了日常生活中人们对文化一词的狭隘理解。

当然，文化的含义纷繁复杂，远不止在此呈现的几种理解。斯图亚特·霍尔也说道："（文化）这个概念依旧是一个复杂的概念——一个利益的交

---

[1] Raymond Williams, "Culture is Ordinary", in Ben Highmore (ed.), *The Everyday Life Reader*, Routledge, 2002, pp. 92-96.
[2] Ibid., p. 92.
[3] （汉）许慎撰，（宋）徐铉校订：《愚若注音·注音版说文解字》，中华书局2015年版，第182页。
[4] 黄寿祺、张善文：《周易译注》（最新增订版），中华书局2016年版，第215页。
[5] 转引自［英］鲍尔德温等《文化研究导论》，陶东风等译，高等教育出版社2007年版，第7页。
[6] ［英］爱德华·泰勒：《原始文化：神话、哲学、宗教、语言、艺术和习俗发展之研究》，连树声译，广西师范大学出版社2005年版，第1页。
[7] 转引自李德顺《什么是文化》，《光明日报》2012年3月26日第5版。

会点，而不是一个逻辑上或概念上得到明确阐释的观念。这种'丰富性'是这个领域里充满不断的张力和困境的原因。"① 人们熟悉的文化的另一层含义是作为社会的一个方面，即"文化是相对于政治、经济而言的人类全部精神活动及其产品"②。但如果按照前一种理解，把文化看作"整套的生活方式"，政治、经济本质上也不可能与文化脱了干系。而且在这种种不同中，我们看到"文化"作为学术术语有一个共同的面向：文化与人紧密相关。肖前曾下了一个简洁的定义，"文化即人化"③。这样看来，一切人的活动都有"文化"的那一面。甚至，人的一生也可算作一个"文化"过程。

基于以上对"文化"概念的梳理，本书在使用"文化"一词时，延续的是威廉斯把文化作为"一种寻常之物"以及"整套的生活方式"的理解。这与梁漱溟把"文化"作为"人类的生活式样"④ 也有一致之处，即把文化视为一种寻常之物，内隐于每个人的心灵，外化为某种具体的生活样式。就此，可以说，外显的话语、行为都有内隐的价值（意义）作为支撑，也就都有文化的那一面。

## 二 文化生产

"文化生产"这一概念源于威利斯在《学做工》中搭建的理论框架。表面上看，威利斯在《学做工》中讨论的是工人阶级子弟为何继承父业（再生产问题），但他的理论抱负显然不止于此。在"茂宁赛德"版后记中，他这样写道：

> 虽然《学做工》部分地与"再生产"的视角有所关联，而且讨论的全部都是实际教育结果的重要性，但是这本书实际上更为核心的作用是讨论了文化生产的问题。⑤

---

① ［英］斯图亚特·霍尔：《文化研究：两种范式》，傅德根译，《马克思主义美学研究》2000年第3辑。
② 百度百科之文化，参见 https：//baike. baidu. com/item/%E6%96%87%E5%8C%96/23624？fr=aladdin。
③ 转引自李德顺《什么是文化》，《光明日报》2012年3月26日第5版。
④ 转引自汤一介《文化历程的反思与展望》，《现代传播》1996年第3期。
⑤ ［英］保罗·威利斯：《学做工：工人阶级子弟为何继承父业》，秘舒、凌旻华译，译林出版社2013年版，第263页。

## 第一章 阶层突破中的文化生产问题

关注《学做工》的研究者经常被"家伙们""文化生产"的机制（抵制）及结果（反学校文化）所吸引，但忽略了"文化生产"这一概念本身的理论潜力。威利斯把文化的特性理解为"社会能动者'意义创造'的积极过程，尤其在理解自身生存处境，包括经济地位、社会关系以及为维护尊严、寻求发展和成为真正的人而构建的认同和策略的过程中"[1]。在他看来，相比于社会结构的再生产，"文化层面也有生产过程，即文化生产"，"社会行动者并不是意识形态的被动承载者，而是积极的占有者——通过斗争、争论对结构进行部分洞察，实现对现存结构的再生产"[2]。言下之意，个体不是天生就处于一定的社会结构和意识形态之中，而是经历了种种斗争、竞争以及洞察，不断地进行着文化生产。那么，这种"文化生产"究竟是在生产什么呢？

第一，文化生产是意义生产。威廉斯认为"文化分析即是澄清某种生活方式之中或者内隐、或者外显的意义与价值"[3]，那么"文化生产"也就是这些内隐或者外显的意义和价值的生产。威利斯的理解与此类似。在《学做工》中文版序言中，他强调，我们的文化世界充盈着意义创造的过程，[4]"文化的特性在于社会能动者意义创造的积极过程"，"意义创造源于象征性的物质、过程和行为"[5]。可以说，文化生产即意义生产（meaning making），而考察意义生产的关键就在于理解人们对于符号所附加的意义，"文化研究要探讨的是'表达'和'符号'"[6]。在 2003 年的一次访谈中，威利斯更直接地说：

> 我把《学做工》以及我最近的工作看作是对日常生活中意义的文化生产样式的研究。从这方面说，当人们把我的工作成果看作是抵制（resistance）或失范（anomie），我经常觉得自己被塞进了社会学的紧

---

[1] [英]保罗·威利斯：《学做工：工人阶级子弟为何继承父业》，秘舒、凌旻华译，译林出版社 2013 年版，中文版前言，第 2 页。
[2] 同上书，第 226 页。
[3] [英]雷蒙德·威廉斯：《漫长的革命》，倪伟译，上海人民出版社 2013 年版，第 50—51 页。
[4] [英]保罗·威利斯：《学做工：工人阶级子弟为何继承父业》，秘舒、凌旻华译，译林出版社 2013 年版，第 2 页。
[5] 同上书，中文版前言，第 2 页。
[6] [英]保罗·威利斯：《两个瞬间》，《读书》2017 年第 2 期。

身衣，因为我的观点在于情境中广泛存在的意义生产（general production of meaning）。①

恩斯特·卡西尔（Ernst Cassirer）在《人论》中说得更彻底：

> 人不再生活在一个单纯的物理宇宙之中，而是生活在一个符号宇宙之中。语言、神话、艺术和宗教则是这个符号宇宙的各部分，它们是织成符号之网的不同丝线，是人类经验的交织之网。人类在思想和经验之中取得的一切进步都使得这符号之网更为精巧和牢固。人不再能直接地面对实在，他不可能仿佛是面对面地直观实在了。人的符号能力（symbolic activity）进展多少，物理实在似乎也就相应地退却多少。在某种意义上说，人是在不断地与自身打交道而不是在应付事物本身。……即使在实践领域，人也并不生活在一个铁板事实的世界之中，并不是根据他的直接需要和意愿而生活，而是生活在想象的激情之中，生活在希望和恐惧、幻想与醒悟、空想与梦境之中。正如爱比克泰德所说的："使人扰乱和惊骇的，不是物，而是人对物的意见和幻想。"②

卡西尔由此将人定义为"符号的动物"（animal symbolicum），而非"理性的动物"。③ 美国社会学家 W. I. 托马斯也提出过著名的自证预言："如果认定某些情形为真，结果它们就会成为真的。"④ 这同样说明这个世界的主观构造特性。解释人类学的创始者、人类学家格尔茨（Clifford Geertz）曾这样写道："马克斯·韦伯提出人是悬在他自己所编织的意义之网中的动物……我以为所谓文化就是这样一些由人自己编织的意义之

---

① Henk, Kleijer, Ger Tillekens, "Twenty-five Years of Learning to Labour-Looking Back at British Cultural Studies with Paul Willis", *Journal on Media Culture*, Vol. 5, 2003（http://www.icce.rug.nl/~soundscapes/VOLUME05/Paul_WillisUK.shtml）.

② ［德］恩斯特·卡西尔：《人论：人类文化哲学导引》，甘阳译，上海译文出版社 2013 年版，第 43—44 页。

③ 同上书，第 45 页。

④ 转引自［美］罗伯特·K. 默顿《社会理论和社会结构》，唐少杰、齐心等译，译林出版社 2006 年版，第 633 页。

网。"① 从生活样式分析文化并非仅是看组构的一个人生活样态的具体行为，更要看这些行为背后行动者添加的意义。格尔茨引用赖尔对"随意的眨眼"和"挤眼"的区分来说明意义理解对于人类学研究的关键意义。照相机可弄不明白几乎同样的动作背后却有完全不同的意涵，而"深描"（thick description）则能帮助我们理解文化的意义。②"文化生产"概念延续了从马克斯·韦伯而来的解释社会学和人类学传统，其实质上就是通过捕获行动者主体创造或赋予符号的意义来探索行动者的精神世界。

第二，文化生产是自我的生产。德尔菲神庙上的那个恒久命题——"认识你自己"——至今还萦绕在人们耳旁。但谈及自我，并不是一件容易的事。笛卡尔曾将自我定义为"在我们之内，以至我们直接意识到的一切东西"③。与哲学家不同，社会学家们往往认为自我的形成离不开社会化，就像米德（George Herbert Mead）坚持认为的那样："离开社会就不可能有自我，也不可能有自我的意识和交流。"④ 库利（Charles Horton Cooley）更直接地认为："自我和社会是一对双胞胎。"⑤ 他认为一个人的自我意识是他认为的其他人对自己看法的反映。因此，不可能有孤立的自我，"镜中我"的概念鲜明地反映了库利的思想。到了戈夫曼这里，他把人们永远绑在印象管理的战车上，躯体只是"挂衣架"，认为正是在与他人互动的过程中，自我的概念才逐步出现。

> 某种合作生产的产品只是暂时悬挂在它的架构上，产生和维持自我的手段并不存在于这种挂衣架的内部。在社会机构内，有一个后台区域，有一个前台区域。自我是所有这些安排的产物。⑥

哲学家看到的先验自我在大量社会角色的获得和承担中，在漫长的、

---

① [美] 克利福德·格尔茨：《文化的解释》，韩莉译，译林出版社1999年版，第5页。
② 同上书，第6—8页。
③ 转引自周晓亮《自我意识、心身关系、人与机器——试论笛卡尔的心灵哲学思想》，《自然辩证法通讯》2005年第4期。
④ 转引自[美]刘易斯·科赛《社会思想名家》，石人译，上海人民出版社2007年版，第295页。
⑤ 同上书，第268页。
⑥ [美]欧文·戈夫曼：《日常生活中的自我呈现》，冯钢译，北京大学出版社2008年版，第214页。

## "读书的料"及其文化生产

无数的社会互动过程中逐步累积并趋于固定,以至于我们每一个人都能感受到自我并具有了感知到他人呈现给"我"的印象以及"我"给他人呈现的印象的能力。所谓真实的自我,必须借助某种基本的整体运作才能被定义和发现。我们看到的只是在凡俗的日常生活中表演出的自我(performed self),是由无数符号和意义搭建起来的面具所组装起来的。威利斯就认为,

> 人类不只是通过物质条件的生产和再生产来努力生存,也是通过在世界获得意义感和他们的位置来生存……意义生产的文化实践本质上是为制造身份和建构自我的一种自我驱动。①

我们不断生产着符号和意义,生产着这些面具并相信这是真实的自我通常可信的意象。因而,文化既然是意义的生产,必然也是自我的生产。

第三,文化生产是生活样式和人生道路的生产。文化内隐于每个人的心灵,外化为某种具体的生活样式,可以说,文化生产本质上就是生产一种总体的生活样式。生活样式的差异肉眼可见,但文化差异又不能说只是肉眼可见的生活样式的差异。看起来,生活样式好像只是油盐柴米酱醋茶等诸多日用寻常之事,实则内含着种种意向状态,指向某种人生旅途。梁启超曾在1923年"人生观与科学"的论战②中这样界定人生:"人类从心界、物界两方面调和而成的生活,叫作'人生'。我们悬一种理想来完成这种生活,叫作'人生观'。"③ 这种说法虽然看似把生活与理想分离,但好处在于让我们看到人的生活本身表面上看是吃穿住用,实质上这些"吃穿住用"无时无刻不内隐着一种意向。有人的意向状态在,就包含了文化的那一面。相应的文化生产即是生产支撑这种生活方式的各种或外显或内隐的意义与价值。通过分析这些意义和价值,我们才能看到悬着的那个总

---

① Paul Willis, *The Ethnographic Imagination*, Polity, 2000, Foreword, p. xiv.
② 1923年,北大教授张君劢在清华做题为"人生观"的演讲,对当时无比推崇科学的风气予以质疑,核心观点为"科学不能支配人生,科学无法解决人生观的问题",后发表在《清华周刊》。据张君劢回忆,地质学家丁文江读后"勃然大怒",在《努力周报》上发表《玄学与科学》,长达万余字,批评张。而后梁启超、任叔永、孙伏园、胡适等数十位名人卷入这场被称为"科玄论战"的论战。最终由陈独秀和胡适作序以《科学与人生观》为名结集出版。
③ 张君劢、丁文江等:《科学与人生观》,岳麓书社2012年版,第100页。

体的"理想"。这样看来，文化生产实则无处不在，谁不需要悬着一种理想？声称最没有理想或者最不需要理想的人也处于某种意向状态之中，秉持着一种理想、一种人生观。

社会行动者的符号及意义创造并非来自虚空，正如物质资料的生产一样，也需要原材料。文化生产的依托之物包括语言、行为等符号以及符号背后的意义。这些意义之网的编织是基于现实世界而生出的复杂心理过程。在2017年的一篇文章中，威利斯提出了符号秩序（the symbolic order）和物质秩序（the material order）两个概念，认为符号秩序和物质秩序各有各的规则和过程，两者不停地交叉和相互影响，而符号秩序相比于物质秩序具有强大的自主性。

> 比如工人阶级的现实存在是：辛苦劳动、没钱、被剥削的无产阶级；而意识是：你如何去解读这些；而文化研究是：你如何生活，不是思想，而是生活，包括你的姿态、你的穿着、你的激情、你的亚文化。①

不同于马克思主义者所认为的意义来自外界，威利斯认为，"如果你愿意，意识形态也能反方向流动"②。在他看来，"符号秩序也许对穷人更为重要，也许是他们活下去的支柱"③。文化依赖于意义，意义又依赖于符号，所以说意义生产也必然是符号生产。通过意义赋予，包括言语、行动、关系在内的日常生活具有了某种灵性，文化生产也才变得可见起来。

在威利斯那里，"家伙们"生产的反学校文化是校园版的工人阶级厂房文化，比如抽烟、喝酒、嘲弄权威、鄙夷理论和"书呆子"。在书中，威利斯说道："抽烟象征着成人世界的价值观和言行……成人世界，尤其是成年男性工人阶级的世界，成为他们反抗和排外的重要材料来源。"④ 对于本书的研究人群——"读书的料"来说，其文化生产的原材料既包括处于

---

① ［英］保罗·威利斯：《两个瞬间》，《读书》2017年第2期。
② ［英］保罗·威利斯：《学做工：工人阶级子弟为何继承父业》，秘舒、凌旻华译，译林出版社2013年版，第6页。
③ ［英］保罗·威利斯：《两个瞬间》，《读书》2017年第2期。
④ ［英］保罗·威利斯：《学做工：工人阶级子弟为何继承父业》，秘舒、凌旻华译，译林出版社2013年版，第24页。

城市化和现代化进程之中的村庄文化、农村家庭文化、城市中产阶层文化，具体的学校文化、班级文化，也包括学校提供的制度情境、教师的教学范式、不同阶层出身的同学具有的文化特质等。同时，他们并不是孤立的、身处当下的社会行动者，而是浸润于有几千年文明史的文化传统，有共通的、也有这一代人独有的历史经验和情感体验。"读书的料"文化生产的动力本质上来自存在以及生存，具体而言来自不断向外拓展、在学业阶梯上逐级攀爬的生命历程。

总的来说，文化生产是意义生产，也是自我的生产，指向的是特定的生活方式和人生道路。文化生产的过程即是在个人意志驱使下对符号赋予意义的过程，具有意向性，构筑成了特定的生活样式。可以说，文化生产是个体文化世界的生产，不仅生产意义，也生产道德和思维模式，形塑着特定的心理与人格倾向。

## 三　当代农家子弟

"当代"在本书中有特别的含义，指自改革开放之后的市场经济时代。当代农家子弟具体所指的是在1978年改革开放之后出生并踏上求学旅途的农家子弟。与农家子弟相关的概念还有农民子弟、寒门子弟等。从字面意思上来说，农家子弟即是农民的子女，其家庭以农业劳动为主要收入来源。但在改革开放以后，农民进城务工的大潮促使许多农村家庭不再以农业劳动为主要收入来源，而是以外出打工作为主要收入来源。改革开放之后的打工潮也促使大量农村儿童流入城市，他们并不是严格意义上的农民子弟，也是农民工子弟。而外出务工的农民，特别是第一代农民工，往往还兼顾着田里的生计。这样"农民子弟"不够恰当，寒门子弟则隐喻性较强。牟宗三先生曾在《生命的学问》中讲述自己的成长经历时说："我是一个农家子弟"[①]，初看到时于心甚合。相比前两个概念来说，"农家子弟"更容易理解、更有诗意，也更少负担。且考虑到本书对"读书的料"家庭经验的探讨也比较多，故沿用"农家子弟"的说法。

熊易寒曾做出如下判断："在当代中国，农村是一个单一阶级社会，尽管也存在一定的经济、社会分化，但并不存在一个特征显著、规模庞大

---

① 牟宗三：《生命的学问》，广西师范大学出版社2005年版，第2页。

的底层……城市不一样,城市是一个多阶级社会,社会分层精致而复杂。"① 但必须注意的是,在改革开放之后,农村也发生着阶层分化,不同"农家"的生存境遇也出现了明显差别。陈柏峰从土地流转的角度将农民划分为五个阶层:外出经商阶层、半工半农阶层、小农兼业阶层、举家务工阶层、村庄贫弱阶层。② 党国英将处于社会中下层的农民称为"普通农民",他们人数多、穷且分散。③

在本书中,当代农家子弟指的是在改革开放之后出生、父母主要从事体力劳动且至少有一方务农或外出打工、有相对较长时间(至少是小学阶段)农村生活经历、在成长过程中明显感受到家境限制的农民子女。农民和农民工身处社会底层,农家子弟自然也就成了中国社会的底层子弟。因此,在行文中,农家子弟和底层子弟有时是混用的。

## 四　高学业成就

有研究表明,发轫于20世纪90年代中后期的中国高校扩招迅速地将中国的高等教育从精英教育推向大众化阶段,而"以'985'高校为代表的重点大学承担了精英教育和精英再生产的功能"④。本书将"高学业成就"定义为"进入精英大学",这里的精英大学包括"985工程"高校、"211工程"高校以及海外知名大学。⑤ 这里把进入精英大学作为取得高学业成就的标志,并不是说进入精英大学就意味着实现了向上流动。但在绝大多数情况下,进入精英大学的农家子弟毕业之后更可能拥有一份高于父辈经济社会地位的工作,也就是实现了突破阶层代际传递的关键一步。因此,取得高学业成就(进入精英大学)可以确定为通过教育向上流动过程中的一个关键节点。取得高学业成就的农家子弟,就是本书中所言的"读书的料"。

---

① 熊易寒:《当代中国的身份认同与政治社会化——一项基于城市农民工子女的实证研究》,复旦大学,博士学位论文,2008年,第9页。
② 陈柏峰:《土地流转对农民阶层分化的影响——基于湖北省京山县调研的分析》,《中国农村观察》2009年第4期。
③ 党国英:《我们为什么要替农民说话》,《党政干部文摘》2011年第1期。
④ 田丰:《高等教育体系与精英阶层再生产——基于12所高校调查数据》,《社会发展研究》2015年第1期。
⑤ 本书的研究对象既有本科生,也有硕士生和博士生,在本硕博任一阶段处于精英大学均视为取得"高学业成就"。

## 五 成长叙事

成长叙事不仅是文学、电影、电视等艺术作品的重要内容，也是人类生活的日常。从本质上说，人类生活具有故事特性。叙事是"人的一种生存状态或者方式"①。克罗齐（Benedetto Croce）曾断言："没有叙事，就没有历史学。"② 艾米娅·利布利希（Amia Lieblich）也认为人们天生是故事的叙说者。③ 社会学领域的许多经典名著也都是在讲故事（叙事），④ 在"事理"与"学理"⑤ 的穿梭中建构理论。叶启政更直接地指出："社会学家原本只不过是一个编织故事的艺匠而已。……他选择个人特别亲近的、但具深邃文化—历史意涵的某种核心概念作为出发点，以不断分岔的方式来编织'社会'的图像。"⑥ 和社会学家一样，每个人都在有选择地编织着自己的生命图像。在本书中，"读书的料"的成长叙事是由在改革开放之后出生、取得高学业成就的农家子弟对个人成长历程的书写和讲述构成的，学校经验和家庭经验往往成为这类叙事结构的中心。

## 第四节 研究方法

本书的问题意识虽与《学做工》有千丝万缕的关联，但越试图紧扣"读书的料"加以考察，越感到研究所涉及的时空必须扩展为一个广阔而

---

① 康永久、施铁如、刘良华：《教育叙事——来自广州的视角》，《教育导刊》2003年第12期。
② 转引自刘训华《生活叙事、文学形式与重回现场——学生生活史研究的三个维度》，《教育研究》2015年第11期。
③ 转引自施铁如《"怎么都行"——学校改革研究的后现代思考》，《教育研究与实验》2003年第2期。
④ 比如怀特的《街角社会》是讲美国一个意大利人移民社区的故事、林耀华先生的《金翼》是讲两个家族在时代变局中的兴衰起伏、费孝通先生在《乡土中国》里也讲了许多他本人的农村生活经历和感悟。我比较喜欢的新近著作，如潘毅的《中国女工》、吴飞的《浮生取义》、丁喻的《她身之欲》等无一不以讲故事为核心。
⑤ 此处对"事理"和"学理"的论述得益于郑新蓉老师的教诲。
⑥ 叶启政：《社会学家作为说故事者》，《社会》2016年第2期。

第一章　阶层突破中的文化生产问题

绵长的求学和生命历程。说到底，本书的研究对象有其特殊性。借用梅洛·庞蒂（Merleay Ponty）的话说，这群农家子弟的身体和任何一个人的身体一样，都"隐藏着时间"，"占有着时间"，"并不屈从地消融于时间，而是创生着时间"①。因此，不可能有一个固定的田野等待研究者去观察。长时段的民族志观察不仅不可能，也无必要。②在《民族志》（Ethnography）创刊词中，威利斯这样写道：

> 对日常经验的理解需要借助于其符号样式，无论在实践还是在理论上，"经验"的理解和呈现都占据着核心位置。……形成它并赋予其形状的首先是符号样式，模式、话语和实践，所以民族志致力于呈现、解释和分析定居于经验之中的文化……符号和意义生产从来不是环绕行动者存在条件的镜像，因为它们通过意识和自我理解的纷繁样式才得以展开。③

由此，对"读书的料"生命经历的理解、对其意义世界的探寻需要围绕"符号样式"展开。个体的符号和意义生产不仅正在发生，也曾经发生并即将发生，存在于此时此刻，也存在于过往的言语、动作、情绪、感受以及由它们组成的故事中。这样，文化生产的蛛丝马迹就既可以从当下正在发生的事态中捕捉，也可以从行动者本人的成长叙事中寻觅。为此，成长叙事就成为探索农家子弟行动背后意义世界的可能方式。这种成长叙事既可以由研究对象自主地"写下来"，也可以通过访谈"聊出来"。前者更富有自主和创造性，后者可以更聚焦于研究者关注的问题。为此，本书主要使用了两种方法：自传社会学与深度访谈。

## 一　自传社会学

胡适曾在《四十自述》的序言中这样写道：

---

① ［法］皮埃尔·布迪厄、［美］华康德：《实践与反思：反思社会学导引》，李猛、李康译，中央编译出版社1998年版，第311页。

② 在结束田野工作回到北京的绿皮火车车厢里，我在手机的备忘录里写下"对循规者文化生产的研究不能只靠观察，还要靠叙事"。白白付出的5个多月的时光既让我陷入深深的沮丧和恐慌，也给予了我重新出发的希望。

③ Paul Willis and Mats Trondman,"Manifesto for 'Ethnography'", Ethnography, Vol.1, 2000, pp.6–8.

> 我在这十几年中,因为深深地感觉中国最缺乏传记的文学,所以到处劝我的老辈朋友们写他们的自传。……最要紧的是写他心理上的动机,黑幕里的线索,和他站在特殊地位的观察。我们赤裸裸地叙述我们少年时代的琐碎生活,为的是希望社会上做过一番事业的人也会赤裸裸地记载他们的生活,给史家做材料,给文学开生路。①

在这简短的几句话里,胡适概括出了自传的独特性。在真实和真诚的前提下,自传是一种自我展现和自我剖析,最能反映传主本人的主观世界,让读者知晓那不为人知的心路历程。这里胡适所说的自传还只是传主本人由自身意图所引发的自我书写,提供的是研究材料,还不能说是一种研究方法。

在后现代思想的浪潮中,在社会学领域出现了诸多"转向",其中传记取向(the biographical turn)就是其中一种。② 托马斯(William I. Thomas)与兹纳涅茨基(Florian Znaniecki)在1918—1920年出版的经典名著《身处欧美的波兰农民》(The Polish Peasant in Europe and America)被公认为是最早也是最重要的传记研究著作。书中收集了数百封波兰移民的书信以及大量的移民日记和回忆录。托马斯与兹纳涅茨基认为"个人生活记录(越完整越好),是社会学完美的研究材料"③。约翰·布鲁尔(John Brewer)甚至认为社会学本身就具有传记性,米尔斯的经典著作《社会学的想象力》就带有强烈的传记背景。④

传记因其对研究对象主体性的彰显,文本的生动、多元和丰富受到诸多研究者的推崇。因德拉(Ines W. Jindra)指出,传记社会学有助于彰显能动性,抵挡以量化研究为中心的社会学倾向,丰富对文化和认知之间关系的理解。⑤ 蔡锦昌认为,"传记性的研究进路真正把人当人看,呈现人类的自我了解如何在有血有肉有苦有甘的真实人生里发挥作用"⑥。中国台湾

---

① 胡适:《四十自述》,中国文史出版社2013年版,自序,第1—5页。
② 鲍磊:《社会学的传记取向:当代社会学进展的一种维度》,《社会》2014年第5期。
③ 同上。
④ [英]约翰·布鲁尔:《想象社会学的想象力》,载李友梅、孙立平、沈原《转型社会的研究立场与方法》,社会科学文献出版社2009年版,第183—200页。
⑤ Ines W. Jindra, "Why American Sociology Needs Biographical Sociology—European Style", *Journal for the Theory of Social Behaviour*, Vol. 44, No. 4, 2014, pp. 389–412.
⑥ 转引自鲍磊《社会学的传记取向:当代社会学进展的一种维度》,《社会》2014年第5期。

学者梁福镇也将传记研究方法视为教育社会学的新典范。①

但传记究竟由谁来书写？不同的书写者带来的是不同性质的传记。尚茨（Jeffrey Shantz）认为传记社会学意味着"多种多样的研究和写作路径的开放性，包括传记（biography）、自传（autobiography）、自我民族志②（autoethnography）等"③。而自传又与传记不同。王明珂区分了传记和自传，认为"传记"是以一个人的生命史或生命史的一部分为主要内容的研究，写作者不是传记中的主体；而"自传"则是一种自我描述，是自我生命的书写，是一个人将生命史中的一些过去，写成文字或编辑成书，并由自己或他人流通的文献。④ 默顿率先提出了社会学自传（sociological autobiography）的概念，认为"自传作者能够以他人所不能的方式反省和回顾自我"⑤。

自传社会学的研究方法已经被用于研究通过教育向上流动的社会底层子弟。杰克·赖安（Jake Ryan）和查尔斯·夏克瑞（Charles Shackrey）在《天堂的陌生人》（*Strangers in Paradise*）的写作过程中，采用发起邀请信的方式，邀请已经成为学术圈成员、有工人阶级背景的学者们撰写自传，最终对24个白人中产阶级的自传进行了研究。⑥ 在这类研究里，传记社会学既是一种收集材料的方法，也成了一种分析材料的方法。在国内研究者中，刘良华较早提出了教育自传并将其作为一种研究路径。他说：

> 传记（包括自传）近年来已经成为近现代社会学和教育学关注的对象。从自己最亲近的人和最熟悉的事件开始，也许可视为"回到事实本身"的现象学态度。这是一种使熟悉的地方陌生化，使日常生活非常化或者反常化的突围态度。⑦

---

① 梁福镇：《教学社会学研究的新典范：传记研究方法之探究》，《教育科学》2004年第4期。
② 关于自我民族志的介绍，参见蒋逸民《自我民族志：质性研究方法的新探索》，《浙江社会科学》2011年第4期。
③ Jeffrey Shantz, "Biographical Sociology: Struggles Over An Emergent Sociological Practice", *Auto/Biography Studies*, Vol. 24, No. 1, 2009, p. 114.
④ 梁福镇：《教学社会学研究的新典范：传记研究方法之探究》，《教育科学》2004年第4期。
⑤ 转引自鲍磊《社会学的传记取向：当代社会学进展的一种维度》，《社会》2014年第5期。
⑥ Jake Ryan, Charles Shackrey, *Strangers in Paradise: Academics from the Working Class*, South End Press, 1984, p. 317.
⑦ 刘良华：《教育自传》，四川教育出版社2006年版，前言第2页。

## "读书的料"及其文化生产

自传社会学作为一种研究方法与教育叙事研究有诸多相通之处。教育叙事研究是研究者通过描述个体教育生活,搜集和讲述个体教育故事,在解构和重构教育叙事材料过程中对个体行为和经验建构获得解释性理解的一种活动。[1] 在丁钢看来,叙事"缓和了理论与事实间的叙述紧张"[2],"接近我们社会生活的真相"[3]。刘小枫则将叙事的独特魅力描绘得更有诗意:

> 叙事改变了人的存在时间和空间的感觉。当人们感觉自己的生命若有若无时,当一个人觉得自己的生活变得破碎不堪时,当我们的生活想象遭到挫伤时,叙事让人重新找回自己的生命感觉,重返自己的生活想象的空间,甚至重新拾回被生活中的无常抹去的自我。[4]

不过,在多数教育叙事研究中,研究对象一般是述说故事的主体,研究者是书写故事的主体。而自传社会学转变了这种关系,一定程度上突破了研究对象只作为言说者的局面,赋予了研究对象自我书写的可能。

对于本书而言,取得高学业成就的农家子弟大都勤奋苦学,相比于违规生的确缺乏外显的"惊人之作"。同时,研究要考察的学业阶段相对较长,也不可能有机会在农家子弟跨越学业阶梯的漫长过程中进行参与观察。那么邀请高学业成就的农家子弟用"自传"的方式进行自我书写就成为一种可能的收集成长叙事的方式。但自传的收集并不容易,毕竟写作经常是一件"极其困难"[5] 和让人痛苦的事情。邀请他人写作,就是让他人"痛苦",既难以开口,又难以合愿。愿意写下自己的过往,特别是可能并不美好的那样一些经历的人更是少之又少。在种种努力之下,最终成功收集到了23篇农家子弟的自传以及32篇中上阶层子弟的自传。

虽然很早就读过胡适先生的《四十自述》,但我的博士生导师康永久

---

[1] 傅敏、田慧生:《教育叙事研究:本质、特征与方法》,《教育研究》2008年第5期。
[2] 丁钢:《声音与经验:教育叙事探究》,教育科学出版社2008年版,第3页。
[3] 丁钢:《教育研究的叙事转向》,《现代大学教育》2008年第1期。
[4] 刘小枫:《沉重的肉身》,上海人民出版社1999年版,引子第3页。
[5] 一位极富才华与灵气的同门师弟曾在自己的公众号"摇摇晃晃的人间"中用"极其困难"来形容自己的写作。此处引用是为纪念。参见宿文华《当写作成为一件极其困难的事情》,"摇摇晃晃的人间"(https://sanwen8.cn/p/11dAYYa.html)。

· 46 ·

教授是真正启发我借助自传的方式进行研究的人。自 2011 年起，康老师基于对学生的好奇、教学及研究的需要在教授的课程中为本科一年级学生布置了一项"作业"，要求他们写自己的教育自传。① 尽管有自传的作者坦承，这是"不得不写的自传"，也有学生明确表达了被作为小白鼠的不满，如有同学就宣称："布置作业的康先生不过是想收集资料，而我也只是想练一下打字速度而已。"② 但由这些自传引起的反响之热烈还是完全超乎了康老师的想象。

> 学生拿出的东西远远超出了我的想象。他们不但成功深描了自己成长过程中的这些关键方面，而且以非常个性的方式展现了这些方面。按照他们自己的说法，"教育自传这东西有毒"，一旦提起笔就不容易放下。事实上中毒的不仅是他们，读他们的教育自传，我也完全忘了曾给他们提的上述要求，只觉得一个个鲜活的成长故事自然天成，争奇斗艳。不论家长、教师还是教育研究者，都不应错过这些支撑了成长十几年的关键片段……大家刚从高中上来，有一肚子的话想说，但还找不到倾诉的对象。面对陌生的环境，远去的生活和远方的亲友，反倒历历在目。结果，就在学生们也想动手为自己十几年的风风雨雨写点什么"立此为据"的时候，我们"不期而遇的"教学要求促成了这一次集中的绽放。③

最终，康老师从 2011—2014 年新入学的大一学生撰写的数百篇教育自传中挑选出了 46 篇，即将结集出版，这为本书在引用上提供了可能。从自传前后的收集过程和阅读感受来看，这些自传是非常真诚、可信的。

46 篇自传中有 14 篇的作者来自底层④家庭，包括农村家庭（11 篇）

---

① 要求撰写的要点有：（1）家庭规模与结构、社会经济地位、社会关系网络、父母受教育状况、父母与学校的联系；（2）亲子关系、管教方式、父母对待学习的态度与期待、课外补习情况、来自父母的学习指导；（3）与同学的关系、在班级中的地位、隶属与参照群体；（4）与老师的关系、学科兴趣的分化、个人的努力状况、自主学习与阅读、师生关系的建构；（5）关键的事件与转折、学习中的主要困难、成功之道。
② 康永久：《成长的密码——90 后大学生教育自传》，导言："学业成功者的教育学"（未刊稿）。
③ 同上。
④ 长期城乡二元体制分隔下的中国还有着规模庞大的农村人口，因而这里使用"底层"这个概念，目的是与西方发达资本主义国家社会情境下中产阶级与工人阶级的划分方式有所区分。

以及居住在城市（城镇）里却比较贫困的城市工人家庭（3篇）。这里对农家子弟教育自传的识别主要依据以下三点：农村生活经历；父母主要从事体力劳动，至少有一方务农或外出打工；在成长过程中明显感受到了家庭经济状况的限制。其他32篇中上阶层子弟自传的传主一般来自较为富裕的城市家庭，对家境的描述相对比较好，父母一般受过高等教育，从事教师、公务员、企业经理等社会经济地位相对较高的职业。在研究中，32篇中上阶层子弟自传主要作为农家子弟成长经历的对照出现。

此外，我还一直试图自行收集教育自传，但总是难以找到合适的时机。我不是教师，无法使用留作业这种相对自然的形式。我想过用国外常常采取的招募方式，给付报酬。当我把这种想法与一位参与过自传写作的师妹沟通时，她很快否定了我的想法。

> 我觉得酬劳对大家的吸引力没有那么大。这个邀请最大的阻碍力量是大家愿不愿意讲述自己的故事，学生要考虑我参与了能收获什么，我为什么要参与？……当时刚入大学大家都没有什么自我保护的意识，交出自己的真心，现在我觉得很难再让大家去面对自己大一时写的整个成长过程的教育自传。那个教育自传可能已经尘封了，不太愿意再去碰，很多人也忘记了自己写的是什么。

2016年12月，机缘巧合之下，一个校内颇有影响力的学生社团邀请我在寒假返乡调研的培训会上说说访谈技巧。在交流的最后，我向在场约40名在校大学生（主要是本科生，也有少量研究生）发出邀请信①。前后共有14名农村背景的同学表示有兴趣用自传的方式书写自己的成长经历。撰写自传尽管并非像布迪厄所言的"自掘坟墓"②那样可怕，但也是一次冒险，给别人看更需要勇气，而我只能身先士卒，以显微薄诚意。为了尽可能得到真实和真诚的自传，增进信任，我先梳理了自己的自传并分享给这14位同学，而他们写不写或者能不能写出来全凭己意。我还在邀请信中允诺一个小礼物——中国台湾夏林清老师所著的《斗室星空》，在交流后的一周内复印好分发给了这14名同学。

---

① 邀请信参见附录一。
② 转引自鲍磊《社会学的传记取向：当代社会学进展的一种维度》，《社会》2014年第5期。

撰写自传并不是一件容易的事情。有人打了退堂鼓，这完全可以理解。但也有人真正在这个过程中看见了自己（他人）寻常生活中无法触及的那一面。一位传主在邮件中表达了感谢，"有这样的机会再一次冷静下来审视自己"（D-F-20）。另一位传主在微信里留言："自己看的时候哭得稀里哗啦，写的过程中也是哭得稀里哗啦"（D-F-19）。我的自传虽然算是我付出的真诚，但是我发给了所有接受邀请的人，而她们却只发给了我，终究我还是有所亏欠，唯有不负信任。最终共收集10篇自传，其中9篇自传被纳入分析，① 最长的有13089个字。书写是一种创造性活动，自传的风格也不尽相同，有些朴实无华，有些感人至深。但无一例外的是，每一篇自传都一次又一次唤起我自己的成长记忆。

除此之外，我还向访谈对象②发出邀请，前后共收集了3篇③自传。这样我总共收集了23篇农家子弟的自传，32篇中上阶层子弟的自传。自传的编码方式为：家庭所处阶层+性别+序号。其中来自底层家庭的子女自传编码为D，来自中上阶层家庭的子女自传编码为Z。男性编码为M，女性编码为F。自传的来源及编码方式如表1—1所示：

表1—1　　　　　　　　　自传来源及编码方式

| 自传获取方式 | 数量（篇） | 传主家庭背景 | 编码方式 |
| --- | --- | --- | --- |
| 导师布置的课程作业 | 32 | 中上阶层家庭 | Z+M/F+1-32 |
|  | 11 | 农村家庭 | D+M/F+1-11 |
| 发邀请信 | 9 | 农村家庭 | D+M/F+12-20 |
| 邀请访谈对象 | 3 | 农村家庭 | D+M/F+21-23 |

撰写自传的传主虽然算是我的研究对象，但某种意义上他们也是在撰

---

① 一位同学说自己很忙，希望推迟，后来没有收到。另有3位同学之后没有再主动与我联系。收集到的10篇自传里，有一篇只有1000字左右，对成长经历的叙述很粗略，故没有纳入分析。
② 在自传之外，我还使用了深度访谈的方法。
③ 其中一篇是被访者自己曾经撰写过的自传，另两篇是被访者听到我有收集自传的打算，主动提出撰写的。

写带有反思性质的"自我民族志"(auto-ethnography)[①]。这些农家子弟是自我的研究者,也是我的合作者和研究伙伴。在本书中,自传总共有43万字,其中23篇农家子弟的自传有17万字,32篇中上阶层子弟的自传有26万字。自传作为一种自我叙事,需要个人主动的意愿,也需要有"不叙事的空间"[②]。愿意接受邀请撰写自传,已经是付出了巨大的勇气。愿意信任我,把自传交付于我,既无私,又需要更多的勇气和一颗敢于向外敞开的真心。对此,我心怀敬意和感激。

## 二 深度访谈

自传帮助我们窥见行动者的主观世界,道出那些真实而隐秘的故事。但自传中的世界是按照行动者的逻辑搭建的,从研究的角度来看往往并不聚焦。同时,23篇农家子弟自传有近一半是刚刚进入重点大学时撰写的,自传内容偏重大学之前的教育经历和家庭经验,对大学之后的较少涉及。为了弥补自传在这些方面的缺憾,研究还采用了深度访谈的方法。

深度访谈在学界也被称为半结构式访谈。[③] 杨善华等认为:"深度访谈涉及的是一种研究者与被访者面对面情况下的我群关系。"[④] 这种方法的优势在于可以随时调整问题和回应,不断地逼近被访者对自己行动的意义理解,帮助研究者解释性理解社会行动者的意义世界。汤姆·文格拉夫(Tom Wengraf)曾经提出半结构式访谈的两个最重要特征。第一,半结构式的访谈是你和你的被访者的"共同产物"(joint production);第二,"要深入事实内部"[⑤],即研究者要进入被访者的日常话语和体验系统中去。就像索罗金(Pitirim Sorokin)在《社会流动》中所说的那样:"为了亲密了解一个人,你需要和他一起吃一些蒲式耳的盐。"[⑥] 随着关系的加深,被访

---

[①] 自我民族志随着后现代运动而兴起,是一种探讨研究者自我生活经验的自传式个人叙事。正因为如此,自我民族志最初被视为"局内人民族志"。
[②] 康永久、施铁如、刘良华:《教育叙事——来自广州的视角》,《教育导刊》2003年第12期。
[③] 杨善华、孙飞宇:《作为意义探究的深度访谈》,《社会学研究》2005年第5期。
[④] 同上。
[⑤] Tom Wengraf, *Qualitative Research Interviewing Biographic Narrative and Semi-Structured Methods*, London: SAGE Publications, 2001, pp. 3-6.
[⑥] Pitirim Sorokin, *Social & Cultural Mobility*, Free Press, 1959.

者可言说的情绪和感受也会加深,[①] 谈到包含羞愧、屈辱、愤怒、痛苦等情绪和心理感受的过往时也会多一些安心和自如。

读博期间,我在一次聚餐上认识了一位南方某重点大学的女博士生。闲聊中了解到,她和我一样,来自农村。之后慢慢熟悉起来,我就试着邀约,希望了解农村走出来的高学业成就者的故事,问她愿不愿意接受我的访谈。意外的是,她爽快地答应了。访谈前后进行了4次,[②] 两次在咖啡馆,一次在图书馆,一次在教学楼外的休息区。这次访谈经历对我而言意义重大,既唤醒了我的许多童年记忆,也让我真正惊喜地意识到自己的很多感受既独特又寻常。我们性别不同、生长的环境不同、家庭结构也不同,但同样出身于贫寒的家庭,成长过程中的许多内心感受都是相通的。这次访谈经历让我坚信诸如我这样的"农村出身的高学业成就者"是一群有故事的人,"读书的料"有它独特的时代性。之后我陆续对其他7位农家子弟进行了半结构式的访谈,每人至少访谈一次,多的有2—3次,每次访谈时长为1—2小时。

同时,在研究期间,以博士学位论文设想为基础,我作为项目主持人申请了两项与本书相关的课题。[③] 在两项课题中,共访谈出身农村、正处于精英大学的本科生、硕士生、博士生以及已经进入学术圈工作的博士后、副教授、教授共计22人。其中,符合本书对"读书的料"界定(在改革开放之后出生、有较长时间的农村生活经历、父母至少有一方为农民或农民工且最终进入精英大学)的农家子弟有12位。[④]

这样,访谈对象共有20人。其中男性12位,女性8位;本科生5位,硕士生6位(其中2位已毕业),博士生9位(其中2位已毕业)。访谈对象简介见表1—2。

---

① 毕向阳:《转型时代社会学的责任与使命——布迪厄〈世界的苦难〉及其启示》,《社会》2005年第4期。
② 访谈提纲参见附录二。
③ 北京师范大学研究生创新创业科研基金项目"阶层穿梭与文化生产——农民子弟的学术之路"(课题1),北京师范大学教育学部2015年秋季学生科研基金"逆向社会再生产的文化回音——精英大学里的农民子弟"(课题2)。两个课题的访谈提纲均在原有提纲基础上做了少许改动。感谢课题组成员吕雨欣、杨瑶、杨扬、许金星、史薇、黄慧真、沈子仪、汪子津、李婷婷、王智颖、张耀文等同学的付出和帮助。
④ 改革开放前出生的教授、副教授的成长叙事在本书中也作为一种参照。

表1—2　　　　　　　　　访谈对象简介①

| 编码② | 年龄 | 性别 | 籍贯 | 所在高校 | 学业层级 | 家庭经济来源 |
|---|---|---|---|---|---|---|
| A-F-1 | 29 | 女 | 福建 | 南方某985大学 | 博士 | 家里种枇杷、龙眼，父亲有时做零工，母亲在村里超市上班 |
| A-M-2 | 29 | 男 | 贵州 | 国外某知名大学 | 博士 | 父亲外出务工，母亲务农 |
| A-M-3 | 30 | 男 | 河北 | 北方某985大学 | 已硕士毕业 | 父母均种菜、卖菜 |
| A-F-4 | 28 | 女 | 广西 | 北方某985大学 | 已硕士毕业 | 务农 |
| A-M-5 | 29 | 男 | 江苏 | 北方某985大学 | 博士 | 父亲务农，偶尔外出打零工，母亲务农 |
| A-M-6 | 28 | 男 | 河南 | 北方某985大学 | 博士 | 父亲是村小教师，母亲务农 |
| A-F-7 | 21 | 女 | 辽宁 | 北方某985大学 | 本科 | 父亲在煤矿上班，母亲务农 |
| A-F-8 | 25 | 女 | 山东 | 北方某985大学 | 硕士 | 父母务农 |
| A-F-9 | 25 | 女 | 河北 | 北方某985大学 | 硕士 | 父母务农、承包林地 |
| A-M-10 | 26 | 男 | 河北 | 北方某985大学 | 硕士 | 父母种玉米、棉花等 |
| A-M-11 | 21 | 女 | 重庆 | 北方某985大学 | 本科 | 父亲建筑工人，母亲务农 |
| A-M-12 | 22 | 男 | 安徽 | 北方某985大学 | 本科 | 母亲务农，父亲做过小本生意 |
| A-F-13 | 22 | 女 | 辽宁 | 北方某211大学 | 本科 | 父母务农、打工 |
| A-F-14 | 23 | 男 | 辽宁 | 南方某211大学 | 本科 | 父亲早逝，母亲务农 |

① 为充分保护被访者隐私，对年龄、籍贯、所在高校这些信息进行了改动和模糊处理。
② 访谈编码方式为：A+性别+序号。为与自传相区分，访谈编码以A开头，男性编码为M，女性编码为F。

续表

| 编码 | 年龄 | 性别 | 籍贯 | 所在高校 | 学业层级 | 家庭经济来源 |
| --- | --- | --- | --- | --- | --- | --- |
| A-F-15 | 23 | 女 | 甘肃 | 北方某985大学 | 硕士 | 母亲务农，后进入城市打工，父亲在建筑工地打工 |
| A-M-16 | 31 | 男 | 山东 | 北方某985大学 | 博士 | 父亲在煤矿，母亲务农 |
| A-M-17 | 37 | 男 | 广西 | 北方某985大学 | 已博士毕业 | 父母务农 |
| A-M-18 | 28 | 男 | 甘肃 | 北方某985大学 | 博士 | 父母种果树 |
| A-M-19 | 28 | 男 | 山东 | 北方某985大学 | 博士 | 父母外出打工/务农/养殖 |
| A-M-20 | 36 | 男 | 山东 | 北方某985大学 | 已博士毕业 | 父母务农 |

在访谈过程中，我不断地冒出种种担心，提出这样或那样的关于钱、贫穷、和父母关系、羞愧的事等问题会不会是一种伤害。这些问题有意义吗？研究这些真的有意义吗？意义又在哪里？终究，我也一次次说服自己，我必须约我的访谈对象，如果他/她愿意，我就没有理由不开始。总之，"不能未经争取就承认失败"[①]。即便是一种"伤害"，也要让这伤害来得更有意义。访谈了多次以后才发现，其实并不是所有人都会对自己的成长背景或与家人的关系有什么敏感的地方。总体而言，年级越高，对自己的成长背景避讳越少，谈家庭、父母时可以谈得越深入，学业（事业）成就越高、越自信的被访者更愿意谈与农村背景相关的经历。

经录音整理，形成了约42万字的访谈材料。这些述说的故事和自传写下的故事一样，至多是被访者或传主的主观真实（当然，也可能在一些敏感问题上会有隐藏、掩饰、避重就轻等），未必是历史真实。但研究文化生产恰恰关注的是行动者在叙事中的主观意义建构，"所有的说法，包括谎言，都是一种姿态和立场，在虚假的叙述背后总是隐藏着一种真实的态度"[②]。这里

---

① [美]威廉·富特·怀特：《街角社会——一个意大利贫民区的社会结构》，黄育馥译，商务印书馆1994年版，第328页。
② 熊易寒：《当代中国的身份认同与政治认同——一项基于城市农民工子女的实证研究》，复旦大学，博士学位论文，2008年，第40页。

将传主撰写的自传以及研究者和被访者共同生产的访谈转录均视为建构性的文本。从研究的角度来看,这些文本背后的意义结构都是真实的。

在自传社会学和深度访谈两种方法之外,本书还使用了一些二手材料。农家子弟的成长叙事广泛存在于已有的研究、媒体的报道以及各种论坛和自媒体上,甚至一些农家子弟在硕博士学位论文后记、学术著作中的个人自述也被纳入了分析之中。此外,2015年3月,我参加了北京师范大学教育学部郑新蓉老师组织的就夏林清老师所著的《斗室星空》展开的读书会。在会上,有几位农村背景的硕士生和博士生分享了她们的成长经历,文中也有几处引用了她们的故事。同时,国外关于底层子弟向上流动的相关研究和文学作品,包括法国作家安妮·艾诺(Annie Ernaux)的自传体小说《位置》也为我们理解社会底层子弟通过教育向上流动过程中的个人体验提供了一些参照。

## 第五节　关于方法的讨论

社会科学方法,甚至是一切方法都有其与生俱来的"缺陷"。我们能够通过对这些缺陷进行讨论和反思,从而改进研究和叙事质量。

### 一　资料收集与个案代表性

本书采取多种形式收集农家子弟的成长叙事,资料来源比较多元。研究并不持绝对纯净的方法主义立场,而是认为每一种方法都有自己的优势和局限。在研究过程中,熊易寒[1]在其博士学位论文中的研究设计给了我很大的启发。他关注的是"城市化的孩子",即农民工子女,使用的研究方法既有田野调查,也有深度访谈、问卷调查,收集资料的来源既有自己做的访谈,也有农民工子女的作文、自己布置的命题作文、志愿者的博客等。[2]

---

[1] 现为复旦大学国际关系与公共事务学院副教授。
[2] 熊易寒:《当代中国的身份认同与政治认同——一项基于城市农民工子女的实证研究》,复旦大学,博士学位论文,2008年。

作者解释道：

> 本质上讲，本文是将农民工子女这个群体作为一个个案来加以研究，尽可能收集关于这一群体生活、学习与观念行为方面的信息。……对于一项研究来说，如果条件允许，资料的来源越多元，越丰富，我们的研究结论也就越经得起推敲。①

尽管每个"读书的料"身处地区的经济发展、文化氛围、学校制度、家庭文化都有一些差异。但毕竟他们属于同一个大文化圈，父母多以体力劳动为生，家庭经济社会地位较低，而且他们总体上都生活在同一个高考制度安排下。因而，"读书的料"是一个同质性程度较高的群体，探索其文化生产，就必然要尽可能地收集这一群体在学校和家庭生活中方方面面的成长体验。这样看的话，资料来源可以多元，方法上大可以多样。说到底，方法为问题服务，是过河的石头、探索真理的脚手架。

尽管研究过程中已经尽可能采取各种方式寻找访谈对象，作为质性研究，个案代表性是一个老生常谈却又难以回避的问题。有研究者提出要"走出个案"并提出了相应策略。②但是否一定要走出个案？个案研究一定要讨论代表性问题吗？

布莱恩·罗伯特（Brian Roberts）认为"重要的是从中得出的理论的品质，而不是代表性之类的问题"③。吕涛指出，"个案研究没有个案代表性问题，它缺少的是基于特定个案材料，发现个案因果事实的方法。个案研究并非要走出个案，而应回到个案事实本身"④。王富伟则认为，个案研究也并非"一次性的，孤立的'单个案'研究"，"个案与整体是相互生成、相互界定的"⑤。陈向明也提出，定量研究意义上的"信度"概念不符合质的研究的实际工作情况，对质的研究没有实用价值，"质的研究主要是通

---

① 熊易寒：《当代中国的身份认同与政治认同——一项基于城市农民工子女的实证研究》，复旦大学，博士学位论文，2008年，第38—39页。
② 张立昌、南纪稳：《"走出个案"：含义、逻辑和策略》，《教育研究》2015年第12期。
③ 转引自鲍磊《社会学的传记取向：当代社会学进展的一种维度》，《社会》2014年第5期。
④ 吕涛：《回到个案事实本身——对个案代表性问题的方法论思考》，《兰州大学学报》（社会科学版）2016年第3期。
⑤ 王富伟：《个案研究的意义和限度——基于知识的增长》，《社会学研究》2012年第5期。

过认同而达到推广（generalization through identification）"①。

此外，研究对象的数量问题也一直是质性研究者讨论的一个焦点。究竟多少个案才合适？研究者们对这一问题往往倍感困扰。丁瑜认为：

> 每个故事和每个人的感受都需要结合当时当地实际进行，而它出现的意义在于丰富大千世界的万种风情，就像拼图中的一小块，各个不同的小块组合起来就会拼出一幅比较完整的大图，我们每多了解一些，就相当于为这个巨大的拼图贡献了新的一块，不同的学者所做的努力会使我们能看到的图景越来越大。②

本书从本质上说并非对一个群体统计学特征的研究，而是对一个特殊群体求学历程中种种行动背后的意义结构（文化生产）的研究，因而同样适用于不追求代表性，而只求深刻理解这个群体通过教育向上流动的内在本质。换言之，本书要追求的并非统计意义上的代表性，而是追求个案本身在理解具体问题时的"典型性"③。

## 二 何种意义上的真实

任何一种研究方法都存在局限性。梁福镇认为传记研究方法的限制在于："穷尽一个人的生命几乎是一件不可能的事情，只能收集到部分的资料；重建一个人的生命耗时很长，研究推论上有限制；故事的真实性难以判断以及难以建立因果关联等。"④ 资料无法穷尽是研究所面临的一个普遍

---

① 陈向明：《旅居者和外国人——留美中国学生跨文化人际交往研究》，教育科学出版社2004年版，第42页。
② 丁瑜：《她身之欲：珠三角流动人口社群特殊职业研究》，社会科学文献出版社2016年版，第342页。
③ 渠敬东认为个案理论意义上的典型性，意味着具有几个方面的优势特征：（1）拥有比较丰富的历史信息和社会容量；（2）社会的自然机制可自发维持"日常化"和将外部介入因素"再日常化"的过程；（3）在广度、深度上尽可能扩充、延展和融合与外部各种政治、社会和文化因素的关联；（4）唯有如此才能创造出更为集中、极致和全面的社会机制，具有更大的扩展性。参见渠敬东《迈向社会全体的个案研究》，2018年8月10日，360doc个人图书馆（http://www.360doc.com/content/18/0810/15/58142265_777229061.shtml）。
④ 梁福镇：《教学社会学研究的新典范：传记研究方法之探究》，《教育科学》2004年第4期。

问题，而真实性则是自传或者访谈尤其不能忽略的问题。

本书中使用最多的是进入精英大学的农家子弟的自传和访谈文本。这些叙事是记忆的回溯，是用文字或语言对过去发生之事的再现。但"回忆便容易变形，而忏悔更容易稀释，乃至蒙上蕾丝花边"①。博尔赫斯甚至认为"历史的真实不是已经发生的事情，而是我们认为已经发生的事情"②。杰华（Tamara Jacka）在《都市里的农家女》中直接说道：

> 在本书中，我采用了许多不同的叙述形式，包括学者和记者描写的关于流动农村女性的文章，以及她们自己讲述或描写的故事。所有这些我一视同仁为"虚构"，没有什么被优先视为比别的故事更接近"真实"。每一种叙述形式讲述了一套不同的"真实"，并且都受到了叙述者的认同和旨趣的影响，也受到了叙述者所置身的话语以及他们对于听者所作的判断的影响……对过去经验的记忆和叙述与经验本身是不同的，因为记忆并不只是对过去的挖掘，而是对过去的一种选择性的、想象中的创造。……讲述生活故事的主要目的，并不是"原模原样地"描述过去，而是赋予了它一种意义，以助于理解现在，这样可以更好地设想一条通往未来的路径、将过去、现在和未来编织成一个有意义的整体。③

因此，自传的故事也许不全是历史的真实，④ 但却是主观的真实。正是从这种真实中我们才能触摸到行动者的意义创造和文化生产。同时，无

---

① 肖复兴：《〈位置〉和〈一个女人〉》，2009年4月3日，中华网（http://www.china.com.cn/book/txt/2009-04/03/content_17548989.htm）。
② ［阿根廷］博尔赫斯：《小径分叉的花园》，王永年译，上海译文出版社2015年版，第38页。
③ ［澳］杰华：《都市里的农家女：性别、流动与社会变迁》，吴小英译，江苏人民出版社2006年版，第17—20页。
④ 在一些研究者看来，历史的真实是难以确定甚至是不存在的，"历史只是任人打扮的小姑娘"，"一切历史都是当代史"。许多人类学研究者也在反思由研究者在田野里记录下来的文本、描绘的文化样态也未必能够真实地呈现他者（otherness）。詹姆斯·克利福德（James Clifford）和乔治·E. 马库斯（George E. Marcus）在20世纪80年代编著的《写文化——民族志的诗学和政治学》对人类学参与观察的研究方法与民族志的写作方式进行了系统反思。克利福德在其撰写的"部分的真理"（partial truth）一节直接否定了民族志的写作方式能够真实客观地呈现他者文化的科学人类学范式。参见詹姆斯·克利福德、乔治·E. 马库斯《写文化——民族志的诗学与政治学》，商务印书馆2014年版，第29—55页。

论是自传还是访谈，成长叙事都存在回避紧张和冲突的那一面。人的记忆原本就善于记住美好的东西，回避让自己痛苦的东西。① 蔡春也犀利地指出了自传社会学的一个深层困境：

> 在叙述故事的过程中，我必须使人相信，我确实在"发现自我"，而不是在"创造自我"。正是由于这种自我意识，造成了叙事的一种尴尬，所有的叙事都存在于一种虚构的真实的环境之中，都是真实的谎言。这样说也许并不夸张。②

为他人作传记也总存在"为尊者讳"的隐忧，自己写自己的传记则面临另一种复杂的矛盾。法国作家安妮·艾诺（Annie Ernaux）曾在关于自己和父亲关系的自传体小说《位置》中吐露写的过程所面临的矛盾：

> 一边写着，一边觉得路径狭隘，我夹在两头之间，一方面想把所谓低下阶层的生活描绘得受人敬重，另一方面却又想表现出和这种生活形态保持着距离。这原因在于，这种生活的方式属于我们，我们身处其间甚至觉得幸福，不过这也让我们心里很矛盾，觉得自己的景况有失颜面（心底明白"我们这样不是太好"），我想要同时表达幸福的感受，以及这种背离的心境。或者该这么说，在这两头之间，有如从这一岸颠簸到另一岸，相互扞格。③

虽然存在这些疑虑，自传还是具有不可替代的优势。它是社会行动者自主的书写，将写的权利赋予了研究对象（伙伴）。事实上，研究者除了信任被访者能够讲述或撰写出独一无二的成长叙事，还能假借他途吗？这里撰写或讲述的故事是否完全贴合历史性的真实倒是次要的，更为重要的是讲述者和撰写者的意向状态。我们都有这种经验，对不同的人讲同一件事情，我们也总会根据情境、关系远近等因素讲出不尽一致的故事。但在

---

① 此处论述受康永久教授读书会上一次讨论的启发。
② 蔡春：《叙述故事何以称得上研究：论教育叙事研究的基本理论问题》，《首都师范大学学报》（社会科学版）2008年第4期。
③ ［法］安妮·艾诺：《位置》，邱瑞銮译，（台北）皇冠文化出版有限公司2000年版，第49页。

有些情境下，我们更为真诚，也会更放心地袒露自己的真实想法。研究对象的真实和真诚始终是研究者的追求。但在追求研究对象的真实和真诚之前，研究者首先得真诚和真实。在收集自传的过程中，我把自己撰写的自传与我的访谈对象以及自传邀请对象分享，希望通过真诚地呈现自己来获得被访者和自传传主的信任，试图搭建一种鼓励真实和真诚、安全且互相信任的意向状态。这一意向状态的建立是最为关键的，也最有可能突破自传固有的局限，获取更靠近社会行动者主观真实的成长叙事。

从本质上说，自传是个人内心的告白，好的自传展现的是内心的真实。说到底，人们追求的是意义与统一性，而不是资料与完整性。"写自己的历史，就是试图塑造自己，这一意义要远远超过认识自己。"[①] 写出来的自传也正如尼采所言："这些文字正是投射到这些生命上的充满了喧哗与骚动的短促光芒，它穿越时间，甚至使我们也有机会看到这些生命。"[②]

## 三 深度访谈的中国经验

搜集高学业成就农家子弟成长叙事所面临的最大阻碍是敏感性的问题。对于本研究而言，农村生活的相关经历以及与家人的关系，就是一个被访者非常敏感的问题，不少被访者都有些躲闪。有研究者在访谈一位农家子弟时就遇到了这样的困难：

> 在最开始访谈时，他好像抱有一种很强的戒备心，双手一直在胸前抱着，一句话也不肯多说。尤其是我问到小时候对母亲的记忆时，他直接采取了消极的态度，不回答。这让我想起了上一个访谈对象，也是出身农村的男生，一到家庭就警铃大作，含糊其辞，不愿多说一句。[③]

也有研究者自陈："谈及农村籍大学生身份时，被访谈者不免产生尴尬、回避，或者激动的心理，说明农村籍身份对于他们来说，仍是一个不

---

① 鲍磊：《社会学的传记取向：当代社会学进展的一种维度》，《社会》2014年第5期。
② ［法］米歇尔·福柯：《无名者的生活》，李猛译，《社会理论论坛》1999年第6期。
③ 胡雪龙：《主动在场的本分人》，北京师范大学，学士学位论文，2015年，第98页。

可释然的地方。"① 那么,究竟要如何突破这种敏感?

必要的访谈技巧确实可以帮助我们在一定程度上延展访谈的深度、自然地转换话题等。但和技巧相比,互相信任的关系可能比技巧更重要。这一点在中国尤其如此。西方社会是界限分明的"团体格局",而中国社会则可理解为因亲缘地缘关系而由近及远的"差序格局"。② 有研究者曾在研究中感叹,"中国的乡村社会为熟人社会,这一点毫不为虚,我发现,在研究的过程中,往往与受访者越熟悉,他们越与我进行更为坦诚的交流"③。

不少国内研究者都与研究对象建立了超越研究本身的关系,研究才得以可能。阎云翔在东北下呷村的研究更是基于自己数十年的私人关系。④ 陈向明在其博士学位论文中也与被访者建立了朋友式的关系。约瑟夫·A. 马克斯威尔(Joseph A. Maxwell)评价陈向明所著的《旅居者与外国人》时说:

> 她与自己所调查的中国留学生们建立了长期的个人关系,因此她可以深切地理解他们的生活经历,并且有可能在访谈时与他们探讨一些敏感的个人问题;如果她扮演一个远离研究对象的、"客观的"研究者的话,这些敏感性问题可能永远也不会被挖掘出来。……她在分析这些学生的故事时娴熟地运用了自己在美国留学的经历,使用她自己生活中的感触和想法对访谈材料进行分析和佐证;与此同时,她也十分注意不将自己的观点和感觉强加到这些学生身上。⑤

在研究过程中,笔者没有避讳与访谈对象已有的社会关系。在访谈和撰写自传邀请信时,坦诚自己的农村背景,和他们分享自己的经历,争取

---

① 刘惠:《"继续幸存者"与"选择离开者":农村籍大学生内部分化机制探究》,《教育领导研究》(第二辑),2012年,第83页。
② 费孝通:《乡土中国》,人民出版社2008年版,第25—34页。
③ 谢爱磊:《关系资源与优势地位的传递——一个解释农村居民高等教育机会获得的动力机制》,《"公平、质量、效率:农村教育政策的抉择"国际学术研讨会论文集》,2009年,第264页。
④ 参见阎云翔《私人生活的变革》,上海书店出版社2006年版;《中国社会的个体化》,上海译文出版社2012年版。
⑤ 陈向明:《旅居者与外国人》,教育科学出版社2004年版,第8页。

与访谈对象共情，努力建立坦诚和相互信任的研究关系。

除了敏感性的障碍，深度访谈在中国文化情境下还有一种特殊的局限性。费孝通早在《乡土中国》中就表达了对语言文字传情达意能力的反思。他说：

> 文字所能传的情、达的意是不完全的。这不完全是出于"间接接触"的原因。我们所要传达的情意是和当时当地的外局相配合的……语言本是用声音来表达的象征体系。象征是附着意义的事物或动作。……单从文字和语言的角度中去批判一个社会中人和人的了解程度是不够的，因为文字和语言，只是传情达意的一种工具，并非唯一的工具，而且这工具本身也是有缺陷的。能传的情、能达的意也是有限的。①

贺晓星则在一定程度上拓展了这一讨论，从"言文分离"的角度对质性研究方法中的深度访谈进行了深刻反思。他指出："言文分离是中国人日常生活中一个极为普遍的现象"，而"深度访谈只是为了深入了解言文一致的世界"。这样，身处汉语世界之中的研究者所整理的文字性访谈资料必然失去了其原汁原味的语言表达所具有的丰富性，教育社会学的研究者面临着"汉字很难表达声音的学术痛苦"②。贺晓星担心来自西方音声中心的深度访谈方法在"表意优先"的汉语世界扎根具有某种"音声帝国主义"和"文化霸权"的倾向。同时他又坦承所有的批判都具有反身性，批判最后都会返回来指向批判者自己。作者自陈文章的写作"充斥着社会学的话语"③，而社会学又是彻头彻尾发源于西方的。

这种悲观情绪建构了一种西方教育社会理论和方法在宰制中国教育社会学的想象，这一点的确值得反思。但说到底，研究者个体是具有主观能动性的，"器之用"最终离不开研究者的"志"与"道"。正如同作者可以一定程度上超脱于西方视野的研究方法并对之进行反思，研究者的写作本身也是富有创造性的。虽然访谈资料是文字性的，但那些访谈资料中的文

---

① 费孝通：《乡土中国》，人民出版社2008年版，第15—18页。
② 贺晓星：《教育中的权力—知识分析——深度访谈的中国经验》，《北京大学教育评论》2014年第4期。
③ 同上。

字与研究现场中的声音在研究者的脑海中是统一的,研究者对现场的描述和理论建构也未必就会囿于汉语"言文分离"的客观性限制。相反,在言文分离的汉语文化圈进行深度访谈对研究者个体在研究现场的敏锐程度有更高的要求,也给予了研究者创造性解读文本的空间。

## 四 个人身份对研究的影响

在笛卡尔看来,"你"可以怀疑一切,但不能怀疑自身。始终有一个作为主体的"我"挡在所有思维和经验的前头。而正是因为有这样一个确凿无疑的自我,我们才能够最终认识这个世界的真理。[①] 的确,自我是无可回避的,每个研究者都在"价值关联"与"价值中立"的交织中艰难寻路。

如今,价值中立的原则已被广泛接受,研究者普遍认可不应被自己的立场判断左右。但李凯尔特(Heinrich Rickert)却明确主张"价值关联是文化科学研究的主要方法"[②]。马克斯·韦伯虽然被认为是倡导价值中立的,但他同意李凯尔特的看法,并指出:

> 经验现实对我们之所以是文化的,是因为我们总是将它们与我们的价值观念联系在一起,并因此使社会现实的这些基本部分变得对我们有意义。[③]

马克斯·韦伯曾尖锐地批判那些企图"从资料中直接提炼出某种观点"和所谓追求"严格的"和"没有成见的认识"的人是在"自欺欺人"。[④] 伯恩斯坦(Richard Bernstein)也认为,"我们在理解和解释时,总是借助于我们的前瞻性的判断和成见,而这些预判和成见自身也是在历史过程中不断变化的"[⑤]。托马斯·波克维茨(Thomas S. Popkewitz)同样提

---

[①] 转引自康永久《教育学原理五讲》,人民教育出版社2016年版,第222页。
[②] 侯钧生:《"价值关联"与"价值中立"——评M.韦伯社会学的价值思想》,《社会学研究》1995年第3期。
[③] 同上。
[④] 同上。
[⑤] Richard Bernstein, *Beyond Objectivism and Relativism: Science, Hermeneutics, and Praxis*, Philadelphia: University of Pennsylvania Press, 1983, p. 139.

出了类似观点，认为："所有的知识分子的工作原本就具有政治性格；透过这种性格，研究才能建构其研究的对象。"①"价值关联"到极致之后，自我就成为进行社会科学探索时不可回避的一个潜在的主体。说到底，学术研究者不可能是完全的价值中立者。

很多时候，我们个性化的感受、情绪和情感恰恰是我们研究的出发点。陈丹青曾在一篇文章中说："你一定要肯定自己的感受，感受是很可贵的东西。"②周勇将忧伤和愤怒作为教育社会学研究者的情感动力，并认为涂尔干和麦克拉伦就是极好的例子。③当我们体验到"忧伤""愤怒"等强烈情感时，我们才真正深入了社会生活的某一方面，以在场的方式将自我与理论、自我与社会相撞。费孝通也认为："我依然主张所有人类学者最重要的见识总是植根于自我的内省。"④

在本研究中，我属于研究对象所隶属的群体的一分子，既是局内人，也是局外人。这是进行研究的优势，也带来了一些隐忧。我对自己亲身成长经历的反省就能提供一些线索，但也可能会因此在访谈中过分移情或者在理论形成过程中过分带入个人情感，这是需要自省的。同时，尽管我的农村成长背景对于进行这项"读书的料"的研究提供了某些便利，但彼此共通的经历也可能会局限访谈者的意向状态，一些意义被作为理所应当，缺少反省和审思。当然，就像人的一生，有万千可能，但只有一个人生，每一次访谈也是如此。访谈对人与人的关系是如此的依赖，这既是对研究的限制，也是它的魅力所在。

## 五 研究伦理

研究者和研究对象的关系是每项研究都必须面对的伦理难题。《街角社会》的作者怀特被研究对象指责"上了你的当"，"有点儿太涉及人家的

---

① Thomas S. Popkewitz:《心灵追索：学校教育政治学与教师的建构》，钟宜兴译，（台湾）巨流图书公司2010年版，第173页。
② 陈丹青:《真正有效的教育是自我教育》，《文苑》2015年第8期。
③ 周勇:《忧伤与愤怒：教育社会学的情感动力——以涂尔干、麦克拉伦为例》，《教育学术月刊》2014年第9期。
④ 费孝通:《江村经济——中国农民的生活》，商务印书馆2006年版，第322页。

私事了"①。拉鲁（Annette Lareau）更是让一些研究对象不适,甚至憎恨。② 威利斯坦诚自己犯了所有的"罪过",一针见血地指出了"民族志际遇中剥削关系所蕴含的巨大矛盾",即研究者"从貌似信任和互惠的关系得到了一些东西,然后单方面地在学术机构里把它'市场化'成一种公共的、可交换的资源：从本地的使用价值中剥离出特定类型的交换价值"③。"一堆素材,有点像是一笔钱"④,研究者收获了这笔"钱",但田野中的人们收获了什么呢？

虽然本书并不是采用民族志的田野研究方法,但实际上与田野研究有诸多类似的地方。从我个人来说,期待自传可以写得丰富、细致甚至写出涉及家庭内部比较隐私的情感体验。访谈中,我有时也真的如同一个"窥视狂"一样期望被访者事无巨细,什么都可以跟我讲。甚至我希望自己可以把被访者引向我想听的那部分故事。但事实上,这不仅很难做到,也让自己难受。郑新蓉老师曾在研究农村妇女失学、辍学的文章中感叹：

> 失学和辍学在她们（农村妇女文盲）的故事中不是主线,也没有引起她们太多的兴趣。……她们也还是更愿意讲"怀孕"、"流产"、"生计"、"夫妻、婆媳关系"之类的故事。⑤

带着"用理论和概念图解生活和人性的'职业习性'",她读不出被访者的"叙事逻辑",并由此发出自己的困惑："我们的研究线索与她们的生命流是怎样一种关系？我能够忽略生命故事的主流去打捞我的想要'资料'（data）吗？"⑥ 定宜庄的访谈体会则在一定程度上回应了这一疑问。

---

① [美]威廉·富特·怀特:《街角社会——一个意大利贫民区的社会结构》,黄育馥译,商务印书馆1994年版,第390页。
② 在2011年出版的 *Unequal Childhood* 第二版中,拉鲁新增了她所研究的家庭对其著作的反馈。参见 Annette Lareau, *Unequal Childhood: Class, Race and Family Life*, University of California Press, 2011, pp. 312–332。
③ [英]保罗·威利斯:《学做工：工人阶级子弟为何继承父业》,秘舒、凌旻华译,译林出版社2013年版,第319页。
④ 同上书,第312页。
⑤ 郑新蓉:《社会变迁中的个体生命——转述一个农村妇女的故事》,《山西师大学报》(社会科学版) 2010年第1期。
⑥ 同上。

第一章　阶层突破中的文化生产问题

做口述也好,做田野也好,我喜欢顺其自然,这对我来说是最重要的。我不喜欢事先设定一个目标,我觉得最重要的是,我首先要明白他想告诉我的是什么,再从他想告诉我的东西里来判断,看里边有没有我想得到的。如果他最想告诉我的都不是我想要的,也许这个口述就失败了,那么失败就失败了。……做好了,算你捞着了;没做好,算你玩一趟,交个朋友。不要说我非要从他那里得到什么,弄得很紧张。①

农家子弟的成长经历不可避免地涉及个人隐私。在某种程度上,研究者就是在"寻觅那些最难察觉的,隐藏最深的,在显示和讲述时最难以启齿的事情,最终也就是严格禁止,最不体面的事情"②。本书的具体做法是:首先自己勇敢吐露真诚,无条件地将自己的自传与愿意接受撰写自传邀请的传主分享。另外,在邀请自传时强调可随时退出,希望可以尽可能真诚地撰写,但在交给我自传之前可删除自己不想透露的部分。

这项研究原本是对我自己的挑战,但被访者和自传传主通过挑战自我给了我无私的帮助。对于愿意接受访谈的被访者,我都会向他们介绍研究目的并在后续工作中保证匿名处理,并对一些可能透露个人真实信息的部分进行修改。被访者和愿意分享自传的传主为本研究付出了许多,也承担了将与寻常生活中不同的自我展现给他人的风险。在访谈中,我尽量做到不过度访谈,有些被访者不愿意谈清楚的问题,就视情况争取下次再问。如果只有单次访谈的机会,问题实在重要,就尽量找机会换一个方式再问。如若被访者依然回避或者感到不适,则放弃对此问题的询问。

伯明翰文化研究中心第三任主任理查德·约翰逊(Richard Johnson)曾说:"知识分子在描述他人的文化预设时可能是伟大的,但在关系自身的时候,他们同样缄口不言。"③缄口不言的确赐予了知识分子以保护自我的铠甲,但也同时限制了他们唯有通过反省自我才可能获得的轻盈与自由。做这样一个和自己生命经验贴合如此之紧密的研究,颇有些风险,情感和理智的天平时刻都会失衡。但是,如《尘埃落定》的作者阿来所言:

---

① 许斌、定宜庄:《一个口述史学者的口述——定宜庄博士访谈》,《黑龙江民族丛刊》2003年第5期。
② [法]米歇尔·福柯:《无名者的生活》,李猛译,《社会理论论坛》1999年第6期。
③ 罗钢、刘象愚主编:《文化研究读本》,中国社会科学出版社2000年版,前言第26页。

"我觉得文学或任何一门知识，只要认真对待，就会把你引往触碰禁忌的方向……如果我们永远在一个特别安全的范围内，也不可能有进步。"[1] 就让我们以这样几句话结束冗长的绪论，为下面的文字壮壮胆吧。

---

[1] 朱又可：《疯狂的虫草，疯狂的松茸和疯狂的岷江柏：专访作家阿来》，2016年12月23日，南方周末（www.infzm.com/content/121719）。

# 第二章 再生产与文化生产：一个述评

> 如果在特定的历史状况下，社会统治群体掌握着定义在教育制度中应该最优先什么的权力，那么，即使被统治群体的学习能力和成绩，在当权者所设定的框架下被评价为"差的"，也不用特别的诧异。中产阶级儿童，相比于劳动阶级儿童，拥有太多的"文化资本"。但如果换了韦伯，之后马上会跟上一句，这只是因为他们的"优秀"，是建立在这样的事实上的，即他们掌握着决定什么才是"文化资本"的权力。[1]
> 
> ——Jerome Karabel and A. H. Halsey

本书中的"读书的料"，也就是取得高学业成就的农家子弟们，一定程度上脱离了经济再生产与文化再生产理论的内在逻辑，他们的出现是对阶层代际传递的逃离和反叛。作为取得高学业成就的底层子弟，"读书的料"是《学做工》中被忽略的陪衬，也是文化生产理论尚未涉足的空白地带。在探索"读书的料"的文化生产之前，有必要厘清经济再生产、文化再生产和文化生产理论的发展脉络，明确研究背景和理论对手。

## 第一节 再生产理论的发展脉络

1989年，普林斯顿大学毕业的温迪·库普（Wendy Kopp）和她未来

---

[1] Jerome Karabel and A. H. Halsey, *Power and Ideology in Education*, New York: Oxford University Press, 1977, p. 67.

的丈夫、哈佛毕业生理查德·巴斯（Richard Barth）创建了公民组织"为美国而教"（Teach For America），他们的动力来自一个疑问："为什么在美国，出身还可以决定命运？"① 是啊，为什么出身还可以决定命运？这样的发问在如今可以引发我们每个人心底的深层忧虑。但如果再早上几个世纪，这种发问方式就会显得有些奇怪。

在传统社会，依托于血统和财产继承，新一代的社会中上层和底层子女通过直接子承父业得以再造，底层实现社会向上流动的可能性极低。与"王侯将相宁有种乎"② 相比，"龙生龙，凤生凤，老鼠的孩子会打洞" 更符合社会现实。到了现代社会，随着生产力的快速发展以及学校教育的普及，一种进步主义的教育思想开始流行起来。持乐观立场的自由主义教育家认为教育能够增进社会平等，促进社会向上流动。哈维赫斯特（R. J. Havighurst）认为，"公元二千年的工业民主社会，将比现在的高度工业化社会，更加开放及流动化，教育将成为个人向上社会流动的重要工具，欠缺教育或教育失败则将成为个人向下社会流动的主因"③。胡森（T. Husen）也预料，"在民主社会中，教育能力将代替过去的社会特权"④。对于持进步主义教育思想的理论家而言，学校是促进社会整体进步的神圣机构，知识和课程应平等地向所有人开放。杜威的教育理想也正是依托于这样的假设，认为"教育是社会的功能"，"教育是这样一种抚育、教养、启发的历程"，"社会的重组有赖教育的改造"⑤。但美国教育机会的不均等，阶级固化和种族鸿沟使得杜威向往的"充分流动，具有多元化、变革管道"⑥ 的社会成了一个乌托邦。

何止美国如此呢？英国社会流动和贫困儿童委员会发布的报告显示，非贫困家庭的孩子就读一流大学的比例是贫困家庭孩子的3—4倍。⑦ 在法国，"对父亲职业与儿子进大学机会关系的粗略统计显示，农业工人的儿子

---

① 沈茜蓉：《让出身不再决定命运——美国教育平权运动40年》，2011年8月8日，南方周末（http://www.infzm.com/content/61890）。
② 司马迁：《史记·陈涉世家》，韩兆琦译注，中华书局2012年版，第3856页。
③ ［英］班克斯：《教育社会学》，林清江译，（高雄）复文图书出版社1984年版，第48页。
④ 同上。
⑤ John Dewey：《民主主义与教育》，林宝山译，（台北）五南图书出版公司1989年版，第11、328页。
⑥ 同上书，第82页。
⑦ 白阳：《教育不公导致英国社会阶层固化》，《人民日报》2014年7月10日第21版。

上大学者不到1%，70%的工业家儿子上大学，自由职业者儿子上大学的比例超过80%"①。在巴西圣保罗（São Paulo），74%的大学生来自中上阶层。② 卢梭曾语："人生而自由，却无往不在枷锁之中。"③ 现代社会看似公平的教育体制显然并没有帮助大多数底层子弟打破命运的枷锁，社会阶层的固化广泛存在于被认为是最民主的欧美国家。持批判立场的理论家们从方方面面戳破自由主义期望的泡泡，"嘲讽大多数西方发达国家里自由和社会民主的教育'共识'中的矛盾和欺骗之处"④。

## 一 鲍尔斯和金蒂斯的对应理论

赛缪尔·鲍尔斯（Samuel Bowels）和赫伯特·金蒂斯（Herbert Gintis）即便不算是这一浪潮最早的批判者，显然也算得上是最有力的批判者之一。鲍尔斯旗帜鲜明地提出了与进步主义教育思想相左的观点。他富有洞察力地指出："现代资本主义社会的思想防卫主要依据这样的信念，即教育均等的作用可以抵消自由市场体制中固有的不均等势力。"⑤ 但事实上，"教育中的社会关系——管理者与教师之间的关系、师生关系和学生与学业之间的关系——复制了劳动的等级分工。"⑥ 这也就意味着教育不仅起不到促进社会公平的作用，反而还在不中断地维护不平等。在与金蒂斯合著的经典之作《资本主义美国的学校教育·教育改革与经济生活的矛盾》（*Schooling in Capitalist America*）⑦。中，他们提出了著名的"对应原则

---

① ［法］P. 布尔迪约、［法］J. -C. 帕斯隆：《继承人——大学生与文化》，邢克超译，商务印书馆2002年版，第5页。
② 转引自姜添辉《资本社会中的社会流动与学校体系——批判教育社会学的分析》，（台北）高等教育文化事业有限公司2005年版，第205页。
③ ［法］卢梭：《社会契约论》，何兆武译，商务印书馆2003年版，第4页。
④ ［英］保罗·威利斯：《学做工：工人阶级子弟为何继承父业》，秘舒、凌旻华译，译林出版社2013年版，第259页。
⑤ ［美］赛缪尔·鲍尔斯：《不平等的教育与社会分工的再制》，载厉以贤主编《西方教育社会学文选》，（台北）五南图书出版公司1992年版，第187页。
⑥ 转引自［美］亨利·吉鲁《教育中的理论与抵制》（第2版），张斌等译，教育科学出版社2016年版，第89页。
⑦ 目前有两个版本的中文译本。参见［美］鲍尔斯、［美］金蒂斯《美国：经济生活与教育改革》，王佩雄等译，上海教育出版社1990年版；鲍里斯、季亭士《资本主义美国的学校教育·教育改革与经济生活的矛盾》，李锦旭译，（台北）桂冠图书股份有限公司1989年版。

(correspondence principle)"①。

> 我们相信，教育制度透过其社会关系与生产社会关系之间的一种结构性对应，而有助于将年轻人整合入经济制度之中。教育的社会关系结构，不只使学生习惯于工作场所的纪律，而且也发展个人举止的类型、自我演出的方式、自我心象，以及社会阶级认同——这些都是工作胜任的决定性成分。特别地，教育的社会关系——行政人员与教师之间、教师与学生之间、学生与学生之间，以及学生与他们的工作之间的关系——复制层级的分工。层级的关系被反映在从行政人员到教师再到学生的垂直权威路线之中。②

鲍尔斯和金蒂斯认为"教育的社会关系与生产的社会关系结构相对应"③。这也就意味着教育只是资本主义不平等社会经济结构的"应声虫"④，学校对于资本主义的再生产有着核心的功能性角色，那就是"让年轻人在一个分化的等级社会做好准备迎接自己的位置"⑤。鲍尔斯和金蒂斯的对应理论也因强调教育与经济结构的"符应关系"而被称为"经济再生产"（economic reproduction）理论。

实际上，这一立场从马克思及之后的新马克思主义思想家那里早已可以看到端倪。马克思就曾指出，无论是文化还是教育都具有阶级性，⑥ 如此一来，教育无外乎是统治阶层固化其统治的工具。阿尔都塞（Louis Althusser）继续从理论上撕开了教育促进社会平等的"谎言"。在他看来，

---

① 国内也有学者翻译为"符应原则"。参见罗云、曾荣光、卢乃桂《新社会背景下教育与经济生活之关系——再思"符应原则"》，《北京大学教育评论》2005年第4期。
② 转引自贺晓星《论教育社会学中的新马克思主义——S. 鲍尔斯和H. 吉丁斯的对应理论及其转向》，《南京师大学报》（社会科学版）2014年第6期。
③ ［美］鲍尔斯、［美］金蒂斯：《美国：经济生活与教育改革》，王佩雄等译，上海教育出版社1990年版，第195页。
④ 贺晓星：《论教育社会学中的新马克思主义——S. 鲍尔斯和H. 吉丁斯的对应理论及其转向》，《南京师大学报》（社会科学版）2014年第6期。
⑤ Nadine Dolby, Greg Dimitriadis, "Learning to Labor in New Times: An Introduction", in Nadine Dolby, Greg Dimitriadis, E. Paul (ed.), *Learning to Labor In New Times*, Routledge Falmer, 2004, p. 2.
⑥ 转引自文学国主编《马克思恩格斯列宁斯大林论教育》，中国社会科学出版社2016年版，第89—92页。

## 第二章 再生产与文化生产:一个述评

"只有从阶级的立场,也就是阶级斗争,才可能解释意识形态是如何存在于社会结构之中的"①。"生产资本主义制度关键结果的机制自然而然地被学校作为一个普遍的统治意识形态所遮掩和欺骗。之所以说'普遍'是因为它是资产阶级意识形态统治最基本的形式之一。"② 学校被视为灌输意识形态的国家机器,通过学校,劳动力和意识形态得以再造。

鲍尔斯和金蒂斯在《资本主义美国的学校教育》中也大量引用马克思的著作,即便在后期的著作《民主与资本主义》中依然如此。如若将教育与社会经济结构直接对应,这一洞见的直接推论就是马什(John Marsh)所强调的"我们需要抛弃所有或者多数的经济问题可以通过教室来解决的信念"③。言下之意,教育只是附庸,无力改变现有的社会结构,进步主义教育家对教育促进社会公平的期待是一种幻想。在看似公平的教育体制下,多数工人阶级依然子承父业,无法通过教育实现社会流动。接受教育对于他们来说只是一个"冷却"④ 和被欺骗的过程。

对应理论⑤获得了巨大的影响力。后续诸多研究者,无论是批判教育学(critical pedagogy)还是抵制理论(resistance theory)的倡导者,一定程度上都在试图与鲍尔斯、金蒂斯对话。批判教育学的主要人物之一拉巴里(David Labaree),在一篇书评的开头写道:"如果说过去几十年英美的教育社会学研究都是在回应《资本主义美国的学校教育》,这只是有一点儿言过其实。"⑥ 根据戴维德·斯瓦茨(David Swartz)在评述文章的一处

---

① Louis Althusser, "Ideology and Ideological State Apparatuses (Notes toward an Investigation)", in Aradhana Sharma and Akhil Gupta (ed.), *The Anthropology of the State: A Reader*, Oxford: Blackwell Publishing, 2009, p. 110.

② Louis Althusser, *On The Reproduction of Capitalism: Ideology and Ideological State Apparatuses*, Verso, 2014, p. 148.

③ John Marsh, *Class Dismissed: Why We Cannot Teach or Learn Our Way Out of Inequality*, New York: Monthly Review Press, 2011, p. 19.

④ Burton R. Clark, "The Cooling-out Function in Higher Education", *American Journal of Sociology*, Vol. 65, No. 6, 1960, pp. 569–576.

⑤ 多数人引述鲍尔斯和金蒂斯的著作时都使用了"对应原则"(correspondence principle)一词,但贺晓星解释道:"(这里使用对应理论)是指作者尝试以对应原则(correspondence principle)这样的表述,从原理上解释经济再生产社会再生产。"参见贺晓星《论教育社会学中的新马克思主义——S. 鲍尔斯和 H. 吉丁斯的对应理论及其转向》,《南京师大学报》(社会科学版)2014 年第 6 期。

⑥ David Labaree, "Reviewed Work: Bowles and Gintis Revisited: Correspondence and Contradiction in Educational Theory by Mike Cole", *Contemporary Sociology*, Vol. 18, No. 6, 1989, pp. 950–951.

脚注,"SSCI 的非正式计算表明,在上世纪 90 年代初期,《资本主义美国的学校教育》一书一直保持着教育社会学领域最广泛的引用率"①。

当然,一种理论的影响绝不只表现在有多少人赞美它,更表现为能有多少人批判它。鲍尔斯和金蒂斯的不凡正是在于,即便是他们的理论对手,也会由衷地对他们表示敬意。阿普尔(Michael Apple)就曾在一篇书评中以"站在鲍尔斯和金蒂斯的肩上"②为题,称赞鲍尔斯和金蒂斯是"左派中最令人振奋和富有洞察力的作者之一"③。但与此同时,阿普尔也剑指其核心结论,他形象地说道:

> 物理学定律决定了任何事物都会形成一个常规的影像。这一图景可能会被眼镜上的瑕疵所干扰,但是很大意义上,所见即所得。……这种定律也许对于思考视力是有好处的,但直接应用到思考学校就未必。……对应理论将我们引向只以再生产的样式看待学校。这一社会机构唯一扮演的是再制社会秩序的角色。……然而,只以再生产的样式看待学校,认为其本质是顺从的生产不平等的社会秩序,那么无论怎样都很难总结出什么严肃的教育行动了。如果学校除了映射外在经济关系之外全然被决定,那么在教育场域内做什么都无济于事。这是悲观的……④

简而言之,阿普尔认为鲍尔斯和金蒂斯对学校和工厂的理解太过简化,忽视了学校场域中的学生、经济领域中的工人的创造性和能动性。"学生和工人被简化为照单全收的价值接受者。他们不做出反对行为,不改变,排斥,甚至不去想他们究竟在得到什么。"⑤ 他进而指出,"工人在许

---

① David Swartz, "From Correspondence to Contradiction and Change: Schooling in Capitalist America Revisited", *Sociological Forum*, Vol. 18, No. 1, 2003, p. 168.
② Michael Apple, "Standing on the Shoulders of Bowels and Gintis: Class Formation and Capitalist Schools", *History of Education Quarterly*, Vol. 28, No. 2, 1988, pp. 231–241.
③ David Swartz, "From Correspondence to Contradiction and Change: Schooling in Capitalist America Revisited", *Sociological Forum*, Vol. 18, No. 1, 2003, p. 167.
④ Michael Apple, "The Other Side of the Hidden Curriculum: Correspondence Theories and The Labor Process", *Interchange*, Vol. 11, No. 3, 1980, pp. 5–6.
⑤ Michael Apple, "What Correspondence Theories of the Hidden Curriculum Miss", *The Review of Education*, Vol. 5, No. 2, 1979.

第二章 再生产与文化生产:一个述评

多层面经常进行微妙的抵制,他们并不是像对应理论设想的那样真的完全社会化为顺从的工人"[①]。威利斯的《学做工》也经常成为这一论述的例证。

批判教育学流派的另一个代表人物,更为激进的亨利·吉鲁(Henry A. Giroux),坚定地对意识形态、经济或者别的任何全然支配人们行动的东西表示怀疑。他认为尽管阿尔都塞坚持强调意识形态作为支配机制的作用,但这个概念最终模糊而不是澄清了人们是如何抵制、逃离或改变现存社会秩序的重压的。鲍尔斯和金蒂斯忽视了人的能动性与结构互为先决条件,忽视了抵制议题和工人阶层的主体性,止步于一种形式过于简单而决定因素又过于复杂的社会再生产理论。[②] 这样,"经济再生产"模型真的就成了一个黑箱或者隧道,我们看得到两头,却对中间发生了什么几乎一无所知。

总的来说,鲍尔斯和金蒂斯最大的贡献在于他们犀利地指出,即便在民主的现代社会,教育也并非像功能主义者或自由主义教育家所想象得那样在增进社会平等,反而在不断扩大社会不平等。但究竟是如何通过学校再生产出社会的经济和阶层结构的?生产的社会关系结构又是如何映射到教育的社会关系之中的?这些问题并没有真正进入鲍尔斯和金蒂斯的视野。显然,鲍尔斯和金蒂斯在其论述中较少考虑到文化维度,他们忽略了人作为社会行动者是符号(文化)的动物,通过符号(文化)理解和把握世界。

不管怎样,鲍尔斯和金蒂斯的分析还是为人们深入理解教育体制提供了一种可能,成为每个涉及社会再生产论题的研究者都无法逃避的经典论述。就本书而言,对应理论暗含着一种经济资本决定学校运作的逻辑,这一点颇为可疑。尽管多数人子承父业,中上阶层子女更多地接受了精英教育,但这并不意味着学校完全是资本的奴隶,一无是处且一无所为。即便不谈教育过程的复杂性,单从教育的结果来看,本书研究对象的存在就直接反驳了这一观点。"读书的料"的生命经历至少证实底层子弟完全可能依赖学校迎来命运的转机,这其中的文化生产机制还是一个尚未打开的

---

[①] Michael Apple,"The Other Side of the Hidden Curriculum: Correspondence Theories and The Labor Process", *Interchange*, Vol. 11, No. 3, 1980, p. 9.
[②] [美]亨利·吉鲁:《教育中的理论与抵制》(第2版),张斌等译,教育科学出版社2016年版,第90页。

"黑箱"。

## 二 布迪厄的文化再生产理论

《资本主义美国的学校教育》直到1995年还居于教育社会学引用率的榜首。随后，布迪厄和帕斯隆所著的经典——《再生产》（*Reproduction*）英文版面世，取而代之。① 事实上，《再生产》法文版出版于1970年，早于鲍尔斯和金蒂斯的《资本主义美国的学校教育》。尽管隔着大西洋，有着语言文化上的差异，两者还是共享了相似的问题意识，但在研究路径上依然有重大差别。安东尼奥·葛兰西（Antonio Gramsci）很早就指出：

> （学习）是一个适应的过程，是通过艰辛、沉闷甚至是痛苦而获得的一种习惯。……传统知识分子家庭的孩子无疑会更易于取得这种心理—身体的适应。在他走进教室之前就具备了其他同学所没有的诸多优势，并且早已拥有从家庭环境中学到的看法：他更容易集中注意力，因为他习惯于"静坐"。②

葛兰西的这种认识虽然只是基于日常经验，但已指向了不同阶层家庭的文化实践对子女学业表现的影响。但究竟不同阶层在文化上的差异是如何影响其子女学业成就的？布迪厄的研究显然在解答这一问题上做出了独特贡献。

在《再生产》开篇，布迪厄首先批判马克斯·韦伯"被限制在心理—社会学构想中"，无法和马克思一样对社会关系的权力本质提出质问。③ 无论是鲍尔斯、金蒂斯还是布迪厄，都从马克思那里汲取了思想源泉。不过布迪厄的特别之处在于他并不是用宏大和抽象的方式来讨论权力关系，也不直接关注经济结构与教育体制的对应，而是尤其关注符号（文化）权力。布迪厄指出：

---

① David Swartz, "From Correspondence to Contradiction and Change: Schooling in Capitalist America Revisited", *Sociological Forum*, Vol. 18, No. 1, 2003, p. 168.
② ［意］安东尼奥·葛兰西：《狱中札记》，曹雷雨等译，中国社会科学出版社2000年版，第34页。
③ Pierre Bourdieu, Jean-Claude Passeron, *Reproduction in Education, Society and Culture*, London: Sage Publication, 1990, pp. 4–5.

## 第二章 再生产与文化生产：一个述评

任何权力都发挥符号的作用，也就是说，任何权力都试图通过掩盖构成其力量基础的权力关系来强加意义，并把这些意义强加为合法意义，都将自身特殊的符号力量增强到那些权力关系之上。①

可见，布迪厄分析的重心从经济结构转移到了符号（文化）层面，特别是学校和家庭之间的文化关系。经济结构在布迪厄那里既是研究的起点，也是研究的终点，分析的重心始终定格在特权阶级是如何在教育系统的掩饰下将其地位延续和合法化的。

符号暴力（symbolic voilence）是布迪厄思想的一个核心。甚至有学者认为布迪厄的教育社会学基于文化专断性的理论假设，是一种符号暴力理论。② 这种说法不无道理。在布迪厄的著作中，"符号暴力"晦涩难懂又无处不在，似乎他对符号暴力有异乎寻常的钟爱。在《再生产》的序言中，布迪厄强调：

> 符号暴力行动（不管它来自医生、巫师、神父、预言家、传教士、教师、精神病医生或精神分析专家）的这种带有普遍性的理论，属于一种暴力及合法暴力的普遍性理论。不同形式的社会暴力的替代性直接证明了这一从属关系，学校对合法的符号暴力的垄断和国家对有形暴力合法事实的垄断之间的同源性间接证明了这一从属关系。③

布迪厄也曾更直接地把符号暴力界定为：

> 在一个社会行动者本身合谋的基础上，施加在他身上的暴力。……社会行动者是有认知能力的行动者（knowing agent），甚至在他们受制于社会决定机制时，他们也可以通过形塑那些决定他们的社

---

① Pierre Bourdieu, Jean-Claude Passeron, *Reproduction in Education, Society and Culture*, London: Sage Publication, 1990, p. 4.
② 朱国华：《文化再生产与社会再生产：图绘布迪厄教育社会学》，《华东师范大学学报》（哲学社会科学版）2015 年第 5 期。
③ ［法］P. 布尔迪约、［法］J. - C. 帕斯隆：《再生产：一种教育系统理论的要点》，邢克超译，商务印书馆 2002 年版，前言第 6 页。

会机制，对这些机制的效力"尽"自己的一分力。……社会行动者对那些施加在他们身上的暴力，恰恰并不领会那是一种暴力，反而认可了这种暴力，我将这种现象称为误识（misrecognition）。①

虽然布迪厄在荣膺法兰西学院院士时说："（社会科学）提出的每一个命题都可以而且应该用到社会学家自己身上。"② 但实际上，布迪厄与其所创的理论之间却有着微妙的张力。布迪厄的青少年岁月是在法国西南部一个偏僻的小村庄里度过的，他自陈"城里人喜欢说那是一个很'落后'的地方"③。为了达到学校的一系列要求，他只有将自己原初的许多经验和拥有的东西放弃掉，包括那一口方言。周勇犀利地指出：

> 在布迪厄的思想、学术及人生中，阶层背景始终是一个发挥重要作用的因素。不论经过何种"精英学校"知识权力的"规训"，也不管是在什么样的学术领域追求知识，布迪厄都会"自愿居于边缘"，采取一种"外乡人"（stranger）的立场，始终不忘其"卑微的社会根源"……布迪厄从做"寄宿生"开始，这位乡下来的学子就感受到了一种"分裂的存在：学校生活和家乡生活的分裂"，连"父母也无法理解他所遇到的问题"。他住在学校，但却没有与老师成为"一伙人"，他经常处于一种"沉默的愤怒"（silent fury）中，"为老师以威胁的方式对待学生感到愤怒"……尽管布迪厄极力回避自己求学岁月中积累的"沉默的愤怒"，不让大家觉得他的教育社会学"是由个人的怨恨所驱使的"，但一些知情的学者还是一眼就看出了，布迪厄是对于学校体系怀有"异常强烈的复仇欲望"。④

这样看来，与其说"符号暴力"与阿尔都塞把学校作为一种国家机器

---

① ［法］皮埃尔·布迪厄、［美］华康德：《实践与反思：反思社会学导引》，李猛、李康译，中央编译出版社1998年版，第205页。
② 《文化资本与社会炼金术：布尔迪厄访谈录》，包亚明译，上海人民出版社1997年版，第43页。
③ 同上书，第46—47页。
④ 周勇：《教育场域中的知识权力与精英学子》，北京师范大学出版社2010年版，第104—117页。

的判断有着相似的思想基础,不如说这种观点真正来自布迪厄无法抹去的个人体验。理解布迪厄的愤怒对于理解符号暴力,进而把握布迪厄的整体思想至关重要。特别是当我们把符号暴力理解为文化暴力时,其他相连的概念就被赋予了新的意义。

文化资本(cultural capital)是布迪厄用来解释特权合法化的另一个重要概念,包括身体形态(embodied state)、客观形态(objectified state)与制度形态(institutionalized state)。[①] 布迪厄认为统治阶级把自己的惯习作为一种文化资本融入了公共教育系统。在这一过程中,教育制度成功地"把社会特权转化为天资或个人学习成绩,从而不中断地维护不平等"[②]。学校文化本质上为了"保证文化资本的效益"而"淘汰距学校文化最远的那些阶级"[③],也就是缺乏中上阶层文化资本的底层子弟。"教育制度可以通过其自身逻辑的作用使特权永久化"[④]。布迪厄的理论贡献在于他为分析社会再生产的"黑箱"增加了一个文化的维度,"通过把社会等级变成学术等级……教育制度就履行了一种合法化作用"[⑤],促成了现有社会秩序的永存。布迪厄创造的文化资本、惯习、场域等概念均围绕着由权力幻化而成的符号暴力是如何在再生产中发生作用的。说到底,符号暴力实质上就是文化暴力。所谓"符号",包括了口音、体态、品位、欣赏高雅文化的次数等,越是熟稔于"符号",越是真正拥有文化资本。学校(教育系统)则恰恰是实施这种文化暴力的机构之一。布迪厄甚至做出这样的论断:"所有的教育行动客观上都是一种符号暴力。"[⑥]

布迪厄深深怀疑学校教育体系,他对文化资本、惯习、场域、实践的一系列论述也充满决定论的色彩。在这种理论视域下,底层子弟的学业成

---

[①] Pierre Bourdieu, "The Forms of Capital", in J. G. Richardson (ed.), *Handbook of Theory and Research for the Sociology of Education*, New York: Greenword Press, 1986, pp. 46-54.
[②] [法] P. 布尔迪约、[法] J.-C. 帕斯隆:《继承人:大学生与文化》,邢克超译,商务印书馆2002年版,第31页。
[③] [法] P. 布尔迪约、[法] J.-C. 帕斯隆:《再生产:一种教育系统理论的要点》,邢克超译,商务印书馆2002年版,第224页。
[④] [法] P. 布尔迪约、[法] J.-C. 帕斯隆:《继承人——大学生与文化》,邢克超译,商务印书馆2002年版,第31页。
[⑤] [法] 皮埃尔·布迪厄:《文化再制与社会再制》,载厉以贤主编《西方教育社会学文选》,(台北)五南图书出版公司1992年版,第433页。
[⑥] [法] P. 布尔迪约、[法] J.-C. 帕斯隆:《继承人——大学生与文化》,邢克超译,商务印书馆2002年版,第13页。

功乃至阶层突破变得可望而不可即。杨杨（Yang Yang）曾指出,"如果说工人阶级从来不能获得教育成功,真实生活经验会告诉我们这不能错的更离谱了"①。作为"都市文明中的农家子弟"②,布迪厄自己显然就是一个与他的理论断言相左的例子。③ 尽管出身于社会经济地位并不优越的底层,布迪厄依然通过他终其一生批判的公共教育系统实现了向上流动,他的人生轨迹与其理论之间存在难以弥合的裂痕。

国内有研究者直接把布迪厄的符号暴力理论移植到中国情境之中,认为:"当底层学生将上述文化形态带入学校场域之后,必然遭遇由社会中上阶层的学校主流文化的符号暴力与外在排斥,两者之间产生激烈而持久的冲突,并导致排斥与规训的双重社会后果。"④ 在这种话语里,学校不是春风化雨的神圣之地,而是"宛若中上阶层的堡垒"⑤。在《学做工》中,工人阶级父母在与其子女的日常交流中会不时流露出对教师、校长这类文凭拥有者的嘲讽以及对学校知识的不屑和鄙夷,而"家伙们"在学校中种种抵制行为也具有校园版工人阶级文化的色彩。威利斯以此说明反学校文化（counter-school culture）与工厂文化的内在一致性。但说到底,这种一致性是情境依赖的。一旦我们试着抛开布迪厄设定的理论套路,对不同文化圈中的底层子弟、学校和教师进行实实在在的考察,这种一致性就可能会岌岌可危。如若照搬文化再生产抑或文化生产的理论逻辑,一概而论学校的本质,给教师的阶层属性贴上标签,为底层子弟罩上或悲情无力或放荡不羁的面纱,就会将学校、教师和学生从具体情境中抽离出来,片面化和简单化中国的学校文化,更会严重扭曲现实生活中的师生关系。

总的来说,相比鲍尔斯和金蒂斯,布迪厄从文化的维度解开了社会再

---

① Yang Yang, "Bourdieu, Practice and Change: Beyond the Criticism of Determinism", *Educational Philosophy and Theory*, Vol. 46, No. 14, 2014, p. 1524.
② 苑国华:《"都市文明中的农家子弟"——皮埃尔·布迪厄的生平及社会学理论》,《绥化学院学报》2006 年第 5 期。
③ Yang Yang, "Bourdieu, Practice and Change: Beyond the Criticism of Determinism", *Educational Philosophy and Theory*, Vol. 46, No. 14, 2014, p. 1524.
④ 王欧:《文化排斥——学校教育进行底层社会再生产的机制》,华中科技大学,硕士学位论文,2011 年,第 I—IV 页。
⑤ 张建成、陈珊华:《生涯管教与行为管教的阶级差异:兼论家庭与学校文化的连续性》,《教育研究集刊》2006 年第 3 期。

生产的黑箱，试图揭示"文化再生产的隐秘目的在于进行社会再生产"①。文化资本、惯习、场域、符号暴力等诸多概念在学界产生了巨大的影响力。可以说，布迪厄的文化再生产理论②重新塑造了教育社会学的面貌，开启了一系列值得讨论的论题，也吸引了许多批判性的追随者。

## 三　文化再生产理论的延展

在语言方面，布迪厄曾提出"语言资本"③的概念，但他着重考察的是语言能力的高低，特别是对希腊文、拉丁文这些古典语言的测试成绩，④忽视了不同阶级儿童的语言发展可能不仅仅是均质的成绩高低问题，也可能有类型的差异。

正是在这个理论缝隙上，伯恩斯坦（Basil Bernstein）进行了思想突破。他提出过一个著名的案例，请中产阶级和工人阶级子弟分别描述一组图片，他们的表述方式如下：

中产阶级儿童：三个男孩在玩足球，一个孩子把球踢进了窗子，球打碎了这扇窗子，孩子们望着它，一个男子走出来朝他们大喊，因为他们把窗子打碎了，于是他们跑开了。这时，那位夫人望着窗外大骂孩子们。

工人阶级儿童：他们正在玩足球，他踢球，球穿过那里打碎了窗子，他们看着窗子，他出来了，朝他们大喊，因为他们打碎了它，于是他们跑掉了。这时她往外瞧，大骂他们。⑤

伯恩斯坦认为，"第一个儿童的言语产生了通用型意思，即这些意思不受环境束缚，所有的人都能搞懂；第二个儿童的言语产生了特定型意思，

---

① 朱国华：《文化再生产与社会再生产：图绘布迪厄教育社会学》，《华东师范大学学报》（哲学社会科学版）2015年第5期。
② "文化再生产"是对统治阶级的文化霸权的再生产，与社会结构的再生产紧密相接。
③ ［法］P. 布尔迪约、［法］J.-C. 帕斯隆：《再生产：一种教育系统理论的要点》，邢克超译，商务印书馆2002年版，第86页。
④ 同上书，第86—101页。
⑤ ［英］巴兹尔·伯恩斯坦：《社会阶级、语言与社会化》，载厉以贤《西方教育社会学文选》，（台北）五南图书出版公司1992年版，第462页。

即这些意思同环境联系密切,只有那些了解了最初产生这些言语的环境的人才能懂得。"① 伯恩斯坦把前者称为精致型编码(elaborated codes),后者称为限制型编码(restricted codes)。② 正是从不同阶级家庭语言结构编码的角度,伯恩斯坦揭示了劳工阶级家庭子女学业失败的根源。他认为,"家庭和学校之内的特定互动形式和过程可能用以传递阶级关系的文化再制"③,相比于劳动阶级家庭的"限制型编码",中产阶级家庭的"精致型编码"更有利于在学校教育中取得成功。④

语言类型很大程度上是在特定阶层家庭的生活实践和互动结构中生成的,这种互动当然就与家庭整体的教养方式密不可分。拉鲁(Annette Lareau)通过长期对美国不同阶层、种族家庭生活的观察和访谈,认为中产阶级"协同培养"(concerted cultivation)的教养方式相比于贫困工人阶级家庭教养孩子采取的"成就自然成长"(accomplishment of natural growth)的教养方式能够在很大程度上让孩子在学校生活中占据优势。她认为:

> 对工人阶级家庭和贫困家庭的父母来说,他们在家中教养孩子的逻辑和教育机构的标准是不同步的。其结果就是,采用协作培养策略的家长,他们的孩子看起来就获得了一种优越感;而像小比利、温迪和哈罗德这样的孩子,看起来他们就在他们的机构体验中得到了一种形成中的疏远感、不信任感和局促感。⑤

拉鲁的观点受到了布迪厄的诸多影响。她把自己总结的"协作培养"

---

① [英]巴兹尔·伯恩斯坦:《社会阶级、语言与社会化》,载厉以贤《西方教育社会学文选》,(台北)五南图书出版公司1992年版,第462页。
② 有学者将"restricted language code"翻译为局限性语言代码,将"elaborated language code"翻译为精制语言代码。参见吴永军《课程社会学》,南京师范大学出版社1999年版,第69页。也有学者将前者译为局限语码,后者译为复杂语码。参见[英]巴兹尔·伯恩斯坦《社会阶级、语言与社会化》,载厉以贤《西方教育社会学文选》,(台北)五南图书出版公司1992年版,第457—471页。
③ [英]巴兹尔·伯恩斯坦:《教育论述之结构化》,王瑞贤译,(台湾)巨流图书公司2006年版,第141页。
④ Basil Bernstein, "Linguistic Codes Hesitation Phenomena and Intelligence", *Language and Speech*, Vol. 5, 1962, pp. 31–45.
⑤ [美]安妮特·拉鲁:《不平等的童年》,宋爽、张旭译,北京大学出版社2018年版,第3页。

第二章　再生产与文化生产：一个述评

和"成就自然成长"看作"惯习的两个方面"①。尽管没有真正跳脱出布迪厄的理论框架，拉鲁的贡献也是不可替代的。她用极其丰富的细节展现了美国不同阶层的家庭生活，极具感染力和现场感。如果说布迪厄提供了一副理论骨架，拉鲁则将这一骨架填充上了血肉，使其更加丰满、生动、可信。正如她在附录中所写到的那样："布迪厄的著作为我们提供了一个结构性不平等的动态模型；它使得调研人员能够捕捉到文化再生产和社会再生产的'瞬间'。要了解这些瞬间的特性，调研人员就需要去审视资本所处的环境，去审视个体为激活自己的资本而付出的努力，审视他们激活资本时所使用的技能技巧，以及组织机构对被激活的资本所作出的反应。"②

虽然伯恩斯坦和拉鲁另辟蹊径，试图说明不同阶层的语言编码、教养方式造就了他们在学校教育中的不同处境。但与文化资本理论相似的是，相比于中上阶层，社会底层群体在语言编码方式和家庭教养方式上依然处于劣势。这样，底层子弟的学业失败不仅是因为经济上贫穷，更是一种整体生活方式上的贫穷，甚至可以直截了当地归因为文化贫穷。诸如文化贫穷之类的观点早已被用来解释不同种族学业成就获得的差异，并成为种族歧视正当性的佐证，再拿来解释不同阶层子弟学业成就获得的差异，就显得毫无新鲜感。不过，这里需要特别注意的是，伯恩斯坦和拉鲁无意中揭开了布迪厄文化资本理论一个潜在的理论缝隙。在布迪厄那里，尽管文化资本呈现出三种形态，但每一种形态的文化资本只有多和少的区分，是均质化存在于不同阶层的。但在伯恩斯坦和拉鲁那里，语言编码和教养方式则是以不同类型的方式存在于不同阶层。这就不免给我们留下一个疑问，各阶层都有自己的生活方式和相应的文化实践，如果不同阶层语言编码和教养方式不是同质的，文化资本是否也可能是不同质的呢？

在解释我国城乡教育差异时，有研究者就认为："城乡是两个不同的生活世界，城市人与乡下人处于两种不同的生存境遇中……使得农村家庭为儿童早期输送的文化资本远不如城市家庭。"③农家子弟当然缺少城市家庭所能输送给子女的文化资本，那么这是否意味着农村家庭的生活实践就

---

① [美]安妮特·拉鲁：《不平等的童年》，宋爽、张旭译，北京大学出版社2018年版，第414页。
② 同上书，第416—417页。
③ 余秀兰：《中国教育的城乡差异》，南京大学，博士学位论文，2002年，第223页。

无法向农家子弟传递适应学校生活的文化资本？这一疑问将会在之后对"读书的料"文化生产的探索中起到至关重要的作用。

## 第二节 文化生产的分析视野

鲍尔斯和金蒂斯的对应理论将教育视为经济结构的简单对应物，布迪厄则把教育系统视为统治阶级维护特权地位的帮凶。这些观点似乎洞察了教育的真相，但却将鲜活的社会能动者绑在阶层再制的十字架上，动弹不得。社会结构犹如雾霾天般笼罩着渺小的个体，让人不禁生出悲戚和无力之心。在这些强烈质疑学校教育的理论设想里，实实在在的学校日常生活反而消失了。当抽象概念漫天飞舞，真实的生活就变得卑微起来。

1977年，《学做工》横空出世，以行动者富有创造性的文化生产搅动了学术界对再生产宏大理论框架的理解。威利斯的提问方式——底层子弟为何"自甘如此"——把作为社会行动者的个体放在了更中心的位置，进而为社会再生产论题增加了一个抵制的维度。有研究者将保罗·威利斯、迈克尔·阿普尔（Michael Apple）和亨利·吉鲁（Henry Giroux）视为抵制理论的代表人物。[1]但在这三者之中，显然威利斯立足于民族志研究，真正意义上对学校生活中底层子弟的抵制进行了引人入胜的深描。

### 一 威利斯的思想特色

威利斯曾说："生活是一个实验室。民族志不是简单地描述，而是去捕获它。"[2]这种理解与威廉斯"文化与社会"一派有着紧密的联系，其分析视野也源自文化研究的理论脉络，聚焦的是被压制群体的符号和意义生产。

威利斯在1978年出版的《世俗文化》（*Profane Culture*）研究了一群摩

---

[1] 石艳：《再生产·抵制·拓殖——新马克思主义教育社会学的理论进展》，《外国教育研究》2010年第9期。

[2] Rock Paul, "Book Review: Profane Culture", *Sociology*, Vol. 12, No. 3, 1978, p. 606.

托车青年。他们通过改装摩托车,发出比寻常摩托车更大的轰鸣声,穿戴特定的服饰等彰显自我。① 威利斯认为,"处境不利和被压迫的群体,在缺乏物质条件的情况下,依然在资本主义社会中创造了一种表达他们需要和利益的文化","这种世俗的创造力通过摩托车、嗑药和音乐有意识或无意识地对抗传统社会并表达出这个社会的软弱和矛盾"②。而《学做工》的独特性正在于它基于学校生活的民族志深描,将"家伙们"的学校生活与走出学校之后的工厂生活以一种富有想象力的方式连接起来。《学做工》要解释的问题是学校似乎已经为"家伙们"提供了通过教育向上流动的通道,为什么他们却视而不见,甚至还生出种种抵制?

为了回答这一问题,威利斯对"家伙们"以抵制(resistance)为中心、富有创造性的文化生产进行了不惜笔墨的描绘。在《学做工》中,文化生产意指一套校园版工人阶级文化——反学校文化(counter-school culture)的生产,生产的主体则是一群工人阶级违规生。"家伙们"(the lads)是这群工人阶级违规生的自称,他们反学校制度、反教师权威、反做出不同选择的循规生,用书呆子或软耳朵③之类的称呼来嘲弄他们的被动、荒诞,总是服从而不行动。"家伙们"崇尚男子气概,创建和加入非正式群体,不断在学校生活中寻找生产刺激和乐趣的时间和空间。对于"家伙们"而言,学校只是一个关乎当下的游乐场,"循规"的机会成本是巨大的。为了得到所谓"更好的工作",要取得好成绩,而取得好成绩就得吃苦,牺牲玩乐时间、行动、参与和独立性,要变成娘娘腔、老师的应声虫,失去在非正式群体中的刺激和乐趣。威利斯在一次课上说,他的著作让"人们对'家伙们'有了比以往更多的尊重"④,"家伙们"俨然成了洞察阶级处境、反抗阶级压迫的斗士。正是借助于对这样一群工人子弟的研究,威利斯打开了"家伙们"文化生产的黑箱,打断了文化再生产理论的机械论链条。

---

① Paul Willis, *Profane Culture*, Princeton University Press, 2014.
② Peter M. Hall, "Book Review: Profane Culture", *Contemporary Sociology*, Vol. 8, No. 4, 1979, p. 632.
③ 软耳朵对应的英文为"ear'oles"。耳朵是人最不具备表现力的器官,只能对其他人的表达做出反应。因而"家伙们"将他们认为的"死气沉沉""顺从权威""毫无个性"的"循规生"比作"软耳朵"。
④ 威利斯2014年来北京师范大学任教,开设了教育人类学课程。我参与了2014—2015整个学年的教育人类学课程,并在第二学期担任了课程助教。

相比于鲍尔斯和金蒂斯作为经济学家把教育与社会结构特别是经济结构的再生产直接对应的视角，威利斯则"把自己放在了伯明翰当代文化研究中心更具解释性、人文性以及民族志传统的位置上"①。按照威利斯的说法，文化再生产理论奉行一种"过于简化式粗略的唯物主义观念"②。这或者认为，"在任一直接意义上，工业的劳动力需求都决定着劳动力的主观和文化构造"；或者认为："诸如学校之类的特定机构生产着——或者如果在某些方面运行得更好的话能够生产出——无阶级、标准化的劳动力组件。"③ 这种再生产理论将人看成傀儡、盲从者和僵尸，"过快地走向了一个过于简单的反面"——教育领域"自由主义期望的反面"。④ 相比于布迪厄为解释社会再生产的"黑箱"增加了一个文化的维度，威利斯则为解释这个黑箱增加了一个创造性的维度——文化生产。在《学做工》中，"家伙们"的文化生产，最终是与其阶级身份的再生产连在一起的。而这一切，都基于"家伙们"对学校生活及其背后隐藏的社会结构的"洞察"。正是这种文化洞察驱使他们生产了一整套反学校的校园版工人阶级文化，并最终成为新一代"自得其乐"的工人。

基于对"家伙们"文化生产的探索，威利斯对再生产理论提出了尖锐批评。整个文化生产理论的基点是如下假设：每个人都不是经济的傀儡，不是机器，而是进行着人类的意义生产（human meaning making⑤）。因此，威利斯在《学做工》中写道：

> 结构主义的再生产理论指出了主导意识形态（文化也被划归其中）是无法被洞察的。一切配合得太过巧妙。意识形态总是先在于所有批评，并先发制人。台球在平稳滑动的过程中是不会发出啪啪的撞击声的。所有具体的矛盾和冲突，在意识形态的一般性再生产功能中

---

① Nadine Dolby, Greg Dimitriadis, "Learning to labor in New Times: An Introduction", in Nadine Dolby, Greg Dimitriadis, E. Paul. (ed.), *Learning to Labor in New Times*, Routledge Falmer, 2004, p. 3.
② ［英］保罗·威利斯：《学做工：工人阶级子弟为何继承父业》，秘舒、凌旻华译，译林出版社2013年版，第217页。
③ Paul Willis, *Learning to Labor: How Working Class Kids Get Working Class Jobs*, Columbia University Press, 1981, p. 171.
④ Ibid., p. 205.
⑤ Paul Willis, *The Ethnographic Imagination*, Polity, 2000, Foreword, p. xiv.

第二章 再生产与文化生产：一个述评

消除了。但是本研究证明的结论恰恰相反，我更乐观地认为，在社会再生产和文化再生产之间，存在着根深蒂固的裂痕和巨大的张力：社会行动者不是意识形态的被动承载者，而是积极的占有者——通过斗争、争论、对结构进行部分洞察，实现对现存结构的再生产。①

威利斯的这一思想延续了威廉斯的文化研究传统，在他看来，文化"指称了物质化、符号化的模式以及相关的在情境中的人类实践，不能被缩减为一些东西的反射——个体心理学，'话语'或者经济。它是它自己"②。《学做工》所要传递的核心观点之一，即是"需要为理解日常生活的文化维度做出努力，人们是怎么度过他们发现置身其中的那些社会条件的"③。正是基于对"创造性"的偏爱，威利斯告诉我们，自由主义、人道主义以及整体上"偏左"的幻想和被压迫者的真实情况相差甚远。④ 同时，他也颠覆了自由主义假设的一个结果——"这是工人阶级子弟及他们的家庭的错"⑤。

这里，我们就明白威利斯为何将创造性和文化生产分别作为自己研究的出发点和理论核心了。文化生产理论相比于布迪厄的文化资本理论更偏重社会能动者的主动参与和创造性，它也与威利斯对一些马克思主义者的批判紧紧联系在一起。阿尔都塞曾这样描述意识形态对人的作用方式：

> 人们习惯上总是认为意识形态属于"意识"领域。……事实上，意识形态跟"意识"几乎没有任何关系。……意识形态事实上是一个

---

① [英]保罗·威利斯：《学做工：工人阶级子弟为何继承父业》，秘舒、凌旻华译，译林出版社2013年版，第225—226页。
② Nadine Dolby, Greg Dimitriadis, E. Paul (ed.), *Learning to Labor in New Times*, Routledge Falmer, 2004, p. 169.
③ Nadine Dolby, Greg Dimitriadis, "Learning to Labor in New Times: An Introduction", in Nadine Dolby, Greg Dimitriadis, E. Paul (ed.), *Learning to Labor in New Times*, Routledge Falmer, 2004, pp. 1–14.
④ Paul Willis, *Learning to Labor: How Working Class Kids Get Working Class Jobs*, Columbia University Press, 1981, p. 205.
⑤ [英]保罗·威利斯：《学做工：工人阶级子弟为何继承父业》，秘舒、凌旻华译，译林出版社2013年版，第261页。

## "读书的料"及其文化生产

表征体系,但是在大部分情形下,这些表征都与"意识"无关;它们通常是形象,偶尔是概念,但它们首先是强加给大部分人的结构——不是通过他们的"意识"。它们是被感知的、被接受的、遭受苦难的文化对象,它们有效地作用于人,其作用过程却被人们忽略。[1]

威利斯在《学做工》前言中直截了当地提出了对类似观点的批判。

> 马克思主义者认为意义来自于外界,是外界"添加"到他们的主观性之中的。我的看法基本和上述马克思主义观点截然相反。如果你愿意,意识形态也能反方向流动,被压制的主体和受压制的地位也能通过他们的文化形式享用认知上的资源,从而在意识形态上寻求异议,或者根据受压迫者的利益或视角、用某种不同的方式进行重新阐述。[2]

言下之意,统治者的霸权对于被统治的弱势阶层而言并非不透风的墙,被统治者也有自己的武器。这与斯科特(James C. Scott)在《弱者的武器》中对马来西亚贫困农民抵制富人的认知和行为有着思想方式上的一致。[3] 在最近的一篇文章中,威利斯说道:

> 在《学做工》的研究中,试图去理解"家伙们"和反学校文化,这些都被看作不好的和反社会的。我试图去解释那些文化与广泛的工人阶级的联系,并且,"家伙们"对待教育的态度是有道理的。我提出了文化生产的理论(a theory of cultural production),用来解释"家伙们"的世界,并把他们的世界和外界政治环境联系起来。"家伙们"是理性人,他们的行为是带着文化实践含义的,并且创造出意义,这些都是基于思想和物质条件的渗透。他们并不是敌人,而可能是民主

---

[1] 转引自[美]亨利·吉鲁《教育中的理论与抵制》(第2版),张斌等译,教育科学出版社2016年版,第86页。
[2] [英]保罗·威利斯:《学做工:工人阶级子弟为何继承父业》,秘舒、凌旻华译,译林出版社2013年版,第261页。
[3] 参见[美]詹姆斯·C. 斯科特《弱者的武器》,郑广怀、张敏等译,译林出版社2011年版。

## 第二章 再生产与文化生产:一个述评

社会制度的同盟。①

考夫曼认为威利斯的工作已经"成为理解工人阶级社会再生产过程的一个基准点"②,"用对文化过程角色的评价取代了高度决定论的社会再生产"③。再生产理论往往强调结构的制约作用,文化研究则强调社会行动者的能动性。威利斯创造性地以文化研究的理论脉络撬动了再生产理论的宏大解释框架,用不同于再生产理论的一种理论范式——文化生产——去解释学校教育与社会再生产之间的隐蔽关联,以此成就了自己的突破性地位。

## 二 "家伙们"的文化洞察

威利斯反对像主流理论那样把"家伙们"的命运归结为家庭或个人缺陷。在威利斯看来,这里"不存在一条连续下滑的能力曲线"④,而是基于一套反学校文化。这种"反学校文化最基本、最明显、最明确的方面",就是"对'权威'根深蒂固的个人化的反抗"。⑤ 这种文化由于反抗主流的权威结构及其"常规价值观"⑥,反抗由此制造的那样"一种对受抑青春期的厌腻和幽闭恐惧的感觉"⑦,在"短期至中期内为使'家伙们'顺利上岗"⑧ 创造了条件。因此,威利斯特别强调"在更大的工人阶级文化

---

① [英]保罗·威利斯:《两个瞬间》,《读书》2017年第2期。
② Peter Kaufman, "Learning to Not Labor: How Working-class Individuals Construct Middle-class Identities", *Sociological Quarterly*, Vol. 44, No. 3, 2003, p. 481.
③ Kathleen Lynch, *The Hidden Curriculum: Reproduction in Education, A Reappraisal*, The Falmer Press, 1989, p. 18.
④ [英]保罗·威利斯:《学做工:工人阶级子弟为何继承父业》,秘舒、凌旻华译,译林出版社2013年版,第21页。
⑤ Paul Willis, *Learning to Labor: How Working Class Kids Get Working Class Jobs*, Columbia University Press, 1981, p. 11.
⑥ [英]保罗·威利斯:《学做工:工人阶级子弟为何继承父业》,秘舒、凌旻华译,译林出版社2013年版,第15页。
⑦ Paul Willis, *Learning to Labor: How Working Class Kids Get Working Class Jobs*, Columbia University Press, 1981, p. 66.
⑧ [英]保罗·威利斯:《学做工:工人阶级子弟为何继承父业》,秘舒、凌旻华译,译林出版社2013年版,第141页。

背景下来理解"反学校文化"真正的本质和意义"①。

在威利斯的构想中,"洞察"是"家伙们"生产反学校文化的一个重要支点,"意在指称文化形式中的那些冲动,它们旨在揭示其成员的生存状态及其在社会整体中的位置,但是以一种并非自我中心的、本质主义的或个体主义的方式"②。在 2013 年的表述中,威利斯强调:"文化生产的文化实践,其功能在于洞察或'看透'他们的生存状态,从而从他们的角度决断出最有利的身份和行动,以及可提供的制约和条件。"③ 照此,洞察就是从现实生活的视角透视自己所属群体(或阶级)的生存状态及其在社会整体中的位置。按道理,这种看透应是一种刺破生活表象的理解,并导向生活的重建。

"家伙们"的"洞察"却主要集中在三个颇有争议的方面:(1)教育和文凭的虚幻性。在他们的文化中,知识绝不是一个有意义的"等价物",文凭和证书并非要提升人们的社会地位,而是为了维护那些早已居于社会结构顶端的人的优势地位。对"家伙们"而言,为了无阶级的虚幻理想放弃所有独立性和创造的可能,这是难以接受的。(2)劳动力价值的可变性。在反学校文化看来,劳动力在与资本讨价还价的过程中,表面上与工资建立起了等价关系,实际上其所创造的价值远远超过其价格。但也正因为劳动力是一个不可固定的可变量,个人自身可以至少在某种程度上控制其支出。(3)一般抽象劳动的无意义性。在资本主义的生产逻辑中,劳动的具体形式无关宏旨,产品的用途无关紧要,关键在利润。由于"时间就是金钱",企业总是借助各种管理手段(尤其是标准化),控制工人对一般抽象劳动的付出。仿佛是出于本能,反学校文化限制了经济生产可能对个体施加的贪得无厌的苛求,对工作的具体内容与形式,以及按部就班的工作模式,都持有一种近乎漠不关心的态度。④

究竟这些是"家伙们"还是威利斯的洞察?如果只是威利斯的洞察,

---

① [英]保罗·威利斯:《学做工:工人阶级子弟为何继承父业》,秘舒、凌旻华译,译林出版社 2013 年版,第 67 页。
② 此处为本书作者翻译,与中文译本(第 152 页)有所差异。参见 Paul Willis, *Learning to Labor: How Working Class Kids Get Working Class Jobs*, Columbia University Press, 1981, p. 119。
③ [英]保罗·威利斯:《学做工:工人阶级子弟为何继承父业》,秘舒、凌旻华译,译林出版社 2013 年版,中文版前言第 2—3 页。
④ 同上书,第 164—183 页。

那么这里可能要再现马克思对黑格尔的经典批评:"将逻辑的事物当成事物的逻辑。"① 但威利斯坚信,"家伙们"的这些文化洞察在某种程度上是真实的,而他自己也自然认可这样一些文化"洞察"。

在他们看来,现实生活中存在着一个常见的教育误区,即教育可以创造机会,向上流动从根本上来说是个人努力的结果,文凭提供了成功的良机。事实上,唯有经济增长才能创造向上流动的机会,而且这种机会只对工人阶级中的少数人开放。这样,文凭向其工人阶级持有者所允诺的工作特性,从一开始就是虚幻的。制造业中的绝大多数工作基本上都是无意义的,它们从未像今天这样趋于标准化和形式化,对在职者的技术和培训几乎没有任何要求,不会为他们的内在满足提供实现的机会。制度化的知识和文凭的重要性并不在于技术或人本主义的进步,而在于社会排斥。由此,反学校文化对个体逻辑和群体逻辑之间的差异,及它们在现代社会中意识形态混乱的实质进行了洞察。这一文化洞察的核心就是,阶级或群体利益的逻辑是有别于个体利益的逻辑的,"工人阶级获得再多的文凭,也不能开创一个无阶级的社会"②。一些工人阶级子弟的确实现了向上流动。然而,对于整个阶级或群体而言,这种流动毫无意义。无论其成员个体的位置如何改变,工人阶级就是处在这个层级梯度的底部,否则意味着整个阶级社会被摧毁。③

因此,在威利斯看来,"家伙们"向体力劳动低头,不是受到了堕落文化的影响因而产生了对某种"绝对的不连贯"的体验,也不是既定的意识形态让他们因此分享一种"返祖的纯真",他们借此展开的乃是对自我的重组,这种自我关联着未来。④ 他们拒绝为了在工作中求得内在满足而动用一部分自我。这就好像剥离一部分自我,以更好地把握自我的其他部分。工作和对工作的期望被抑制、限制和最小化……缩减工作的内在要求意味着可以用独立、世俗的方法发展、颂扬自己的能力,而不用受制于责

---

① [法]布尔迪厄、[美]华康德:《反思社会学导引》,李猛、李康译,商务印书馆2015年版,第153页。
② [英]保罗·威利斯:《学做工:工人阶级子弟为何继承父业》,秘舒、凌旻华译,译林出版社2013年版,第167页。
③ 同上书,166—171页。
④ 此处概括来自英文版,参见 Paul Willis, *Learning to Labor: How Working Class Kids Get Working Class Jobs*, Columbia University Press, 1981, p. 172。

任和新教伦理。① 这样,"家伙们"不但试图表达一种对学校权威与"循规者"的抗拒,而且最终形成了一套既颇具自信又能自我保护的文化特质:苦中作乐、吃苦耐劳、男性气质、幽默感、重实践而轻理论。② 这种文化生产虽然创造了一种从未有过的"消费文化",使"家伙们"得以限制经济生产可能对个体施加的贪得无厌的苛求,但这一切皆以他们自身阶级身份的再生产为前提。男性气概与脑力劳动的关联被否定,注定了这种反学校文化终将底层子弟引向阶级复制的命运。

## 三 两个相互冲突的理论抱负

对"循规者"的忽略,暴露出威利斯两个相互冲突的理论抱负:既想要解释"自甘如此""子承父业"的再生产结局,又想要探讨作为核心的文化生产问题。

相比于"家伙们"总要弄出一点花样,找一些乐子,捉弄一下同学老师,肆意表达自我,作为陪衬的"循规者"们的确显得"无趣"得多。威利斯认为,"学校里循规生的文化多多少少接近于那些理想的模范学生的文化"③,循规者"认同教育的正式目标,支持学校制度……放弃了自己找'乐子'的权利"④。在"循规者"的映衬下,"家伙们"的文化生产展露无遗。威利斯确实借此达成了他的理论抱负,但也同时暴露了一个致命的弱点。为了彰显"家伙们"的创造性,威利斯既忽略了中产阶级子弟的创造性,认为他们是被"成全"的,又忽略了工人阶级"循规者"的创造性,直接由"家伙们"的洞察和文化生产推论到整个工人阶级的洞察与文化生产。

对威利斯来说,承认文化生产最终导致文化再生产并不存在什么困难,反而更好地昭示了一种"抵制的辩证法":通过相关行动者积极主动的参与,社会关系的再生产才会发挥作用。威利斯自己也明确认为,

---

① Paul Willis, *Learning to Labor: How Working Class Kids Get Working Class Jobs*, Columbia University Press, 1981, p. 102.
② [英]保罗·威利斯:《学做工:工人阶级子弟为何继承父业》,秘舒、凌旻华译,译林出版社2013年版,第13—66、114—148、164—183、222页。相关概括还认真对照了英文原文。
③ 同上书,第265页。
④ 同上书,第17页。

"承认决定论并不意味着排斥创造力"①。"在资本主义社会中,文化和各种文化形式的精髓就在于它们对各类社会关系的再生产所做出的贡献,而这种社会再生产多是创造性的、不确定的和富于张力的。"② 这被学界认为是威利斯最大的学术突破。但一种文化生产竟然导致了文化再生产,这显然只能是一种特定意义上的文化生产,绝不可能是其唯一类型。一旦我们忽视了"循规者"本身的文化生产,将"家伙们"之外的群体或个人都看成"书呆子",要看见真正的"文化生产"就变得十分困难了。

威利斯也承认"家伙们"的洞察只是"部分洞察"③,似乎暗示存在某种更为理性的洞察的可能性。然而,威利斯并没有因此否定上述洞察本身,只是强调这种文化洞察"在不经意间被一系列复杂过程限制、扭曲、拦阻"④,"缺少具有变革能力的政治活动"⑤,而这最终又被认为"在一定程度上是从内部被打乱的"⑥。在威利斯看来,"同时存在的那些扭曲、限制和神秘化的力量将这种纯粹逻辑分解成一种部分的逻辑。"由于存在着深奥的、基本的、使人混乱的分工,这一切又都基于"家伙们"已有的文化体系,文化洞察受到了抑制和破坏,无法实现其全部潜力或政治表达,最后只能屈从于才能的部分发挥。其中最重要的结构性限制有劳动分工、性别分工和种族分工。这样,对他们而言,成为"善于动手的人",就意味着不能成为"善于动脑的人"。养成某种男性气概,就意味着支持其特有的性别歧视。形成白人工人阶级的自我优越感,就意味着对从外国移入的族群产生某种种族歧视。因而说到底,赢得某种团结,就意味着失去某种更深层的结构性联合。而且在这些分工之间,还存在一种更为复杂的融合,它们彼此之间是相互交叉与相互关联的。"家伙们"将自己偏爱的性别分工覆盖于脑力劳动与体力劳动的分工之上,从而带来了对体力劳动的

---

① [英]保罗·威利斯:《学做工:工人阶级子弟为何继承父业》,秘舒、凌旻华译,译林出版社2013年版,第153页。
② 同上书,第222页。
③ 同上书,第152页。
④ 同上书,第4页。
⑤ 同上书,第184页。
⑥ 同上。

肯定，也导致他们自身缺少实现目标的能力。① 这样一来，更通透洞察（如果有的话）的可能性之路刚打开就又被堵上了。

就这样，工人阶级不但不是资本主义的掘墓人，反倒成了它自己的掘墓人。如果文化生产本身只是一个中介，经济结构对人的直接决定作用在此只是被替换成"宏观决定因素需要通过文化环境才能从根本上实现自我的再生产"②，文化本身的独立性何在？在威利斯看来，工人阶级文化最终孕育了限制资本主义贪得无厌的苛求的通俗文化或消费文化。但这又有赖于工人阶级子弟的自我诅咒，因而势必反过来强化原有的阶级关系，导致中产阶级得势，刚好又正中资本主义经济"下怀"。正是在这里，威利斯发展出了一套"辩证"的理论：一种"真正的学习、肯定、理解和反抗形式"，一种对工人阶级的生存状态真正具有决定性的条件的部分洞察，一套"显然要比那些由学校和各种政府机构提供的有关他们现实的诸官方版本都要高明"的认识，不可避免地伴随一种"自我诅咒"，"使部分工人阶级子弟最为有效地为他们劳动力的体力支出做准备"。③

现在看来，像威利斯那样强调洞察，依然是在强调客观约束的必然性。这样，洞察与文化生产就不可能是严丝合缝的一个整体。由洞察引发的对社会结构的反抗，不再以改造既定的社会关系结构为目标，只是以文本符号做象征性表达。但威利斯显然又不愿将文化生产做这种客观化的理解。在他用作卷首语的马克思的经典表述中，我们可以触摸到他的意图的另一面。他说：

> 个人在没有创造出他们自身的社会关系之前，根本无从驾驭这些关系。不过，倘若把这种关系看成单纯的客观关联，看成是自然而然的、与个体本质（与他们有意识的认知和意愿相独立的个性）不可分割的，而且是个体固有的关联，那就大错特错了。它是个体的产物。它是历史的产物。它属于个体发展的特定阶段。它所表现出来的与个体对立的异己性和独立性，只是表明：个体仍在致力于为他们的社会

---

① [英] 保罗·威利斯：《学做工：工人阶级子弟为何继承父业》，秘舒、凌旻华译，译林出版社2013年版，第185—201页。
② 同上书，第221页。
③ Paul Willis, *Learning to Labor: How Working Class Kids Get Working Class Jobs*, Columbia University Press, 1981, p. 3.

## 第二章 再生产与文化生产：一个述评

生活创造条件，他们甚至还没从这些条件出发开始他们的社会生活。……全面发展的个人……不是自然的产物，而是历史的产物。①

但是，这样一种意识在他的整个论述中都没有得到清晰的表述，而且威利斯不是直接否定"家伙们"的核心洞察，而是强调这些洞察背后的社会制约导致它们不能导向真正的社会变革。他一再强调，反学校文化洞察了个体逻辑和群体逻辑之间的差异。正是在这里，暴露了威利斯文化生产理论的致命缺陷。他把工人阶级本身的持续存在看成这个社会阶级固化的证据，混淆了社会分层体系与社会阶级关系之间的区分。从社会分层的角度来看，工人阶级确实处于社会底端，而且还将持续存在。但从社会阶级关系来看，这个阶级的很多成员和整个社会的关系从来都不是固定不变的。教育从来不是——也从来不会满足于——创建一个阶级固化的社会。否定教育的作用，否定教育本身是一种文化生产，只能从根本上导致阶级复制。文化生产理论批判传统经济和文化再生产理论缺乏对人的创造性和主动性的考察，但在这种文化生产的理论创见究竟在哪？如果只是工人阶级子弟被驱赶进了沼泽或者他们自己主动走进了沼泽的区别，那么这种无法让命运发生改变的创造性、洞察和文化生产就着实让人心有不甘了。

在文化生产的分析视野里，带着"醉了酒一样的知识能量"②的威利斯确实书写了"家伙们"的创造性。但无论是"家伙们"的文化还是这种文化背后影子般的工人阶级文化仍然被视为一种客观化、与中产阶级文化不相容、注定被学校文化排斥的形态。虽然那些底层子女并非只是被动等待被淘汰和边缘化的命运，而是进行主动的文化生产，但结局又那么相似。最终对于底层子女来说，学校只是一个让他们逐步接受自己的命运、失去向上流动期望的机构。就这样，基于"创造性"的这种文化生产只是让我们感受到更深层次的愁烦，感受到社会行动者的无奈、无助。威利斯开创了"同源理论"（homology）③，即证实"反学校文化"与工人阶级厂房文化（shopfloor culture）的一致性。同时，他又驳斥了再生产理论，证实了"学校是通过其他社会场所的矛盾和差异来发挥作用的，而不是通过

---

① ［英］保罗·威利斯：《学做工：工人阶级子弟为何继承父业》，秘舒、凌旻华译，译林出版社2013年版，卷首语第21页。
② ［英］保罗·威利斯：《两个瞬间》，吕途译，《读书》2017年第2期。
③ 同上。

反映、对应、相似性或者其他什么东西"①。简而言之，学校与工人阶级家庭、厂房文化的差异是工人阶级子弟进行文化生产、主动子承父业的制度、文化和阶级背景。在这样的背景下，"家伙们"创造了与工人阶级厂房文化具有内在同质性的反学校文化，主动地子承父业。"家伙们"主动的文化生产和他们子承父业的结局之间形成了一种诡异的反讽，"反学校文化的胜利色彩在把工人阶级子弟送进紧闭的工厂大门时就戛然而止"②。这种文化生产的胜利所带来的绚烂最终褪色为工厂大门紧紧关闭后的失落。

保罗·弗莱雷（Paulo Freire）曾这样说道："生活在这个世界，却要避免受到各种各样的诱惑，如过高地评价主观性以至于损害了客观性，或者过高地评价客观性以至于忽略了主观性。"③ 文化生产理论与文化再生产理论的核心分歧显然在于对创造性的认识，或者从根本上说是对行动与结构、个人与社会，或者布迪厄所称的"客观主义"与主观主义有不同的倾向性。但在分歧之外，我们还应看到文化生产理论与文化再生产理论的内在一致性比我们想象得要大得多。文化生产理论不仅无法"使人们意识到改变自己的世界"④，还让人们感觉到即便行动也无法改变自己的世界，它与文化再生产理论看似殊途，最终却同归于此。

## 第三节 农家子弟的学业与命运分化

在厘清再生产与文化生产理论的发展脉络之后，我们有必要回到中国情境，探索农家子弟的学业成就获得与命运分化。严骏夫基于河南省调查数据对农村初中生教育期望的研究，证实"农村初中生内部存在'低教育

---

① ［英］保罗·威利斯：《学做工：工人阶级子弟为何继承父业》，秘舒、凌旻华译，译林出版社2013年版，第264页。
② 同上书，第140页。
③ ［美］亨利·吉鲁：《教育中的理论与抵制》（第2版），张斌等译，教育科学出版社2016年版，序第2页。
④ ［英］迈克尔·F.D.杨：《课程变迁：局限与可能》，载厉以贤主编《西方教育社会学文选》，（台北）五南图书出版公司1992年版，第727页。

期待、低教育预期'和'高教育期待、高教育预期'并行不悖的情形"①。威利斯在一篇文章中也指出,"虽然各阶层的学生都在通过教育走向城市,但中下层学生会分化为两类群体——走高考这条路的学生（G-Router）以及不走高考这条路的学生（Non-G-router）"②。也就是说,农村青少年的学业表现会分化为两类情况。多数初中毕业选择外出打工或者职业技术学校,早早地完成或预演了阶级再生产。③ 另一些农家子弟则志在通过教育改变命运,通过中考进入县市重点高中就读。而"重点中学无疑是中国精英大学的主要生源输送基地"④,进入重点中学就保有了自己接受高等教育、实现阶级跨越的可能。

目前国内关注底层子弟文化生产的研究者将注意力主要定格在第一类,也就是取得低学业成就、很可能子承父业的多数农家子弟。当然,也有对取得高学业成就的农家子弟的相关研究,但在这些研究里,文化生产的分析视野却被束之高阁。

## 一　子承父业的农家子弟

熊易寒通过对上海公办学校与农民工子弟学校两种不同制度环境农民子女学校生活的研究发现:"就读于公办学校的农民工子女,其成长的过程存在显著的'天花板效应',一方面认同主流价值观,渴望向上流动,另一方面则制度性地自我放弃。而农民工子弟学校则盛行'反学校文化',通过否定学校的价值系统,蔑视校方和教师的权威而获得独立和自尊,同时心甘情愿地提前进入次级劳动力市场,加速了阶级再生产的进程。"⑤ 熊

---

① 严骏夫:《文化生产视域下农村初中生教育期望研究》,华东理工大学,硕士学位论文,2014年。
② Paul Willis, "The Country and The City and The School in China",《"生活新样态:教育观察与文化研究"国际研讨会论文集》（上）,2016年。
③ 李春玲的研究表明:中等教育的城乡不平等是教育分层的关键所在,初中升入高级中等教育阶段的城乡机会不平等持续扩大,这是导致农村子弟上大学相对机会下降的源头。参见李春玲《教育不平等的年代变化趋势（1940—2010）——对城乡教育机会不平等的再考察》,《社会学研究》2014年第2期。
④ 梁晨、李中清等:《无声的革命:北京大学与苏州大学学生社会来源研究》,《中国社会科学》2012年第1期。
⑤ 熊易寒:《底层、学校与阶级再生产》,《开放时代》2010年第1期。

春文等以同辈群体的义气为分析核心，认为："农民工子弟并不是一个同质的社会群体，共同一致地发出种种反学校行为……他们的反学校行为乃至所有的学校行为主要依托于众多的同辈群体。""主导这些群体精神的是一种突出的'义气'文化。"① 在另一篇文章中，熊春文等还指出农民工子弟学校存在一种"混日子"的就学文化。② 史秋霞、王毅杰则认为，"在边缘且弱势的生活境遇之下，一些成绩较差、中考无望的农民工子女形成了娱乐与抵制并存的'反学校'生存逻辑"③。

以上研究者大都认为，一部分农民工子女和"家伙们"一样，在学校中生产了一种反学校文化，从而落入了阶级再生产的循环。周潇则提出了不同的观点。通过对北京一所打工子弟小学的田野调查，他发现"在农民工子弟盛行着《学做工》中所描述的工人阶级'小子'的反学校文化，但是由于制度安排与社会条件的差异，'子弟'与'小子'的反学校文化却是形似质异的"④。农家子弟的反抗更多的是一种自我放弃的表达形式，而非对支配秩序的洞察与抗争。子弟们虽然"拒绝学习"和在课堂上"找乐子"，但是他们"并非真正反抗知识和文凭的价值"。不同于"小子"把"在体力劳动中寻找意义"，把"父辈看作具有男子气概的人"，子弟则"极尽所能地逃离"父辈的价值观和生活方式。

李涛则在其博士学位论文《底层社会与教育——一个中国西部农业县的底层教育真相》中认为周潇所描述的"北京子弟们显然没有达成'洞察'或者是'部分洞察'……而云乡的少年们则显然具有'部分洞察'的痕迹"。他们轻视教师，成立兄弟会，反抗学校的制度化时间等都是在嘲讽在一个底层社会结构日趋固化的社会中文凭与知识的无用。⑤ 少年们认为：

---

① 熊春文、史晓晰、王毅：《义的双重体验——农民工子弟的群体文化及其社会意义》，《北京大学教育评论》2013年第1期。
② 熊春文、王毅、折曦：《"混日子"：对农民工子弟就学文化的一种理解》，《南京工业大学学报》（社会科学版）2014年第2期。
③ 史秋霞、王毅杰：《片面洞察下的"反学校"生存——关于教育与阶层再生产的探讨》，《华东师范大学》（教育科学版）2015年第3期。
④ 周潇：《反学校文化与阶级再生产："小子"与"子弟"之比较》，《社会》2011年第5期。
⑤ 李涛：《底层社会与教育——一个中国西部农业县的底层教育真相》，东北师范大学，博士学位论文，2014年。

如果文凭和知识有效,那为什么他们的老师们每天的日收入还不如他们那些没有文凭和知识的父辈和邻里呢?为什么村落中大家公认的榜样不是读书好而考上大学的孩子,反而是那些没有考上大学、甚至没有读高中就早早在外边赚钱的孩子呢?那些考上大学,甚至名牌大学的孩子也不过是毕业后回家里帮父母在小卖部干活而已,还浪费那么多钱和时间。为什么那些乡校中循规蹈矩的好学生后来大多数都发展很一般,而调皮捣蛋的差学生很多后来却发展得很不错呢?最后好学生还得给差学生打工去。①

上述质疑知识和文凭的话语②被用来推断云乡少年真的生出了某种类似"the lads"样式的洞察,或者至少具有"部分洞察的痕迹"。③ 但作者也发现,云乡少年们的话语和行为表达"充满了模糊性",无一例外地在问卷中表达了对"读书有用"的认同。④ 最终,作者还是断定北京子弟是"被迫放弃",云乡少年则是通过"主动放弃"加速着底层的再生产。⑤

## 二 反学校文化的迷思

城市农民工子弟学校和农村学校都广泛存在"违规生",但这种种违规行为算得上是"反学校文化"(counter-school culture)吗?黄鸿文在一篇文章中雄辩地说明了与抗拒相关的误读,他认为,许多违规都被等同于抗拒,但实际上哪里有压迫哪里就有反抗。在文章最后,他提醒研究者注意在学生抗拒的研究中,可以问几个反向思考的问题:

(一)违规行为一定是抗拒吗?
(二)没有违规的行为一定不是抗拒吗?

---

① 李涛:《底层社会与教育——一个中国西部农业县的底层教育真相》,东北师范大学,博士学位论文,2014年,第131页。
② 尽管作者在文中使用引号来标注了这些话语,但从这些话语的表述形式来看,并不像是少年们日常的话语表达,很可能呈现的是作者本人的归纳概括。
③ 李涛:《底层社会与教育——一个中国西部农业县的底层教育真相》,东北师范大学,博士学位论文,2014年。
④ 同上。
⑤ 同上。

（三）除了抗拒理论，有没有其他理论或议题亦能诠释资料？
（四）弱势群体是否一定会抗拒？
（五）支配群体是否都不会抗拒？①

学校制度由一整套显规则和潜规则组成，这些规则的制定有着特定的意图。一些规则着力于督促学生充分利用时间，以便在考试中取得高分。另一些规则着力于制造学生与教师之间的区隔，维持教师和学校管理者的权威。"家伙们"的种种抵制表面上看是反抗制度化的时间安排，寻求刺激和找乐子，实际上也是在反抗所有规则所指向的"那个意图"。当那个意图不再与他们有关，学校也就成了监狱，成了与他们的未来难以产生关联的地方。贝克尔（Howard S. Becker）在《局外人》（Outsiders）中曾尖锐地提出了一个问题："谁的规则？"（Whose Rules?）② 学生一旦与学校规则的整体意图产生疏离，就会发出这样的疑问：这是谁的规则？为什么还要服从这一套与我无关的规则？当发出这种质疑时，学校对他们而言就不再是一个以学习为中心的场所。如"家伙们"中的珀克所言，"每个人都想在学校里成为强硬的人，每个人都想让别人尊敬他，'他是个硬汉'"③。一旦身处这样的文化情境，学生就很容易变成违规生。

王伟剑基于对南镇和北镇中学的民族志观察，认为看似反学校的行为并非富有"抵抗"意涵，实则是"不指向抵制的行动"，④ 在他看来，认为知识无用、鄙夷教师微薄工资的农家子弟，实际上与"家伙们"的洞察相距甚远。他们虽然崇尚男子气概，却并不反对脑力劳动。相反，他们还厌恶繁重的体力劳动。因此，他们鄙夷教师工资低，也有更多实用主义的色彩。更重要的是，这些言语和行为不仅不是学校文化认可的，也不是村庄主流文化所认可的。安德鲁·吉普尼斯（Andrew Kipnis）也曾这样写道：

---

① 黄鸿文：《抗拒乎？拒绝乎？偏差乎？学生文化研究中抗拒概念之误用与澄清》，《教育研究辑刊》2011年第3期。
② Howard S. Becker, *Outsiders*: *Studies in The Sociology of Deviance*, Free Press of Glencoe, 1963.
③ [英] 保罗·威利斯：《学做工：工人阶级子弟为何继承父业》，秘舒、凌旻华译，译林出版社2013年版，第198页。
④ 王伟剑：《不指向抵制的行动：从身份角度理解农村初中学生的学校表现》，北京师范大学，硕士学位论文，2016年。

## 第二章 再生产与文化生产:一个述评

> 基于我自己对中国的研究,几乎没有像是反文化……我看到和读到的那些冲突、学生对教育权威的抵制甚至对整个教育体制的批判,这些都不是反文化,甚至不是亚文化。……对抗教师,不按学校制度来,对考试制度的批判等等并不包括对"学校在更广阔社会中再生产不平等的角色"的批判。①

周潇在另一篇文章中通过大量田野调查发现,当从学校进入工厂后,中国少年们不再面对"即使强硬也多少会有一些人情味的学校老师",而是要面对严密和冰冷的工厂控制,他们并没有像英国"家伙们"那样如鱼得水,而是受困于"个性的张扬与整齐划一的工厂体制","消费主义影响下对物质享受的追求与低工资、高强度工作",以及"期待与现实"之间的张力。②

相比于西方相对稳定的阶层结构,在急剧变革的中国社会,农民和农民工的阶级处境在不断变化。"往上追三代,谁没拿过锄头?"谁是中产阶级都是一个争论不休的问题。③ 如若农民或农民工作为整体的阶级意识尚未形成,其子女又如何能生发出对阶级处境的清晰洞察呢?在威利斯的描述里,相比于循规生,"家伙们"依赖反学校文化更能适应工厂生活。但那是20世纪70年代的英国工厂,远不是如今的农家子弟在初中毕业后辍学或者上职业学校之后所要面对的工作情境。

威利斯的《学做工》提出"同源理论"(homology),认为"反学校文化"与工人阶级厂房文化(shopfloor culture)具有内在一致性。④ 但农家子弟创造的"反学校文化"并不一定就与农民或者农民工信服的文化相契合。这里熊易寒的观点值得重视:

> 反学校文化并不是一套独立的文化。正如我们颠倒一件事物并不会改变事物本质一样。对学校意识形态的"逆反心理",使农民工子女倾向于对某些既有意识形态作简单的否定。与其说他们创造出独立

---

① Andrew B. Kipnis, "Articulating School Countercultures", *Anthropology & Education Quarterly*, Vol. 32, No. 4, 2001, pp. 472–492.
② 周潇:《从学校到工厂:中等职业教育与农二代的社会流动》,《青年研究》2015年第5期。
③ 李春玲:《如何定义中国中产阶级:划分中国中产阶级的三个标准》,《学海》2013年第3期。
④ [英]保罗·威利斯:《两个瞬间》,吕途译,《读书》2017年第2期。

于学校意识形态的底层文化，不如说他们创造了一个学校意识形态的简单对立物，即在学校提供的符号面前加一个"负号"。因此，反学校文化并不构成对阶级再生产的挑战。毋宁说，反学校文化是农民工子女对阶级再生产的一种反应。①

也就是说，违规很可能只是对学业失败的一种反应，而不是其原因。这样来看，引入"反学校文化"的视角理解底层子弟在学校中的种种违规行为是远远不够的。就算"拿来"，也总需要"辨别"。② 即便说他们生产了某种"反学校文化"，这种"反学校文化"与他们走出校门之后的工厂文化之间也并没有《学做工》中所描述的那种强关联。

说到底，研究违规行为不能忽视行动者所处的时代。城市中产阶级父母对教育资源的角逐与农村地区"读书无用论"的盛行同时组构了当下的中国社会。李三达曾将"读书无用论"比作有两副面孔的"雅努斯"③，对于下层的问题学生它是桎梏人生的枷锁，对于上层的纨绔子弟，它只是一句"人不轻狂枉少年"。④ 李涛在其博士学位论文中所描述的农家子弟种种违规行为背后隐藏着现实考量。"单位制的解体、就业方式的改变、流动人口政策变迁以及乡校撤并"等因素都促成了教育成本增加而预期收益减少。⑤ 而伴随着城乡经济社会发展和教育资源的差异持续扩大，农村家庭缺乏投资子女接受优质教育的能力，"不断固化的社会结构也降低了他们对子女社会流动机会的预期"，认为"读书无望"⑥ 无力择校被留在乡村或只能在软硬件设施均弱于城市学校就读的农家子弟，他们看不到太多升入重点大学、找到好工作的希望，身边倒是有不少考上大学却找不到工作

---

① 熊易寒：《底层、学校与阶级再生产》，《开放时代》2010 年第 1 期。
② 鲁迅：《拿来主义》，四川人民出版社 2017 年版，第 211—213 页。
③ 雅努斯（Janus）是罗马人的门神，也是罗马人的保护神。传说中，雅努斯有两副面孔：一个在前，一个在脑后；一副看着过去，一副看着未来。
④ 李三达：《阶级秩序的再生产——兼评两种读书无用论》，《读书》2014 年第 3 期。
⑤ 李涛、邬志辉：《乡土中国中的新"读书无用论"——基于社会分层视角下的雍村调查》，《探索与争鸣》2015 年第 6 期。
⑥ 谢爱磊：《"读书无用"还是"读书无望"——对农村底层居民教育观念的再认识》，《北京大学教育评论》2017 年第 3 期。

的例子，因而觉得"读书无用"或"考不上好大学还不如不上"。[1] 与其说他们在生产"反学校文化"，不如说他们基于自身处境选择了一种更可期许的未来。因此，不能简单地将农家子弟的低学业成就视为文化生产特别是生产反学校文化的结果。

## 三 "循规者"文化生产的蛛丝马迹

尽管有这样那样的分殊，以上研究者的理论志趣还是与威利斯一脉相承，试图在农民工子女为何子承父业这一有关阶级再生产的宏大论题下加一把"能动性"的柴火，即把注意力从城乡差异、教育资源不均衡等外部解释转向社会行动者的创造性和能动性上。"循规者"在研究者的视野里依然只是陪衬，他们的文化生产线索也并不明晰。但对违规者的研究也必然会涉及对"循规者"的研究，也必然透露出了循规背后隐藏的文化和意义世界。循规看似是对规则的遵循，但并不等同于对规则彻头彻尾的服从，不需要行动者的意志和创造性。"循规者"要想在班级中达成自己的意图，也需要运用相关策略。这些在现有研究中也或多或少有所涉及。

熊春文等借鉴威利斯的研究进路，描述了农民工子弟学校学生群体以"义"为核心的同辈群体文化。[2] 这种文化与威利斯描述的"家伙们"对于"告密者"的厌恶有着某种共通之处。熊春文等还在昌平 JH 中学特别关注了两个循规者——吴可和鞠学赢。吴可虽然有对于升学的渴望，但从老家转学到打工子弟学校之后深切感受到"好孩子在学校混不开，坏孩子在家里混不开"，采取了"适应但不同化"的策略，在学校像大姐大一样融入姐妹群体，回到家还是那个努力学习、获得父母认可的吴可。[3] 鞠学赢希望"通过正式体制向上流动"，因而在班级里"安安稳稳""敬而远之""闲事莫管"，被"主流"的违规者群体边缘化，但也得以自保。[4]

在另一篇文章里，熊春文等通过对一个由"循规者"转为"违规者"

---

[1] 闫晓庆：《教育与社会变迁下的新工人及其家庭——基于山东 T 镇的田野考察》，北京师范大学，博士学位论文，2016 年。
[2] 熊春文、史晓晰、王毅：《义的双重体验——农民工子弟的群体文化及其社会意义》，《北京大学教育评论》2013 年第 1 期。
[3] 同上。
[4] 同上。

的女孩的个案研究,展现了从"制度性自我选择"到"制度性自我放弃"的过程。文中认为,"学校往往包含着制度性自我选择与制度性自我放弃的双重奏,而不是某种单一的文化"①。农家子弟从"循规者"向"违规者"的转变说明了他们求学道路的脆弱性。事实上,这两个群体的边界也并不是泾渭分明的,现实中的"家伙们"也会表现出循规的那一面,"循规者"也会存在某些反学校文化的特征。胡雪龙在论文中提到,自己访谈的农家子弟尽管已经步入精英大学,但不乏自陈"很早就厌学"或"压根就是厌倦学习的人",还有人"无数次地在宿舍里对他们(指教师)大加批判"。②

相比于"家伙们","循规者"虽然是"乖"学生,但他们并非真的就只是一些"小绵羊"。事实上,他们尽管遵循教师权威和学校制度,也会对学校制度、教师权威生出带有批判性的洞察。黄鸿文曾富有洞察力地指出,许多人都误用了抗拒(resistence)这个概念:"既然压迫隐藏于日常生活之中,某些类型的抗拒又何尝不是。……要特别注意的是,翘课、打架、搞笑等违规行为并不必然是抗拒,努力读书、遵守校规也不一定是非抗拒。"③ 黄鸿文还在 Solorzano 和 Bernal 对抗拒分类④的基础上,结合 Merton 偏差理论,提出了形式主义、撤退、直接冲突和暂时蛰伏四种抗拒分类。Ogbu 和 Fordham 的研究也发现,黑人虽深知种族歧视,依然认为必须先遵循白人主流社会的体制,在"学做白人"(acting white)的群体压力下勤奋读书。⑤

对"循规者"文化生产的研究虽然才刚刚起步,但上面的探索至少说明出身底层的"循规者"并非没有反抗,没有"惊人之作"。况且如果说缺乏反抗就没有文化生产,那就太过狭隘。没有人可以完全继承或遵循一

---

① 熊春文、刘慧娟:《制度性自我选择与自我放弃的历程——对农民工子弟学校文化的个案研究》,《北京大学教育评论》2014 年第 4 期。
② 胡雪龙:《主动在场的本分人》,北京师范大学,学士学位论文,2015 年。
③ 黄鸿文:《抗拒乎?拒绝乎?偏差乎?学生文化研究中抗拒概念之误用与澄清》,《教育研究辑刊》2011 年第 3 期。
④ Solorzano 和 Bernal 依据受压迫者是否批判社会不平等、是否追求社会正义,区别出四种不同类型的抗拒:回应的行为(reactional behavior)、自寻失败的抗拒(self-defeated resistance)、转化的抗拒(transformational resistance)以及顺从的抗拒(conformist resistance)。参见黄鸿文《抗拒乎?拒绝乎?偏差乎?学生文化研究中抗拒概念之误用与澄清》,《教育研究辑刊》2011 年第 3 期。
⑤ 黄鸿文:《抗拒乎?拒绝乎?偏差乎?学生文化研究中抗拒概念之误用与澄清》,《教育研究辑刊》2011 年第 3 期。

套外在于自己的文化形态,一切存在人类身心的文化都有"化"的过程。如果"循规者"也能成为文化生产的主体,那么他们的文化生产就不再是"促成一般性的社会再生产"①,必将突破社会再生产理论意指的种种禁锢。

## 四 寒门何以出贵子

身处社会底层却取得高学业成就的农家子弟有一个形象的称呼:"寒门贵子"。家境之"寒"与学业成就之"贵"形成的鲜明反差被生动地形容为"逆袭",足以彰显其稀有。李春玲的研究表明,"80后"群体中,城里人上大学的机会是农村人的4倍,城里人接受高级中等教育的机会是农村人的4.7倍。② 城乡教育发展的不均衡,导致在近几年网络上出现"寒门再难出贵子"③ 的热烈讨论。学界④和媒体⑤对此也多有担忧。在这里,研究者们习惯用阶层地位的弱势、社会资源的缺乏与家庭教养方式的缺陷来解释。文化层面的阶层差异,特别是不同阶层家庭教养方式的差异,也越来越被人们提及。这种提法似乎洞察了教育背后不平等的社会结构,凸显了"教育改变命运"这句口号的虚妄。

但从另一个层面来看,虽然面临种种不利处境,我国依然有相当数量的农家子弟通过教育改变了命运,实现了向上流动。梁晨、李中清等通过对1952—2002年北京大学和苏州大学的学籍卡片的研究发现,1949年以

---

① [英] 保罗·威利斯:《学做工:工人阶级子弟为何继承父业》,秘舒、凌旻华译,译林出版社2013年版,第233页。
② 李春玲:《"80后"的教育经历与机会不平等——兼评〈无声的革命〉》,《中国社会科学》2014年第4期。
③ 参见《做了15年老师我想告诉大家,这个时代寒门再难出贵子》,天涯社区(http//bbs.tianya.cn/post-funinfo-2750266-1.Shtml)。
④ 参见邓志强《青年的阶层固化:"二代们"的社会流动》,《中国青年研究》2013年第6期。量化研究如张明、张学敏、涂先进的《高等教育能打破社会阶层固化吗?——基于有序probit半参数估计及夏普里值分解的实证分析》,《财经研究》2016年第8期,也证实了社会阶层分布存在明显的代际传递现象。李春玲基于"80后"的教育经历对《无声的革命》的回应的主要分析结论:"尽管教育机会数量增长明显,但城乡教育差距加剧。""在'80后'群体中,城里人上大学的机会是农村人的4倍,城里人接受高级中等教育的机会是农村人的4.7倍。"参见李春玲《"80后"的教育经历与机会不平等——兼评〈无声的革命〉》,《中国社会科学》2014年第4期。
⑤ 参见叶铁桥、田国垒《寒门子弟为何离一流高校越来越远》,《中国青年报》2012年4月16日第7版;沐沂《向上流动,路在何方》,《人民日报》2015年3月31日第18版。

来工农等社会较低阶层子弟一直在重点大学占据相当比重,"北大工人与农民子弟的总比例达到学生总数的30%以上,苏大工人与农民子弟比例在40%左右"①。到2014年,北大录取的农村户籍新生占18.5%。② 从这个角度来看,"教育改变命运"又不仅仅只是一句口号。当我们换一个角度重新审视这个话题时,"寒门何以出贵子"就作为一个真正的问题出现在我们面前。目前国内关于高学业成就农家子弟的研究并不少,但文化生产的分析路径还几乎从未进入研究者的视野。尽管如此,由于文化生产作为意义生产无处不在,一些研究还是隐约透露出了高学业成就农家子弟文化生产的蛛丝马迹。

究竟"寒门何以出贵子"?对于这些社会再生产理论的"计划外事实",日常生活中常常可以见到三种解释:第一,个人天资。不可否认,"读书的料"很可能是算得上天资聪颖的那样一群农家子弟。虽然人们经常用"人尖"之类的话语来解释这种学业成功,但对"抽象的"天资提法,"与其多相信一点,不如多怀疑一点"③。说到底,天资并非纯然先验的存在,而是具有社会性。第二,勤奋。这种说法将寒门子弟的学业成功依然归结为一种个人品质。第三,放弃因果解释,认为是纯属意外和巧合。有研究者在访谈一位在重点大学读研的农村学生的父亲时,这位父亲认为取得高学业成就"没有固定的规律",以"公路上出车祸"来比喻其中的机遇和运气成分。④ 天资、勤奋,偶然或意外,这些日常生活中"语焉不详"的归因关联着一个理论上也难以解释的问题:为什么在城乡教育资源严重不均衡的社会条件下,一些农家子弟依然能够逆势取得高学业成就,进而有机会突破阶级代际传递的魔咒?

杨春华认为农村家庭子女的教育成功是因为其家庭起到了某种"弥补"的作用,即用一种非文化的资本换取文化资本,这些行为无意中扩展

---

① 梁晨、李中清等:《无声的革命:北京大学与苏州大学学生社会来源研究》,《中国社会科学》2012年第1期。
② 郭莹:《农村户籍新生近年新高》,《京华时报》2014年9月7日第4版。
③ [法]P. 布尔迪约、[法]J.-C. 帕斯隆:《继承人——大学生与文化》,邢克超译,商务印书馆2002年版,第99页。
④ 熊和妮:《命运共同体:劳动阶层教育成功的家庭机制研究》,北京师范大学,博士学位论文,2016年。

了家庭文化资本的范畴。①

> 对于家庭而言，父母的积极向上的态度和行为、父母的个人修养和才能、父母的价值观和世界观及父母所拥有的能够用以换取资本的技能，都属于无形文化资本的范畴。……为了弥补文化资本的不足，他们采取各种策略，通过交换等手段，达到文化资本积累的目的。这些"无形文化资本"，是资源匮乏的农村家庭教育成功的内在原因所在。

作者的观点引人深思，但所举出的最贴近"无形文化资本"的个案又只有一个农村的木匠父亲为了让孩子得到老师多一些的照顾，去帮老师打家具，"以一技之长换取老师对孩子的态度"②。这只能说农村家长为了孩子的学业成功，通过某种社会利益的交换赢得老师对孩子的特别关注。这里，与其说是"无形"的文化资本在起作用，不如说是有形的人力资本（知识和技术）在起作用。当然，虽然核心论点有待商榷，作者至少注意到了底层家庭并不一定如同社会再生产理论所设想的那样悲观无力。

胡雪龙通过对一群刚刚考入名牌大学的农家子弟进行深入访谈和分析，认为"主动在场的本分人"是解释底层子弟取得高学业成就的密匙。这一结论本身就带有文化生产的意味。研究也确认，他们对教师和学校制度有着独特的洞察和反抗，如对"A 班制教学的不合理之处"的批判，对于教师忽略"大部分学生"的不满，宿舍里的牢骚，课上的小动作，上书校长反对班主任等。③ 但他们往往是"秘密越轨者"④，并不表现为公开的行为。这已经展露出底层子弟绝非只是书呆子模样。

但遗憾的是，作者将"本分观念"不仅理解为农村学生特有的，而且将这种观念从根源上理解为一种外部观念，认为本分来自农耕文化，是农

---

① 杨春华：《"无形文化资本"与农村家庭社会地位的获得：基于对农村调查的思考》，《山东社会科学》2014 年第 8 期。
② 同上。
③ 胡雪龙：《主动在场的本分人》，北京师范大学，学士学位论文，2015 年。
④ ［美］贝克尔：《局外人：越轨的社会学研究》，张默雪译，南京大学出版社 2011 年版，第 16 页。

村学生"常识世界最重要的组成部分","学习是天职"①。在对个案"馥气"的分析中,作者这样写道:

> 也许他对未来一无所知,也许他对教育的外部价值一知半解,但是父母耳提面命的"本分"让他清醒地认识到,作为一名学生,"本分"就是好好学习。②

在这种理解里,本分观念被视同像在人脑中植入"芯片"一般,其中复杂的意义生产过程被忽略了。

基于对八个个案的深入访谈,熊和妮在其博士学位论文中对家庭在子女通过教育向上流动过程中发挥的作用进行了细致而深入的论述。作者试图解答的是"家庭究竟在子女的教育获得过程中做了什么"③。"命运共同体"是最为核心的解释。作者认为,劳动阶层家庭"父母与子女连接成命运共同体","同心协力、默契配合","有追求教育成功的强大动力","相信教育可以改变命运",最终"获得了家庭/族成员、教师和学校等多方面的支持与帮助"。④ 作者由此提出了振聋发聩的观点:

> 尽管劳动阶层处于弱势地位,缺乏发声能力,总是显得沉默、卑微,但应该看到他们对家庭价值、教育的重视,以及劳动、勤奋、努力等内在品性所产生的力量,并不弱于中产阶层因社会经济地位的优势而产生的竞争力。⑤

但更多的研究还是强调家庭之外的支持力量。董永贵以 10 名本科就读于"211"或"985"院校的农家子弟为研究对象,对他们取得高学业成就背后的原因进行了分析。作者认为:

---

① 胡雪龙:《主动在场的本分人》,北京师范大学,学士学位论文,2015 年。
② 同上。
③ 熊和妮:《命运共同体:劳动阶层教育成功的家庭机制研究》,北京师范大学,博士学位论文,2016 年。
④ 同上。
⑤ 同上。

(文化资本理论)带有强烈的悲观主义论调,它把人看成结构中的被动者,从而忽视了人的能动性。(寒门子弟)带着匮乏的经济资本、文化资本和社会资本进入学校,最终依靠自我的能动性,在重要他人的帮助下,取得了高学业成就,实现了社会阶层的向上流动……作为重要他人的教师弥补了他们家庭文化资本的不足。[1]

总的来看,目前对"寒门何以出贵子"的解释聚焦于劳动阶层家庭的支持、学校教师等"重要他人""弥补"文化资本或是传承了某种农村文化——"本分"观念的结果。这些研究是对关注低学业成就底层子弟社会再生产、文化再生产理论研究取向的一种反转。虽然研究者们已经在从各种角度探索农家子弟取得高学业成就的原因,但他们成功的外部因素之外还有一个黑箱——日常实践内隐的文化生产。日常话语中的"闷头学习""勤奋刻苦""老实本分"是在描述他们的外在表现,学理化的"重要他人"[2]"主动在场"[3]"命运共同体"[4]并不足以揭示"读书的料"的意义世界。"循规者"与"重要他人"的关系不是从天而降,而是逐步生产出来的;"主动在场"是一种个人意向状态,其背后必然有一个作为根基的意义世界,而且这一意义世界也只有处于不断生产和重构之中才能确证自身;"命运共同体"也不会一直是一个和谐的整体,父母、子女对自我的双向压抑,想象中的共同体对个性的压制都容易造就过重的心理压力。"命运共同体"既可能是一个充盈着无限能量的城堡,也同时是一座布满裂缝甚至危若累卵的大厦。

## 五 "读书的料"的学校和社会适应

长期城乡经济社会发展不平衡的惯性导致教育资源的马太效应依然在

---

[1] 董永贵:《突破阶层束缚——10位80后农家子弟取得高学业成就的质性研究》,《青年研究》2015年第3期。
[2] 同上。
[3] 胡雪龙:《主动在场的本分人》,北京师范大学,学士学位论文,2015年。
[4] 熊和妮:《命运共同体:劳动阶层教育成功的家庭机制研究》,北京师范大学,博士学位论文,2016年。

继续和扩大,通过攀爬教育的阶梯进入重点大学的农家子弟终究是少数。那些通过教育改变命运的农家子弟就成了农村生活的过客,其阶层穿行的生命历程离不开城市学校,阶层穿行的目的地也大多停留在了城市。有研究者就曾断言:"1949年以后的乡村教育所表现出的最大功能就是选拔'城里人'。"① 不管这种断言偏颇与否,在成为"城里人"之前,进入城市学校,在城市学校中生存,是农家子弟逃不脱的一课。当他们进入城市学校,必然遭遇农村与城市、农村家庭与城市学校的文化碰撞,也迎来了"'结构'与'能动性'关键性相遇"②的时刻。这会带来一系列身心适应问题。

一些研究者在关注农村背景的高中生或大学生的学校经验时发现,"农村高中生面临更大的学习压力和不适应感"③。对于农村大学生的研究也发现,他们"自我感觉比较'笨拙'、'特别土'、'缺少现代气质'"④。国内一些研究甚至认为农村大学生存在"基本社会化水平'先天性'的落差"⑤,"普遍有较强自卑感……往往自我封闭"⑥,"认知失调"⑦,是"大学校园里的亚文化群体"⑧。一些实证研究也表明,"农村大学生是最弱势的群体","城市大学生适应能力优于中小城市、中小城市优于小城镇,小城镇优于农村"⑨。

农家子弟取得高学业成就的过程也是一个文化适应的过程,其中必定有复杂的心理感受和自我重塑。但在以上研究者的描述中,农村学生的自

---

① 张玉林:《通向城市的阶梯——20世纪后期一个苏北村庄的教育志》,《南京大学学报》(哲学·人文科学·社会科学)2004年第4期。
② [英]保罗·威利斯:《学做工:工人阶级子弟为何继承父业》,秘舒、凌旻华译,译林出版社2013年版,第263页。
③ 陈明琴、刘发勇:《高中生应激生活事件,应对方式与焦虑的相关研究》,《教育探索》2010年第1期。
④ 马道明:《输在起点的流动,农村大学生的城市之路》,《中国青年研究》2015年第10期。
⑤ 高潮:《在校农村大学生的角色失调与重构——从城乡文化比较研究的视角》,《华中农业大学学报》(社会科学版)2010年第1期。
⑥ 徐新林:《农村大学生社会化过程中的文化冲突》,《青年研究》1998年第3期。
⑦ 代堂平:《压力及其化解——对农村大学生认知失调的一种可能解释》,《中国青年研究》2005年第6期。
⑧ 扈海鹂:《分层视野中的社会化分析——关于农村大学生生活方式转型的一种描述》,《青年研究》2006年第11期。
⑨ 张大均、张骞:《当代中国大学生适应性发展的特点》,《西南大学学报》(社会科学版)2007年第7期。

卑、弱势成了一个布口袋，似乎任何农村学生都是被牢牢套住的，一旦钻进去就走不脱也突破不了。在这种逻辑里，鲜活的社会能动者毫无创造性，也缺少自我呈现和调适冲突的策略，变成了被不平等的社会结构、处境不利的家庭环境牢牢牵制的木偶。这样一种倾向在对这些农家子弟走出校园之后的社会适应的探索中也有充分体现。人们经常用"山窝窝里飞出了金凤凰"比喻那些出身贫寒、靠自己勤奋努力走出农村、受过高等教育、在城市工作和生活的人。这样一些"凤凰男/女"如今正成为人们争论的焦点。

林易利用全国综合社会调查数据分析了男性农转非人口的代内流动，研究发现："第一，不容易沦落到底层；第二，他们在专业职称上更容易获得晋升；第三，他们要从中级晋升到高级很难。"[1] 他把这些现象的可能原因归结为社会资本缺乏，同时林易还将"凤凰男"与吴晓刚所称的"极度向上流动"[2] 相关联，认为他们可能会因户籍制度而在身上留下"后遗症"。这种"后遗症"除了"谨小慎微"还可能有什么？这种"后遗症"仅仅是作为社会结构的户籍制度造成的吗？

对"凤凰男"的污名化[3]以及这种污名化引发的争论也颇为常见。在村庄，"凤凰男"是乡邻口中那个被人歆慕的"别人家的孩子"。在城市，人们却对"凤凰男"有诸如"'死要面子''思想守旧和古板''土气''吝啬''大男子主义'"[4] 之类的刻板印象。王文龙称其为"凤凰男的污名化现象"。这种"污名化"体现在有关"凤凰男"的许多"经典"故事中，都伴随着一个城市"孔雀女"[5] 亲身的"血泪史"。正是"孔雀女"自觉悲哀的现实处境衬托出"凤凰男"身上存在的种种"缺陷"。这些刻板印象和"缺陷"忽略了这一群体独特的生活经历与能动性。且不论"孔雀女"对"凤凰男"的指责多大程度上包含了个人情绪和偏见，即便我们只把加诸"凤凰男"之上的许多负面标签理解为一种被动的"污名化"，

---

[1] 林易：《"凤凰男"能飞多高：中国农转非男性的晋升之路》，《社会》2010年第1期。
[2] 吴晓刚：《中国的户籍制度与代际职业流动》，《社会学研究》2007年第6期。
[3] 王文龙：《社会学视野下凤凰男的污名化现象研究》，《中国青年研究》2014年第11期。
[4] 李春莲、严亮：《67.6%青年认为"孔雀女""凤凰男"的婚姻会有更多问题，52.2%的青年认为婚姻需要"门当户对"》，中青在线（http://zqb.cyol.com/content/2008-04/25/content_2158266.htm）。
[5] 在网络上，把城市女孩统称为"孔雀女"，也有特别指那些在父母溺爱之下长大的城市独生娇娇女的意思。

也不能帮助我们真正理解有这种经历的农家子弟，更难以帮助农家子弟从新的角度理解自身。

李超海把"80后"青年人群中"凤凰男"与"孔雀女"所组建的家庭称为"错位婚姻家庭"，认为这种家庭中的矛盾是"农村青年精英向上流入都市社会之后无法摆脱出身农村家庭低社会地位的先赋性因素制约而面临的'结构性弱势'"，体现了"'凤凰男'自致性个体社会地位和先赋性家庭社会地位之间的张力"①。张学东也认为"凤凰男"与"孔雀女"的婚姻结合过程暴露出了城乡二元张力，"源于城市化进程中的一种'失调'反应和隐于其中的传统文明与现代文明的'交锋'"②。但"结构性弱势"是如何内生于作为个体的社会能动者的？所谓"失调"反应是如何发生的？作者并没有对此做出相应的描述和解释。说到底，"错位"或"问题"婚姻终归不是某种先验的存在，离不开个体行动者的主动参与。

托克维尔曾在《论美国的民主》中强调，应当考察一个人"躺在摇篮的襁褓之时"以及"显示他顽强性的最初奋斗"，只有这样才能理解"支配他一生的偏见、习惯和激情的来源"③。从某种意义上来说，"读书的料"一旦走出学校，就成了社会上人们通常理解的"凤凰男"。对"读书的料"在求学历程中文化生产的探索，或许会让我们对"凤凰男"产生新的理解。

---

① 李超海：《错位婚姻家庭中小孩抚养和婆媳冲突研究——以广州"80后"青年白领为例》，《青年研究》2011年第4期。
② 张学东：《对"凤凰男"与"孔雀女"婚姻问题的社会学分析》，《中国青年研究》2009年第4期。
③ ［法］托克维尔：《论美国的民主》（上册），董果良译，商务印书馆2004年版，第30页。

# 第三章　通往高学业成就的文化生产*

　　道生一，一生二，二生三，三生万物。万物负阴而抱阳，冲气以为和。人之所恶，唯孤、寡、不谷，而王公以为称。故物或损之而益，或益之而损。①

——老子

　　传主 D-M-3 在自传开头引用了这样一句话："每个人都是一个深渊，我们俯身看去的时候都会禁不住头晕目眩。"②读一篇自传就如同进入一个人的生命之渊，随着时间之流飘荡，一次次被打动，时悲时喜。"认知是一个需要人整体投入的复杂过程"③，自己的经历也不断地被重新唤醒。但研究过程却并不顺畅。我很快就被湮没在几十万字的自传和访谈转录里，头晕目眩，深感每个取得高学业成就的农家子弟的生命经验都是独特而不可复制的，充满了种种偶然，而非某种共性或必然的因果。在很长一段时间里，我都不知道怎么从翻不完的材料里找到分析"读书的料"文化生产的路径。

　　卡西尔在《人论》中的一段话给了我灵感。"人不再生活在一个单纯的物理宇宙之中，而是生活在一个符号宇宙之中。……即使在实践领域，人也并不生活在一个铁板事实的世界之中，并不是根据他的直接需要和意

---

\*　本章部分内容已发表。参见程猛、康永久《"物或损之而益"——关于底层文化资本的另一种言说》，《清华大学教育研究》2016 年第 4 期。
①　陈鼓应注译：《老子今注今译》，商务印书馆 2003 年版，第 233 页。
②　原话出自编剧廖一梅。
③　郑新蓉：《社会变迁中的个体生命——转述一个农村妇女的故事》，《山西师大学报》（社会科学版）2010 年第 1 期。

愿而生活，而是生活在想象的激情之中，生活在希望和恐惧、幻想与醒悟、空想与梦境之中。"① 随着阅读的深入，那些关乎农家子弟独特情感、意志和文化世界的词开始闪现，比如梦想、动力、钱、学习、成绩、恋爱、父母、朋友、优越感等。当由这些符号出发重新审视每个独特生命的自传，从这些符号所构筑的意义世界来理解"读书的料"们的成长经历时，一种通往高学业成就的文化生产机制逐渐浮出水面。

## 第一节 先赋性动力

出生于改革开放之后的农村家庭，而又走上了通过教育向上流动的人生道路，这冥冥中已然决定了"读书的料"命运铺陈的可能限度与所要经历的沟沟坎坎。历史学家琼·司各特（Joan Scott）曾说道："主体具有能动性。但他们不是行使自由意志的完整的、自主的个体……成为一个主体意味着'受制于一定的生存条件、行动者的天资条件以及实践条件'。"② 对于农家子弟来说，选择是可能的，但却不可能逃逸出延续历史脉络而来的现实生活，任意而为。因此，探索他们的文化生产，就离不开对其生活世界的历史性考察。

### 一 农家子弟的生活世界

在传统文化中，儒、道是人们立身济世的两种重要思想资源，士大夫们入世则"居庙堂之高"，出世可"处江湖之远"。③ 这江湖之远自然也就是乡村了。古往今来，文人墨客们对村庄充满了种种美好的想象，陶渊明"采菊东篱下，悠然见南山"④ 的诗句流传至今。在这出世与入世的转换之

---

① ［德］恩斯特·卡西尔：《人论：人类文化哲学导引》，甘阳译，上海译文出版社2013年版，第43—44页。
② 转引自［澳］杰华《都市里的农家女：性别、流动与社会变迁》，吴小英译，江苏人民出版社2006年版，第14页。
③ 出自范仲淹《岳阳楼记》，原话为"居庙堂之高则忧其民，处江湖之远则忧其君"。
④ 廖仲安、唐满先撰：《陶渊明及其作品选》，上海古籍出版社1999年版，第51页。

中，传统知识阶层身心可进可退，惬意自如。不过一旦有了功名，成了读书人，他们即便回到乡村，也大多享田园之乐，很少会成为贫苦农民，难以真正体会到农村的另一面。白居易的"足蒸暑土气，背灼炎天光。力尽不知热，但惜夏日长"①，算是少有的显现田间劳动艰辛的诗句。

真正体悟农村另一面的人们又常常以沉默不语的历史群象出现。农民无声息地埋葬他们的历史，把艰辛和苦难驱赶到了"言语的边界之外"②。米什莱（Juliet Michelet）曾经立志撰写人民的历史，但他终于发现，人民的语言对于他来说是不可进入的。最后，米什莱写下了一句话，平淡而沉痛："我不能让他们说话。"③ 对于依赖从土里刨食的农民来说，生存的需要挤压了言语。在很多时候，乡村对于他们而言并非诗意田园，而是刻印在粗糙手掌和额头上的沟渠。这是没有必要言说，也无人言说的艰辛。就像孟德拉斯（Henri Mendras）曾说的那样，没有选择是整个农民生活的特点。④

费孝通曾指出，传统中国农民群体的生命牢固嵌入在土地之中并在由土地衍生的社会关系中生存，他们的生产和生活紧密贴合，就像植物一般离不开土地。"向泥土讨生活的人是不能老是移动的"⑤，"种地的人却搬不动地，长在土里的庄稼行动不得，侍候庄稼的老农也因之像是半身插入了土里"⑥。农民的土气便由此而来。缺少受教育的机会和识文断字的能力，政治身份上的底层也使得他们难以发声，更难以摆脱卑微的生活境遇。

在城里居住的人都能说出许多关于农村生活的真理来，诸如社会结构、文化习俗、人的心理等。但正如"你可以分析出一个柠檬有什么化学成分，却不能分析出它是什么味道"⑦ 一样，农村生活的真正味道无法分析出来。农学家董时进在发表于 1932 年的《乡居杂忆》中写道："我素来以为要知道乡村的秘密，和农民的隐情，惟有到乡下去居住。并且最好是

---

① 顾学颉、周汝昌选注：《白居易诗选》，人民文学出版社 1963 年版，第 28 页。
② 李猛：《那些沉默者的历史：从〈疯癫与文明〉到〈规训与惩罚〉》，豆瓣读书（https://book.douban.com/subject/1012307/discussion/10581891/）。
③ 李猛：《拯救谁的历史》，豆瓣（https://www.douban.com/group/topic/2720219/）。
④ 参见［法］孟德拉斯《农民的终结》，李培林译，社会科学文献出版社 2010 年版。
⑤ 费孝通：《乡土中国》，中华书局 2013 年版，第 21 页。
⑥ 同上书，第 3 页。
⑦ 熊培云：《一个村庄里的中国》，新星出版社 2012 年版，第 67 页。

到自己的本乡本土去居住。"① 但怎么居住还是一个大问题。倘若在村庄享受远离城市的宁静，躲避厚重的雾霾，拿着照相机拍些田园风光，那自然是十分惬意自如。只是那在黝黑土地上劳作的农民，那"面朝黄土背朝天"的生活，他的位置，他对生活的理解，可能就与"惬意自如"相距甚远了。

传统中国"皇权不下县"②，村庄乡绅阶层既盘剥农民，也有保护、调停一方利益的潜在职责。那时，解甲还可归田，乡村是一个荣归故里的去处。按照怀默霆（Martin King Whyte）的观察，在 1949 年前，中国的城乡关系并不是这么紧张和对立，而是一种乡愁式的存在，那些少小离家的人，老的时候都追求一种落叶归根的状态。③

中华人民共和国成立后，大规模的土改使得农民的生活出现了新的变化，"分了田、分了农具"，发自内心地高唱"东方红，太阳升，中国出了个毛泽东"④。在一个近百年因贫穷落后而受尽列强欺凌和战乱之苦的国家，摆脱积贫积弱的状态，从农业国走向工业国成为迫切的渴望。但也正因为如此，城乡迅速对立，农民生活的改善也就成了革命后的奢望。正是意识到了农民生活境遇之苦，1953 年 9 月 18 日，梁漱溟在中国人民政治协商会议全国委员会第 49 次常务委员会扩大会议上做个人发言时说：

> 今建设重点在工业，精神所注更在此，生活之差，工人九天，农民九地。农民往城里跑，不许他跑。人力财力集中都市，虽不说遗弃吧，不说脱节吧，恐多少有点。然而农民就是人民，人民就是农民，对人民照顾不足，教育不足，安顿不好，建国如此？当初革命时农民受日本侵略者，受国民党反动派暴虐，与中国共产党亲如一家人，今日已不存在此形势。⑤

---

① 转引自熊培云《一个村庄里的中国》，新星出版社 2012 年版，第 7 页。
② 温铁军：《半个世纪的农村制度变迁》，《北方经济》2003 年第 8 期。
③ 转引自刘亚秋《知青苦难与乡村城市间关系研究》，《清华大学学报》（哲学社会科学版）2008 年第 2 期。
④ 杨德广：《从农民儿子到大学校长：我的教育人生》，上海交通大学出版社 2009 年版，第 12 页。
⑤ 杜国丽：《1953 年梁漱溟与毛泽东的历史公案研究》，天津大学，硕士学位论文，2013 年，第 32 页。

这便是著名的"九天九地说",还引发了梁漱溟与毛泽东的"雅量之争"。这场争论实质上是如何处理工业和农业、城市和农村、市民和农民的关系问题。梁漱溟认为工农生活的差距有"九天九地"之别,不应过河拆桥,牺牲农民利益。但很快,毛泽东就以强硬的态度,用国家工业化是大仁政,只知道顾及农民利益是小仁政回击了梁漱溟,甚至称他为"孔孟之徒",是"伪君子"。①

1955年,毛泽东发出"农村是一个广阔的天地,到那里是可以大有作为的","知识青年到农村去,接受贫下中农的再教育,很有必要"的指示。到了60年代,知识青年"上山下乡"运动大规模展开,一大批城市青年进入农村,他们就成了中国历史上命运极为特殊的一批人——"知青"。70年代末80年代初,"拨乱反正"之后,出现了一大批描写知青生活的小说,被称为"伤痕文学",很多小说、散文至今读起来让人动容。②而贾平凹在《我是农民》中这样记录了自己当年作为一个农村青年对于城里来的知青的感受:

在大多数人的概念中,知青指那些原本住在城里,有着还算富裕的日子,突然敲锣打鼓地来到乡下当农民的那些孩子;我的家却原本在乡下,不是来当农民,而是本来就是农民。我读过许多知青小说,那些城里的孩子离开了亲情、离开了舒适,到乡下去受许许多多的苦难,应该诅咒,应该倾诉,而且也曾让我悲伤落泪,但我读罢了又常常想:他们不应该到乡下来,我们就该生在乡下吗?一样的瓷片,有的贴在了灶台上有的贴在了厕所里,将灶台上的拿着贴往厕所,灶台上的呼天抢地,哪里又能听到厕所里的啜泣呢?……而我那时是多么羡慕着从城里来的知青啊!他们敲锣打鼓地来,有人领着队来,他们从事着村里重要而往往是轻松的工作,比如赤脚医生、代理教师、拖拉机手、记工员、文艺宣传队员,他们有固定的中等偏上的口粮定额,可以定期回城,带来收音机、手电筒、万金油,还有饼干和水果糖。他们穿军裤,脖子上挂口罩,有尼龙袜子和帆布裤带……他们吸

---

① 杜国丽:《1953年梁漱溟与毛泽东的历史公案研究》,天津大学,硕士学位论文,2013年。
② 这一时期的重要开端作品有刘心武的《班主任》和卢新华的《伤痕》等。

引了村里漂亮的姑娘，姑娘们在首先选择了他们之后才能轮到来选择我们。①

农村青年们不得平衡的心态源于城乡经济社会发展的巨大差异。中华人民共和国成立以来，农村为城市和工业发展做出的牺牲难以估量，但同时农村与城市的发展差距却在日益拉大。"1978年中国非农村居民的消费水平高出农村居民1.9倍，中国农村居民人均纯收入133.57元，人均生活消费品支出69.63元，其中食品支出46.59元，占65.8%。以恩格尔系数衡量，农民处于绝对贫困状态。"②仅仅从生活水平上看，农村青年们不得平衡的心态也很容易理解。实际上，改革开放前的城乡差异绝不仅仅是物质资料上的差异，其背后是吃商品粮和自己从田里刨食的差别，前者有国家体制内的"工作"，后者只能算"劳动"。这样，出生在农村还是城市就决定了命运的云泥之别。

1958年后实行的户籍制度明确区分城镇人口和农村人口，城乡居民身份带有"强烈的先赋性"③。农民为工业和城市发展提供源源不断的积累，但他们中绝大多数人的生命都停留在了贫弱的村庄。"农村，不仅意味着物质的极端匮乏，而且意味着人生没有希望；城市不但意味着生活得到保障，而且意味着人生的多种可能!"④康永久曾在《村落中的"公主"：城市化进程中的成长陷阱》中这样描述身处国营农场和生产队两种不同制度情境的年轻人的命运差异：

> 一种是全民所有制，属此系列的乃国营农场（实际上是园艺场），其下又分不同的工区。平时不种田，只种经济作物，主要有蜜橘、花生、雪峰梨、西瓜、茶叶。一种是集体所有制，属于此类的乃大队——生产队。这是真正的农村，主要靠种田为生，也有自己的山和土。在这两部分之间，存在着难以跨越的身份限制。通婚不是没有，但由于存在身份鸿沟，经常只能"一家两制"。因此，虽然在农场和大队之间并不存在明显的经济差距，隐性歧视无处不在。……国营农

---

① 贾平凹：《我是农民》，中国社会出版社2013年版，第29—30页。
② 韩俊：《中国城乡关系演变60年：回顾与展望》，《改革》2009年第11期。
③ 孙立平：《改革以来中国社会结构的变迁》，《中国社会科学》1994年第2期。
④ 朝阳：《丧乱》，载林贤治《我是农民的儿子》，花城出版社2005年版，第71页。

场由于依然没有摆脱农业生产，在当地还不是构成身份差距的主要参照。根据上一代人的说法，村里好多人最初也在农场，但实在受不了那份苦，后面就陆续回来了。在这里，存在着农业模式和园艺模式的差异。农业模式有很多的自然成长环节，适合"懒人挑重担"。园艺模式则要求无微不至的关照和无可替代的亲力亲为，在当时只有有限的自动灌溉和机械化时一直这样，自然会被某些人认为更加艰辛。因此，在农场人称农村人"田牯佬""打牛屁股的"（暗讽农村人只能傻傻地耕田为生）的时候，农村人能反过来挖苦他们"山牯佬""挖山土的"。……属于农场的那些同学，有着更便利的进城通道。……在他们之上的是真正的城里人，是通过招工招干进城的那一批，以及"学而优则仕"的读书人。农村人刻骨铭心的自卑，也就是在这一系列看起来毫不起眼的制度实践中扎根的。①

相比于处于强势地位的人，处于弱势地位的人总是对位阶差异有着极其敏锐的知觉。对于农村年轻人来说，城乡之间的差异既在生活水平上表露无遗，也最强烈地爆发在了婚恋的不平等上。相比于城里人，出生在农村的年轻人在社会地位上自我感知为"厕所里的瓷片"②。即便同样在农村生活，国营农场里工作的年轻人也高出生产队的年轻人一头，甚至到了情窦初开而不敢表达，通婚都难得一见的地步。在这样的制度情境里，哪一个年轻人不生出"刻骨铭心的自卑"，没有逃离农村的愿望呢？

这样的愿望如果直率地说出来，似乎总有些背叛土地与家乡的意思。可这逃离的愿望恰恰又是农村父母所最迫切希冀的。在赛珍珠的小说《大地》里，农民王龙和阿兰将土地视若生命，认为只有田产与大地同在。③曾有一位农民对费孝通说："地就在那里摆着。你可以天天见到它。强盗不能把它抢走。盗贼不能把它偷走。人死了地还在。"④ 农民珍惜土地，却又希望自己的孩子离开土地。孩子考上大学，大概就意味着要离开家，以后成为城里人。农民会说，这是"祖坟上冒青烟"，是光宗耀祖，而绝不会说背叛祖宗。在这方面，他们的感情又似乎很是矛盾，既极端在意土

---

① 参见康永久《村落中的"公主"：城市化进程中的成长陷阱》（未刊稿）。
② 贾平凹：《我是农民》，中国社会出版社2013年版，第29—30页。
③ 转引自熊培云《一个村庄里的中国》，新星出版社2012年版，第19页。
④ 费孝通：《江村经济》，商务印书馆2001年版，第160页。

### "读书的料"及其文化生产

地,却又希望自己的孩子脱离土地。

仔细想想,这种看似矛盾的情感一点也不矛盾。在意土地是因为他们没有别的办法生存,希望孩子脱离土地是因为他们知道在种种劳动之中,长年累月的农业劳动算得上是最辛苦的劳动方式之一,不想孩子重蹈覆辙。"劳动最光荣",但劳动也是艰辛的。劳动的艰辛不仅让人身体乏累,也会让人的心灵变得不那么细腻、不那么敏感,否则如何苦熬过这种艰辛呢?农民的劳动不同于工人,他们的劳动场地是开放的,农家子弟打小就耳濡目染了田间劳动的种种艰辛。一位从乡村成功"逃离"的文人曾这样动情地描写陕北农民的生活:

> 在整个关中平原,在整个中国的土地上,我不知道有多少像我母亲和祖母那样的农民,他们把生活叫做受苦,把农民叫做下苦人。你仔细看看那些下苦人吧,他们的腰一律向下弯,他们的腿几乎都变成了罗圈腿。他们告诉你,劳动能使人变成残疾,他们告诉你,劳动是一种受难。……劳动,是怎样使我的祖父祖母们变得丑陋!一个农民,从他的孩子时代起,他的人生就意味着摆脱农村生活,拼命挤向城市!所以才有一辈又一辈的人要从农村冲出去,不再回来![1]

这位文人激愤地写道:"正因为如此,我鄙视一切把农村视作田园的人们,他们不能理解劳动给予身体的痛苦和重压。"[2] 郭于华通过口述史的方法考察了一个村庄农民的生活史,她在一篇文章中说道:

> 农民称自己为"受苦人"。……如果你询问某某人在做什么工作,经常得到的回答就是"在家受苦呢",意即在农村以种地谋生。在当地,描述一种劳动很累人或一项工作很繁重,人们会说"苦太重了";形容一个人勤勉、能干,就说该人"苦好"(很能吃苦的意思);"那苦大的恶了"(非常),是当地人形容痛苦的常用语词。"可恓惶了","看咋苦","那罪可受下了"等等是村民们说古道今、谈人论事时经常

---

[1] 朝阳:《丧乱》,载林贤治《我是农民的儿子》,花城出版社 2005 年版,第 71 页。
[2] 同上。

出现的话语。由此可知,"苦"既是身体的感受,也是精神的体验;是对客观事物的评判,更是自我认同和群体认同的表达。"身体之苦"和"心灵之苦"构成他们日常生活的基础,当然也构成他们的历史的重要内容。可以概括地说,这些普通农民的历史正是一部苦难的历史。①

农民的苦难不是无来由的。在长期实行重城市、轻农村的发展战略下,国家通过工农产品的不等价交换完成了工业化的原始积累。改革开放以后,在读书、参军、招工之外,进城务工变得更容易了。20世纪80年代以省内流动为主,到了90年代大量农民工流向东南沿海城市。② 根据国家统计局数据,2014年我国有乡村人口6.18亿,③ 其中有2.73亿(44%)为农民工。④ 在这样迅猛的城市化进程之中,农村和城市间的围墙日益被打破,这也给了生活在两个世界的人们愈发认识到彼此差异的机会和可能。就经济收入而言,"1978—2009年,全国城乡居民收入比(以农村居民收入为1,下同)由1978年的2.57∶1扩大到2009年的3.33∶1……2014年为2.92∶1……虽然城乡收入比在缩小,但收入差距的绝对额仍在扩大"⑤。从相对均等的农村走入灯红酒绿、高楼大厦的城市,农民显然是被排斥和歧视的对象。"农民""农村人""民工"一度成为侮辱人的词汇。"穿得村"也成为如今的日常用语。"在城里,尤其是公交车、广场等地,常听到这样的骂:那个人真农民!这个人好农民!刚才那个人就是农民!"⑥

无论是《残酷底层物语:一个视频软件的中国农村》⑦,或是《一个

---

① 郭于华:《作为历史见证的"受苦人"的讲述》,《社会学研究》2008年第1期。
② 艾小青:《我国农民工的总量变化及流动特征》,《中国统计》2015年第10期。
③ 孙志强:《新型城镇化:经济社会发展的强大引擎》,中国信息报网络版(http://www.zgxxb.com.cn/gbjd/201503090008.shtml)
④ 国家统计局:《2014年全国农民工监测调查报告》,国家统计局网站(http://www.stats.gov.cn/tjsj/zxfb/201504/t20150429_797821.html)。
⑤ 曹光四、张启良:《我国城乡居民收入差距变化的新视角》,《调研世界》2015年第5期。
⑥ 马卫:《别用"农民"骂人好吗》,《大河报》2012年8月3日第A29版。
⑦ 霍启明:《残酷底层物语:一个视频软件的中国农村》,搜狐网(http://mt.sohu.com/20160903/n467541573.shtml)。

## "读书的料"及其文化生产

农村儿媳眼中的乡村图景》①,近来几篇引发人们热烈讨论的文章均在表明当下的中国乡村已经发生了诸多改变,在愈加显露出城市化和现代化商业气息的同时仍然面临诸多困境。正如经济学家周其仁在《城乡中国》的前言中所写到的,中国虽然大,可以说只有两块地方:一是城市,一是乡村。中国的人口十几亿,也可以说只有两部分人:一部分叫城里人,另外一部分叫乡下人。② 多数地区的农村与城市仍然是层次分明的两个世界。尽管如今农家子弟的父母可以外出打工,脱离农业劳动,但他们很难逃脱社会底层劳动者的命运。当代农家子弟通过教育的阶梯向上流动的生命历程就是在这样一个印刻着历史记忆的社会空间中发生的。

## 二 不同的世界,不同的梦想

中上阶层家庭相对经济收入高,很少为生计发愁,父母也拥有较多闲暇。中上阶层子弟对童年的描述就常常具有一种诗情画意的惬意和自如。

> 我是家里的独生女。妈妈是家里的老小,性格很开朗也很聪明,从小就很出众。现在从事金融证券工作。爸爸经商,不善表达,但是总是默默地支撑着我们的家。小学的时光是惬意的,当时参加了许多兴趣培训班,有舞蹈、水彩画、素描、电子琴、小记者等。不过只有小记者班坚持了下来并且成为小学记忆里一段难忘的记忆。还记得一年级报名时几乎全班的同学都报了名,但是到后面,留下来的人越来越少。最终班上只剩下我一个人。在这里我第一次发表文章,跟随小记者团出行,让当时的我长了很大的见识:去泓芝驿看梨花,去小学生拼音报社参观,去新建的飞机场观赏,去舜帝陵游玩……当时还是小学生的我在最后的新春晚会上表演了《沁园春·雪》朗诵和成语接龙,甚至现在还记忆犹新,脱口成诵。(Z-F-2)

> 小学之前,我、父母和姥姥、姥爷住在一起。由于姥姥、姥爷都

---

① 《一个农村儿媳眼中的乡村图景》为网络传播时的标题,原文参见黄灯《回馈乡村,何以可能?》,《十月》2016 年第 1 期。
② 参见周其仁《城乡中国》,中信出版社 2013 年版,前言。

是大学教授，房子所在就是大学的家属区。所以，我生活在的也算是知识分子之家。加上父母早就发现我记忆力好，于是三四岁时，《三字经》《百家姓》"唐诗宋词"，都会背很多。那个时候自己表现力又强，于是幼儿园里学来的东西便很爱讲给家人听，于是很多人会夸我机灵。值得提一句的是，父母对我的教育基本上是赏识教育，一直鼓励，不打我，太严厉的批评也少。而且那时人来疯，每每在家里客人面前我都要表现一番，又挣得几句鼓励，于是从小的自我感觉都比较好，认为自己什么都挺强的。(Z-F-12)

我是姥姥、姥爷带大的，姥爷带着我去公园玩，总是骄傲地向别人吹嘘他外孙女有多聪明。我小时候喜欢各种各样的彩色塑料球，他就收集了一瓶子的塑料球送给我。我妈妈不肯给我讲故事，姥爷就代替她，给我讲一堆自己瞎编的故事，那时候每天晚上都听一样的故事但我还是特别满足，我会骑在他身上开心地大笑。爸妈小时候都不怎么管我，我就在姥姥、姥爷无限的耐心宽容之下长大，尽管妈妈不想让我被长辈宠溺，但我还是得到很多爱和很多笑容。回想起来，在公园的大槐树下，伴着空气里潮湿的香气，一过就是一个夏天。(Z-F-31)

中上阶层子弟的父母大多从事专业技术工作，家境优渥，保障了他们可以相对自由地发展兴趣爱好，"赏识""参观""游玩""培训班""发表文章""表演""公园"是生活中的日常。他们被"鼓励"和"宠溺"，感觉到"满足"。

然而，农家子弟与城市中上阶层子弟的背后是不同的社会经济、政治条件和迥异的生存境遇。正是他们对自己生活世界的独特感受，创生着不同的梦想，衍生出了不同的动力。

我出生在一个美丽的城市，从小在海边长大。家门前就是一望无际的大海，整个大家族都生活在这片土地上。爷爷、奶奶是面朝黄土背朝天的朴实农民，爸爸、妈妈用汗水和双手努力地工作，抚养我和妹妹长大，相爱的一家人在那片安静的土地上过着平凡的生活。我从未离开过那片土地，特别渴望走出去，看看更广阔

的世界。(D-F-9)

六年级，初中，在无数的荣誉背后，我开始胡思乱想，我开始讨厌那些似乎无法更改的传统，我开始为姑娘十三四岁就出嫁的事惧怕而惊讶；我知道外面的世界除了玉米和洋芋，还有许多作物；我开始思考外面的人们开的轿车原料来自哪里，他们在宽敞的马路上行驶有多快……老师常说你必须出人头地！必须走出这座大山！……我开始下定决心，全力以赴去学习，牢记只有成绩优异才能有出路。冥冥中似乎有一种力量在催促我，告诫我不能成为村里无数个复制品中的一个。那里是个可怕的陷阱，是个万丈深渊，我必须绕道而行，我必须用知识充斥我的头脑，改变我的命运。(D-F-6)

在我生活的煤矿，周围都是丘陵，煤矿里，除了灰色的房屋、街道，就是山了。在我家的窗户那儿往外看，近处是田地和村庄，远处是一座山。小时候我总爱趴在窗前，想象着山的那边是什么呢？……小学的时候，老师问我们的梦想是什么，同学们都答得很好，我要当科学家、我要当老师、我要……轮到我时，我想都没想，回答说：我不知道我的梦想是什么，但我知道它在我家窗前那座山的后面！同学们都笑了，老师一时没说话，我脸红着但却目光坚定地望着老师，许久，老师说了一句：那你去山的那边看看吧，这样你就知道你的梦想是什么了。从那以后我越发坚定了，我要走出大山！(D-F-1)

可见，寒门、底层、农村、贫困，所有这些词不仅指向了恶劣的生存条件，指向了一种在今天的中国悲伤和凄凉的身份地位，意味着无可依傍，也意味着"超越自我""出人头地""改变命运""不成为复制品""走出大山"。歌德曾说："在人的作品中，正如同在自然的造化中一样，真正值得注意和超越一切的，是意愿。"[①]农业劳动的艰辛、生存世界的逼仄促使"读书的料"洞穿了自己的命运，生出了一种特别的渴望。农家子弟在访谈中也展现出了这种向上发展、走出村庄、靠读书改变命运的强烈意愿。

---

① 辜鸿铭：《中国人的精神》，海南出版社2006年版，第117—118页。

## 第三章 通往高学业成就的文化生产

> 因为一进了高中以后，在山东那个地方，你只有一个出路：高考。那是最公平的方式，对于那些从农村来的同学们来说，最公平的方式……非常单纯，非常简单，包括所有的精力放在高考上，嗯，当时我们一天就睡两三个小时……（Q：完全出于自觉，也不需要老师来督促？）不需要，因为没有退路了。（A-M-20）

人们在日常生活中习惯于称贫苦家庭的孩子努力向上为"寒窗苦读"。事实上，"寒窗"也并不是与"苦读"无关的一个外在表象，①"寒窗"作为一种物质秩序的表达与作为一种"意向状态"的苦读紧紧相连，经由个体的人的转化而拥有了一层文化含义。底层家庭的子女不太需要精细具体的梦想，梦想不用找，它既在寒窗之外，又萌生于寒窗之内。这种梦想并非高踞于个体生活境遇之上，天马行空，无迹可寻。来到这个陌生世界第一声啼哭所伴随着的不可改变的出身就注定了他们的梦想。

当然，农家子弟往往梦想宏大却目标模糊，"出人头地""改变命运"是奋斗的起点，终点却遥不可知。而相比于农家子弟模糊的、试图改变命运的梦想，中上阶层子弟的梦想更精细而具象。

> 因为阅读，我开始写作。喜欢写作不为功成名就，但却萌生了小时候一心想成为专职作家的梦想。（Z-F-32）

> 也就是在那一天，一个梦想在我的心中生根发芽。我要做教师，我要去支教。也许，我无法让偏远地区的孩子们过上富足的生活，但是至少，我可以带给他们梦想与希望。（Z-F-1）

对于中上阶层子女而言，他们没有"大山"限制自己的视野，也没有成为"十几岁就要嫁人"的"复制品"的担忧，他们的梦想更多地建立在

---

① 关于意志和表象的关系，叔本华的经典论述是"世界是我的意志，世界是我的表象"。在《作为意志和表象的世界》中，他引用拜伦的诗句："我不是在自己［的小我］中生活，我已成为周围事物的部分；对于我一切高山［也］是一个感情。"意志在他那里已经与表象融为一体，表象也无一不是意志。这样，康德所言的"物自体"就成了一个怪物。参见［德］叔本华《作为意志和表象的世界》，石冲白译，商务印书馆1982年版。

"读书的料"及其文化生产

自我价值觉醒的基础之上。他们要对抗的不是命运,更倾向于追求自己个性的发展以及对人生意义的探寻。相比较而言,中上阶层子弟会满足于成为"某一种人",而农家子弟更容易成为"向上爬的人"。

## 三 物或损之而益

《老子》第四十章有云:"反者道之动。"[1] 意思是说,事物总是向相反的方向运动。相比于中上阶层的孩子,出身于底层的孩子有一种向上生长的自然动力。不仅出身于底层这一事实能够自然生发出向上拼搏的动力,一些看似不利的文化处境或事件也可能转化为奋发向上的非常规动力,这个世界对他们的影响并非社会结构显现出来的那种样子。"重男轻女"原本是农村地区不利于女孩取得高学业成就的观念,但这种阻碍因素恰恰成就了她们基于对周遭文化环境的反抗而形成的强劲动力。

其实从懂事开始就非常介意为什么自己是一个女孩子。学费从来是先交他们俩的,所以那个时候我男女意识就很强了。我爷爷、奶奶真的是非常非常重男轻女,就是从我出生,一直到我长大到现在,从来没有抱过我。有时我妈做一些好吃的让我送过去,我奶奶都会把我当成我弟。她就说:"我的乖孙子,又来给我拿东西吃了。"从我出生到现在,我爷爷、奶奶都没有正眼看过我,就觉得我怎么不是个男生呢。那时候我就觉得当一个男的真得有那么重要吗?女的不是也可以?(A-F-1)

对方家里几个人跑到我们家里来偷核桃,我们家里不让,结果对方叫了儿子过来打架,把我妈都打成了轻微伤。我爸后来知道了,就叫人到对方家里去了……我真的是觉得太过分了,就欺负我们家没有儿子。我都要说脏话了,真是的,有儿子又怎么样,三个草包子。我那时就觉得,我一定要好好学习,以后一定要让他们看看,没有儿子又怎么样,还不是比他们强。这也算是一个动力……我就觉得一定要好好努力。他们有儿子怎么了,我们女儿更强。(A-F-9)

---

[1] 陈鼓应注译:《老子今注今译》,商务印书馆2003年版,第226页。

## 第三章 通往高学业成就的文化生产

> 在农村,重男轻女的现象那时还是比较普遍的……在爷爷、奶奶家的那些日子里,爷爷有时坐在门前的石阶上,叹一口气,或感叹谁家又添孙子了,或感慨谁家又盖楼房了。不知道为什么,我总能感觉到爷爷语气中的一丝失望。所以很小的时候,我就常常想男孩就一定比女孩好吗?……是不知从什么时候起,我有了要改变这一切的愿望,我要比周围任何男孩子都优秀,这个想法一直激励着我上进……(D-F-1)

尽管贫寒之家缺乏为子女提供相对更好的教育资源的能力,但个体在具体文化情境中绽放的能动性总让我们眼前一亮。"有意栽花花不开,无心插柳柳成荫"①,曲径可通幽,个体命运并不是许多理论家或者人们日常话语中建构的因果展开的,而是由自己开创的。说到底,社会本身乃是一种创造性的实在,一个不断重新建构的意义世界。所谓社会事实,其本身也只是一个意向关联项,而不是一个纯客观或纯自然的实在。② 萨特曾说道:"世界等待着被发现,以显示其自身。"③ 每个行动者都有一种基于情境的内在创造性和突破能力,他们对这个世界的意向状态在个人自身成长的过程中发挥着不可低估的影响,行动者的成长逻辑是可以与社会结构的客观约束不同的。如老子所言,"故物或损之而益"④。一些看似不利的生活境遇,实则可能演化出创造的奇迹。

总的来看,尽管农家子弟并不具有先赋性的客观优势,却因其自身的底层处境而自然生发出向上拼搏的动力,一些不利的文化处境或事件也可能转化为学习的韧性,这些动力都是与出身于底层这一事实紧紧相连的。相比于中上阶层子弟优渥的家庭条件,与命运相抗的"先赋性动力"是农家子弟向上拼搏的原动力。正是在这里,底层生活使底层子弟看到了某种独特的意义世界,物质世界被赋予了一种特殊的文化内涵。

---

① 周希陶:《增广贤文》,杨根乔、沈跃春评注,安徽文艺出版社2004年版,第155页。
② 更详细的论述参见康永久《先验的社会性与家国认同——初级社会化的现象学考察》,《教育学报》2014年第3期。
③ [法]萨特:《存在与虚无》,陈宣良等译,生活·读书·新知三联书店2014年版,第521页。
④ 陈鼓应注译:《老子今注今译》,商务印书馆2003年版,第233页。

## 第二节 道德化思维

在阅读自传的过程中，我们发现"钱""父母""学习"这几个词在农家子弟与中上阶层子弟的符号世界所建构的意义有非常大的差别。自传中的农家子弟在解释学业成就时往往不提家庭，一般倾向于归因为老师的帮助和自己的努力，而在遭遇学业失败时却极大地生发出了对家庭（父母、兄弟姐妹）的愧疚。这样的现象让人困惑不已。农家子弟的确缺乏布迪厄所言的客观化和制度化的文化资本，但在共同的农家生活中，他们却在进行着独特的道德实践和文化生产。

### 一 "一钱一世界"

安妮特·拉鲁（Annette Lareau）在《不平等的童年》一书中分析了中产阶级和贫困的工人阶级家庭子弟与钱有关的不同体验。对于中产阶级子弟而言，"钱：永远存在却从不提及"[1]。而在贫困家庭，"关于经济问题的讨论经常公开出现，孩子们都很清楚他们的父母付得起什么付不起什么"[2]。这种发现非常富有洞察力。"一钱一世界"，从不同阶层家庭出身的孩子对钱这一符号的意义建构能够窥见不同的思维模式与精神世界。

在32篇中上阶层子弟的教育自传中，有44次提到了钱，比较典型的描述如下：

> 爸爸虽不是白景琦一类的人物，也对钱看得不是很重。他刚上班时发工资，把一叠百元大钞放进塑料袋，丢进自行车筐，一路安然骑回家。……我爸担心我一味省吃俭用给其他同学造成了我抠门的印象，于是慷慨予我生活费，时刻激励我随心所欲花钱。但是逼仄窘迫

---

[1] ［美］安妮特·拉鲁：《不平等的童年》，宋爽、张旭译，北京大学出版社2018年版，第68页。
[2] 同上书，第69页。

的画面仍未消散，那些钱我一分未动，全收进抽屉，以备不时之需。后来我妈翻找旧照片时意外发现，以为是旧日收藏，大喜过望，全部笑纳。我爸得知之后，对我妈感叹道："财商教育到底是没成功——只会存钱，不会花钱！"（Z-F-22）

爸爸的绝招就是用金钱诱惑，用玩具诱惑，所以，我没能抵制诱惑，全都背了。后来，我就有钱了，也不喜欢玩具了，就没坚持背了。（Z-F-28）

小时候我在姥姥家时，经常会有人登门请外公题字、写匾，那时候科技不发达，什么商店的招牌，街道两旁的宣传标语都是要手写的，所以许多人都来找姥爷帮忙。一来二去，外公便有了"一支笔"的美誉。最难能可贵的是，外公很少收钱，有时别人实在过意不去，就送他一盒烟，外公才勉强收下。所以外公受人尊敬的另一个原因就是不求回报，善待他人的品质。（Z-F-26）

而仅23篇农家子弟的教育自传中却92次提到了钱，相当于每篇自传平均提到了4次与钱有关的体验。比较典型的描述如下：

那是我生平第一次看电影，十几个孩子排着高低起伏的队，高高兴兴地步行了几里路，印象最深的是中途还遇到了我的母亲，她给了我一块钱，我现在已经无法体会一块钱对于那时的我的意义。（D-M-3）

全家的唯一经济来源就是爸爸送液化石油气挣的1000多元/月，爸爸的工作很辛苦，无论刮风下雨还是节假日，总是骑着自行车，带着七八十斤重的煤气罐奔波，楼上楼下地搬运，每瓶才赚2元，所以在初中以前，钱在我心中又有着特殊的位置。我从不买零食，弄丢了一支自动铅笔，我从学校哭着回家；全家改善生活只是意味着买5元钱的猪肉炒炒，爸爸、妈妈再推推让让，多给我吃些。（D-F-10）

（小学毕业后）爸爸把我叫到跟前，说：孩子，我们家没钱，你初中在矿里的学校上行吗？我看得出来爸爸是想了很久才跟我说的。

## "读书的料"及其文化生产

尽管我很想去城里的学校,他们说那里有图书馆、有塑胶跑道、有宽敞的实验室、有可以晨读的小花园,而这些都是矿里学校没有的,也是我常常幻想的东西。我看了看爸爸,又看了看破旧的墙上满满一面的奖状,我不知道怎么了,就毫不犹豫地说:我要在这里读,我一点都不想去城里的学校……(D-F-1)

黄色的封面,5元钱,很厚的一套试卷,当我们拿到这套试卷的时候,还在感叹它的印刷质量,因为在6年的时间中,这貌似是我们用过的质量最好的试卷。(D-M-4)

放学后我们每天都会去买3毛钱的麻花吃。(D-M-5)

与"钱"有关的故事也经常出现在对农家子弟的访谈中:

你知道吗,每年到9月份,是我最担心的时候。要交学费,肯定是先交我哥和我弟的,你觉得还有剩下吗?就算把所有的稻谷都卖了,也不够学费。……爸爸喝一点酒但不抽烟,他为了我把烟戒了。那个时候家里没钱,太穷了,抽不起烟。我妈跟我爸在一起太亏了。(我们这里)男的都不进厨房,就觉得那些事情不该他做。爸爸这边每年快开学交我们的学费要借钱,大伯、二伯一遇到事情就不接电话,但有什么事情,砍棵树还要叫我爸。家里父母吵架,最多的也就是为了钱。盖房子吵,包红包吵。那时候我就想一定要挣钱,等他们为钱吵的时候直接把钱扔给他们,说不要吵了,特别帅!(A-F-1)

中国有句俗语:"钱财乃身外之物。"这句俗语显然与中上阶层家庭的孩子更加契合,因为他们的父母收入更高,可以从容地投资子女教育。对于中上阶层的孩子而言,他们从小到大往往并不缺钱,对钱的记忆是不精确的,对钱的态度也是更为轻松的。钱被作为一种游戏的道具、一种奖励、一种手段。总之,钱不是什么上得了台面的大事。而对于社会底层的孩子而言,他们对钱的记忆是精确的、对钱的态度是慎重的,与钱有关的画面是汗水淋漓却只有微薄收入的父亲,是难得的印刷质量很好的试卷,是3毛钱的麻花,是5元钱的猪肉,是交学费前的担心。相比于中上阶层子弟自传中常常提到的"收钱""花钱""有钱",底层出身的孩子经常体验的是"没钱""终于攒够了钱""要钱""不可能有钱""借钱""为了钱"。钱对于来自社会底层家庭的农家子弟来说永远是稀缺的、宝贵的,他们在自己经济独立之前所花的每一分钱都直接牵连着父母在黑黝黝的土地之上、在燥热的工地之中、在马路上的吆喝声里留下的点滴汗水。虽然农家子弟和中上阶级子弟在学校生活中都免不了要与钱打交道,交学费,买衣服,买辅导书,但所有这些与钱有关的体验都因不同的家庭出身而具有了不同的意义。

## 二 有负担的爱

在村落里,能够考入重点大学、取得高学业成就的农家子弟往往被视为天成,是"文曲星下凡",甚至被解释为"祖坟上冒青烟"。有研究者在访谈一位考入名牌大学的学生母亲时,这位母亲说:

> 我只是农村妇女,什么都不懂,小阳的学习主要是靠他自己,他学的东西我们不懂,我们也帮不上什么忙。……我就是做饭给他吃,把他的身体照顾好。每天我在家就看着那个钟,我先把饭做好,他中午放学回家刚好吃饭。他吃完饭就回房间睡觉,我就看着那个钟,快到上学的时间就把他叫醒,我怕他自己会睡过头。①

对话中的"小阳母亲"觉得自己"什么都不懂","主要靠他自己",但实际上又在生活上给予了尽可能多的照料。安妮特·拉鲁(Annette Lareau)认为贫困工人阶级家庭教养孩子采取的是"成就自然成长"(accomplishment of natural growth)的方式,② 意味着"他们并不把安排孩子的闲暇时光看作自己的责任","允许孩子设计自己的生活"③。这与农村家庭的教养方式有相似之处,农村的孩子在比较小的时候也确实如此,可以相对自由地呼朋引伴。但这并不意味着农家父母对子女的教育和情感投入是

---

① 熊和妮、任梦莹:《关于劳动阶层家庭教育研究方法的探讨》,《教育学报》2016年第2期。
② [美]安妮特·拉鲁:《不平等的童年》,张旭译,北京大学出版社2010年版,第3页。
③ 同上书,第283页。

"少的"。与此相反,农家劳动的辛苦、生活的清贫与父母对子女的教育、情感投入形成了一组特殊的关系结构。

中国父母对子女教育的重视以及他们可以为子女做出的牺牲经常让处于他种文化中的人们惊异。辜鸿铭就曾将中国女性的"三从"①理解为三种自我牺牲精神,认为不自私是中国女人的灵魂。② 在梁漱溟看来,中国社会是以"家庭家族为本位",是一个"伦理本位社会",而西洋社会是"个体本位"的。"中国人用家庭和家族作为判断是非取舍的依据,在思考问题和做事情时更多地去思考怎么能对得起父母、对得起亲人,怎么能让家庭更好。"③ 贫寒农家的父母为其子女接受良好教育所投入的财力、物力、人力相比于家庭所拥有的总资源来说更是巨大的,农家父母所做出的牺牲甚至高于城市中上阶层父母。因此,不同阶层父母的付出对其子女具有不同的道德意涵。

在贫寒之家,父母的这种牺牲对子女意味着什么呢?最终,农家子弟对钱更敏感,即使父母不有意提及或者有意不提及,他们的学校生活也无时无刻离不开对钱的记忆,而且总能明显感受到父母的勤俭、辛劳和付出。这样,底层子女就因家庭为自己求学所做的牺牲背负了较重的道德债务。

> 姐姐在五年级结束了她的学业生涯,因为家里实在没钱,她是姐姐,所以要做出牺牲。后续的,毫无疑问,她就得走我们祖祖辈辈都走的路。我知道,她有多么的不情愿,她心里有多苦。我静静地,不敢说话,不敢动,好像我们各自顶着一桶浓硫酸,谁动了谁就遭殃。生命的征程也就从此转向,我不想成为那个不幸的人,我把这个想法藏在心底,不想让人发现我的自私,好久……(D-F-6)

> 爸爸在宿舍门外摸着我的脸说,宝贝,只要你过得比我好。……妈妈经常跟我说,她就是"活孩子",她人生的意义就是我。(A-F-7)

> 母亲善良,勤劳(任劳任怨型),有点单纯,照顾一家人的生活

---

① "三从":未嫁从父,出嫁从夫,夫死从子。
② 辜鸿铭:《中国人的精神》,文津出版社2013年版,第58页。
③ 转引自李强、张莹《社会运行视角与社会学的本土化》,《社会学研究》2015年第5期。

起居，对人真诚，朋友不像父亲那么多，但多数都很真心，把爱情看得很重要（比如纠结父亲的初恋问题，看偶像剧，刷言情小说），将父亲视为生命中的支柱，她最大的特点是一切都为了别人，在我上高中、她换工作之前，她几乎没有任何的自我，一切都为了家里的人，为了自己和家庭不要被别人看不起。(D-F-12)

我爸一直都是种地，但有一年，家里需要用钱，他就去浙江那里的罐头厂打了几个月的工，一天12个小时，就吃馒头白菜，回来的时候呀，脸色蜡黄，我心里很不好受，再也不想叫他去打工了。可是我叫他不打工有什么用呢？我能做什么呢？后来高中时候，他就在我念书那个市里高中，在旁边一个菜市场附近搞建筑，我开始不知道，家里没有告诉我。后来还是在那上学的堂哥告诉我的，我去看了，特别脏的地方，因为靠近菜市场，味道也特别不好闻。我当时就想哭，感觉很难受，自己什么都做不了的感觉。(A-M-5)

我哥上初二的时候，我爸妈说家里经济已经过不下去了，我上初一，其实应该我去打工，我哥觉得我成绩比他好，就自己去打工了。我哥去做早餐的地方打工，好像几个月之后回来头发就白了。(A-F-1)

农家父母对孩子求学的心态容易走向两个极端。一方面容易放弃，"只要他不怨我就好"[1]。另一方面又极容易在子女展露学业上的禀赋时对他们报有高期待，并自觉不自觉地向子女传递了这种期待，甚至把自己人生的全部意义都加在孩子身上。高期待的爱一定也是高负担的爱。底层子弟在贫苦生活中很容易感受到父母的不易，如果没有取得一定的学业成就，那就相当于父母在黑黝黝的土地之上、在燥热的工地之中，在马路上的吆喝声里留下的点滴汗水都将付之东流。虽然底层和中上阶层子弟都在享受父母的关爱，但底层子弟在享受爱的同时也在背负爱。底层家庭的父母之爱更容易成为一种有负担的爱。

---

[1] 余秀兰：《教育价值观念的社会阶层分析》，《全国教育社会学第十四届年会论文集》，2016年，第723页。

## 三 学习作为一种道德事务

在这种情况下,农家子弟对家庭的负疚感会比中上阶层子弟强上许多。学习是"本分",① 成了"天职"。只有学习好才能减轻自己背负的道德债务,平衡内心强烈的负疚感。这种思维模式使得农家子弟倾向于把学习作为一种道德事务来对待,更专注于学习,自制而专一。

> 除了生活中的各种烦恼,还有学业压力,在考试结束后就会痛哭,觉得自己考得太差了,对不起父母,内心总是充满种种自责和羞愧。(D-F-19)

> 我深知肩上的重担:妹妹学习不好,爷爷没有孙子,爸妈就是把我当儿子看的,我就是爷爷奶奶的长孙,我是全家的希望!(D-F-1)

> 父母的不易告诉我生活的艰辛,我们如同一叶小舟漂泊在陌生的水域,我下定决心要好好学习,这才是我改变自身命运、报答父母恩情的唯一出路,我是抱着这样一个信念学习的,也是如此去做的。(D-F-10)

> 别人看书,我不看就过意不去。(A-F-1)

如若把学习看成道德事务,那么农家子弟在面临学业失败时就不仅把考试失利看作学业失败,更是一种道德失败。这种对学习的异常重视也会蔓延至生活的各个方面。因此,也正是这种极为看重学习和成绩的"道德化思维模式",使得农家子弟在面临恋爱这一青春期常有的可能干扰时产生更多的道德恐惧。

> 高中时有一个喜欢的男生,我俩好像都对对方比较欣赏。我俩算

---

① 胡雪龙:《主动在场的本分人》,北京师范大学,学士学位论文,2015年。

是好过一段，但后来我越来越感觉自己对不起父母，就主动跟他断了。(A-F-9)

其实那个应该算是初恋吧，就是那个时候开始我们俩关系特别好……我们经常一块打乒乓球、讨论学习。……但是后来我就发现我喜欢她了，这是一个非常致命的觉悟，然后我就觉得，完了，我觉得那个时候我要学习……感觉那个时候是面临着一种恐惧……就是不知道是为啥，可能就是因为觉得这个事影响学习了，这可能是一个很重要的原因吧。(A-M-5)

而对中上阶层子弟而言，他们学习少了许多道德意味，与父母的关系是更为亲密而轻松的。

他们默默地关注我，而又不给我太大的压力。当我的学习方法出现问题时，他们会适时地提醒我，并和我一起讨论，到底哪一种方法更适合我。父母从不强加给我什么东西，而是让我自己去寻找，去找寻我认为属于我的东西。(Z-F-26)

我和爸爸、妈妈的关系亦师亦友，没大没小，很多秘密都能分别与他们分享，这也是令我自豪的亲密关系。(Z-F-17)

我一直认为我的父母是非常开明的家长，他们对我的学习没有任何要求，一直是"放养式"管理。所有的事情，他们只是给我提供建议，但所有的选择，我必须自己完成。(Z-F-1)

可见，学习这件事情本身对于中上阶层和农家子弟有着不同的意味。中上阶层子弟一般生活在家庭经济条件较为优越、亲子交流更细腻、更民主的环境里，父母对孩子的爱更自由和宽松。在农家子弟眼里，学习不是单纯的个人性事务，更是一种道德事务，是与父母的付出能否得到回报，与自己家庭甚至是家族的荣辱联系在一起的。综上，贫寒之家虽然缺乏客观化和制度化的文化资本，但农家子弟却在家庭和学校的生活实践中生出了一种道德化的思维模式。① 这种思维模式促使他们将学习作为一种道德事务来对待，更专注于学习，自制而专一。

## 第三节　学校化的心性品质

布迪厄把学校近乎完全地等同于维护现有社会结构的工具。他认为"（教育系统）通过掩饰以技术选择为外衣的社会选择，通过利用把社会等级变为学校等级从而使社会等级的再生产合法化，为某些阶级提供了这种服务"②，"学校赋予了特权者不以特权者面目出现的这一最高特权"③，"教育制度可以通过其自身逻辑的作用使特权永久化"④。这种理解认定学校制度是为统治阶级服务的，学校"隐藏了控制社会阶级流动的功能"⑤，是一个"执行社会阶级'控制机制'的强制性机构"⑥。学校文化本质上为了"保证文化资本的效益"而"淘汰距学校文化最远的那些阶级"，也就是缺乏中上阶层文化资本的底层子弟。⑦ 伯恩斯坦曾犀利地评价道："文化再

---

① 杨宜音认为西方社会心理学脉络中"人际关系"概念的逻辑起点是"自我"（self），"自我"不仅蕴含有"动力"（dynamic）的意义，更具独立（individual）的意义。个体之间的关系是人与人之间的互动（interaction）建立起来的，是一种"获致性关系"（achieved relationship），其本质是可选择性与契约性。而中国文化里，社会中的意义单位不是个人，而是家（或家族、亲属等），个人与个人之间的关系主要是先赋性的关系（ascribed relationship）。这样的"自我"不同于西方的"自我"，可以描述为"家我"（family oriented self），自我可依据情境延伸到各个方面。参见杨宜音《试析人际关系及其分类——兼与黄光国先生商榷》，《社会学研究》1995年第5期。这样看来，中国人普遍具有一种道德化的人际关系倾向，关系内隐着做人做事的准则。而这里"道德化思维"着重强调的是农家子弟在其家庭生活实践中孕育出的独特思维倾向。相比于中上阶层子弟，这种思维倾向在农家子弟那里表现得更为明显。
② ［法］布尔迪约、［法］J.-C.帕斯隆：《再生产：一种教育系统理论的要点》，邢克超译，商务印书馆2002年版，第165页。
③ 同上书，第225页。
④ ［法］P.布尔迪约、［法］J.-C.帕斯隆：《继承人——大学生与文化》，邢克超译，商务印书馆2002年版，第31页。
⑤ 姜添辉：《资本社会中的社会流动与学校体系——批判教育社会学的分析》，高等教育文化事业有限公司2015年版，第338页。
⑥ 同上书，第339页。
⑦ ［法］布尔迪约、［法］J.-C.帕斯隆：《再生产：一种教育系统理论的要点》，邢克超译，商务印书馆2002年版，第224页。

生产的主要理论，特别是巴黎学派的文化再生产理论都为他们的假设和关注焦点所局限……文化再生产理论将教育看作是一个外在的权力关系的载体……本质上把教育，特别是学校看作是社会病态的场所……将教育诊断为一个病态机制。"①

不可忽视的是，农家子弟的文化生产植根于具体的社会结构和文化脉络之中，他们与学校文化的距离可能并不远。中国情境下的学校和教师与农家子弟之间的关系不仅并非再生产理论所预设的那样对立，反而学校文化与农村文化还有诸多相通之处。

## 一　命运的文化底色

在农村，懒汉是要被人嘲笑的，勤奋是一种"本分"和美德。② 农业劳动是一分耕耘未必有一分收获的活动，不辛勤耕耘，更不可能有收获。对于生活在村落的农家子弟而言，劳动的艰辛是童年体验最深的经验之一。这些经验是城市里长大的孩子从未经历且难以想象的。从某种意义上说，"并非个体产生了经验，而是经验塑造了主体"③。正是我们生活的具体情境框定了我们可能的经验及其边界。可以说，农家子弟从小打交道的一草一木都与城市子女有诸多不同，童年在他们内心刻印的画面也有很大的差异。有被访者就这样说起了农业劳动的艰辛：

> 在农村它是一种生存的压力，因为你不努力啊，你不好好干活儿，你就没收成，你没收成你就没地位。所以说，你在城里啊，或者在别的地方，下雨天可以在家里休息，但是在我们那个地方，如果下雨天或者什么时候早上起来，五六点还在家里睡觉，全村人都会笑话你，所以说我们都必须得很勤劳。我母亲经常早上3点多钟起来领着我去地里拔草。到了夏天以后，地里特别多的草。我那时候特别小，

---

① ［英］巴兹尔·伯恩斯坦：《教育、符号控制与认同》，王小凤等译，中国人民大学出版社2016年版，第4页。
② 胡雪龙：《主动在场的本分人》，北京师范大学，学士学位论文，2015年。
③ 转引自［澳］杰华《都市里的农家女：性别、流动与社会变迁》，吴小英译，江苏人民出版社2006年版，第10页。

3点多起来，去拔草，迷迷糊糊的，我母亲就牵着我去拔，那个拔草的过程啊，那个时候想想真的是特别的痛苦……整个童年都是在那个过程中拔来拔去的，但是它养成了一个习惯，我能忍受枯燥……我觉得我能考上大学，我能在这儿，跟小时候的这个事情是有直接关系的。（A-M-20）

"天将降大任于斯人也，必先苦其心志，劳其筋骨，饿其体肤，空乏其身，行拂乱其所为，所以动心忍性，增益其所不能。"[1]农村生活体验一方面让农家子弟亲近自然，另一方面也让他们饱尝贫困、劳累甚至是饥饿。这使得寒门子弟更能忍耐苦痛，更能吃苦。学习在很多时候并不是一件轻松的事情，农村艰苦的生活条件也赋予了寒门子弟吃苦耐劳、坚韧不拔的心性品质。这种心性品质促使他们在学校生活中更能吃苦，也更加勤奋。这是与学校文化中对勤奋的看重相契合的。

事实上，这种心性品质不仅与中国社会的经济结构有关，也与中国独特的文化脉络紧紧相连。"与其他古代帝国，如古罗马不同的是，中国历史上文人可以做官，甚至做大官。中国人信奉'学而优则仕'，读好了书就有出路。这样一个社会不像西方'贵族就是贵族，平民就是平民'，中国社会强调社会流动。"[2]何炳棣在1962年出版的经典著作《中华帝国晋升的阶梯》中指出，明、清科举成功者中有40%左右出身于前三代无功名的寒门之家，中国教育与政治精英的来源相当多样化，社会阶层间具有较强的流动性，科举制是全世界独一无二、延续千年的通过教育促进社会流动的典范。[3]中国社会延续了"万般皆下品，惟有读书高"的文化传统以及耕读传家的共同意识。与西方社会对男子气概的崇尚不同，中国社会的理想人格是君子，是"志于道"的"士"。

尽管中国经历了几千年封建社会的改朝换代，也经历了一系列摒弃传统文化的政治动荡，但"不论乱、治、兴、亡，不断地有一批批人永远在维持着道"[4]。中国人对知识、教师和学校的独特理解一直在传递，尊师重道、读书改变命运的传统也从未消失过。"朝为田舍郎，暮登天子堂"的

---

[1] 金良年撰：《孟子译注》，上海古籍出版社2012年版，第193页。
[2] 谢宇：《认识中国的不平等》，《社会》2010年第3期。
[3] 转引自梁晨、李中清《贫寒之家大学之路的变迁》，《读书》2013年第9期。
[4] 钱穆：《中国历史精神》，九州出版社2012年版，第151页。

神话①虽稀有但一直存在。这种文化基因在农家子弟的教育自传和访谈中也有体现：

> 对于我母亲来说，学校是一个充满了神圣感的地方，读书可以改变一个人的未来。我母亲早早地辍了学，而她的一些同学选择了继续读书，并在中国的其他城市有了不错的工作。所以在我母亲的观念里，让孩子读书是一种近乎神圣的教育。(D-F-11)

> 在我们那儿教育是唯一能够改变命运的东西，那就是说，嗯，基本上大家都有一个共识，就是人生最高的追求，就是通过读书走出去，唯一的可能就是……大家都是这样……（A-M-20）

可见，不同文化情境下的人们对教育、学校和教师有不同的理解。在中国传统儒家文化的熏陶与浸润之下，即使是最底层的劳动者也有对于知识的敬畏，对于读书改变命运的向往，有着自己吃苦受罪也要让子女接受教育的信念。学校对于中国底层劳动者来说是一个神圣性的存在，知识是有力量的，是可以改变命运的。这些与西方不同的观念构筑了中国独有的文化底色。对于中国底层子女而言，读书明理是文化传统，实现向上流动的关键在于学校。

尽管当前"反学校文化""读书无用论"在城镇化的大潮下有所抬头，②但总的来看，学校中的教师作为读书人依然是被敬重的。"一日为师，终身为父"的中国师生之间的关联不仅是公共性的，更有私人性的一面。越是底层的父母在教育孩子时越依赖学校和教师，教育孩子要"听老师的话"，让老师在孩子不听话时"随便教训"。学校是底层向上流动的关键场所，底层家庭对学校的期望远胜于中上阶层家庭。底层子弟的父母们高度依赖学校和老师帮助自己的孩子改变命运。而底层出身的教师们往往也多有拯救情结，无论是网络上流传的在黑板一边挂草鞋一边挂皮鞋的教室布置，还是毛坦厂中学激昂的应试教育，都不同程度地说明了这一点。

---

① 转引自梁漱溟《中国文化要义》，上海人民出版社2005年版，第136页。
② 参见李涛、邬志辉《"乡土中国"中的新"读书无用论"——基于社会分层视角下的雍村调查》，《探索与争鸣》2015年第6期。

在这样一个有着亲师重道文化传统的国度里，教师职业的神圣性在于其"育人"的高尚和无价。对于农家子弟而言，教师对他们的学校生活更是有着特别的意义。

## 二 渴求关注的目光

寒门里的爱往往是无声的，父母很少有直接的欣赏和鼓励，不说"爱"，很少"拥抱"，"儿子是别人夸的"[①]。相比于中产阶层，农家父母的时间、精力大量用在维持家用上。农家子弟能够感受到爱经常是沉甸甸的，裹挟着生活的艰辛和负重，他们在家庭中很难享有中产阶层家庭中相对轻松、自由的爱。在逐级跨越学业阶梯的过程中，农家子弟的文化世界与其原生家庭更是渐行渐远。父母还能够或多或少关照他们的物质生活，但已经越来越无力关照他们的学业和精神生活。进而，他们的精神世界也总面临孤立无援的境地。即便父母再嘘寒问暖，他们也总是容易感觉到被忽视，真正的需要处于匮乏和被压抑的状态。而在城市求学，融入城市和班级的过程又十分艰辛。有农家子弟在自传中写道：

> 一个农村的孩子不安地去到县城，经过一番努力发现自己还是可以与命运抗争，起码能不那么自卑；然而初到城市，她面临的挑战却要大得多了。我觉得我是适合孤独的（但我不否认现在我在强迫自己走出去），喜欢一个人默默地学习，带着冷眼看城市的小小的违和感，带着某天出人头地的雄心壮志。（D-F-9）

在选题探索期间，一位刚刚从农村中学考入市里重点高中的女孩在访谈中说：

> 我觉得自己一点优点都没有。第一，长得没有别人好看。第二，家庭没有别人好。第三，成绩没有别人好。第四，优柔寡断。不会规划好，觉得处处不如别人。……因为我上课很少积极发言，所以我每次想发言的时候，都会盯着老师看，盯着老师的眼睛看，跃跃欲试的

---

[①] 张维迎：《我的母亲》，《英才》2008年第7期。

感觉，但是老师还是会找举手的同学。我注视老师，老师就不会注视我。于是在下面小声说，小到老师听不见。①

尽管教师关注的目光对各阶层子弟都非常重要，但这种关注在班级授课制的制度情境下是稀缺品。学生像是运动场上的运动员，都在争相赢得教师关注的目光。农家子弟当然更是迫切渴望得到教师的关注和欣赏，甚至只要有一丝关爱和理解，对于他们来说都是蓝天万里和灿烂阳光。

> 到了初中，一开学我就是老师们关注的对象。初中老师上课时，眼神总是在我这儿，而我，也丝毫不敢懈怠，紧紧跟着老师的思路，尽管有些东西老师没讲时我就懂了，但我还是会认真听，和老师眼神的交流让我觉得很幸福。那也一直是我学习的动力。老师的眼神就好像一颗心，他们交给了我，而我双手捧着，小心翼翼，生怕它受到玷污。……初中的学习中，我基本没有对手……最终来到了期盼已久的重点高中。（D-F-1）

萨特提出过"他者理论"，认为"他人通过'注视'使我的世界发生了位移，并占据了这个世界的中心位置"。他说："对象（即他人）好像突然从我这里偷去了世界。……他人在世界的显现相当于整个宇宙的被凝固的潜移，相当于世界在我造成的集中下面同时暗中进行的中心偏移。"②萨特主要是从主体世界被他者取代的意义上来谈"注视"的他敏锐感知到了"被注视"所隐藏的"不适"与"危险"。谢地坤在其主编的《西方哲学史》（第七卷）中将萨特的他者理论做了如下概括："他人是注视着我的人，而我就相应地是被他人注视的对象，即我的为他存在。……于是我从主体变成了对象，从自为变成了为他，我的超越性变成了被超越的超越性"③，因而"他者即地狱"在这个意义上成立。但实际上，被注视并不仅仅有着这种被超越的意涵，也可能会通过影响主体已有的自我认知，真正引向主体意义世界的重建。教师带有欣赏、鼓励和支持意味的目光能够

---

① 出自2016年9月9日晚自习期间的访谈录音。
② 同上。
③ 转引自郝东方《教室摄像头的注视现象研究——以萨特的他者理论为视角》，《电化教育研究》2015年第12期。

## "读书的料"及其文化生产

重建农家子弟的自我认识,将他们从对客观世界的困扰中解脱出来。

在家庭中缺乏精神上的交流促使农家子弟在学校生活中格外渴望体尝到真正的理解,他们也更能敏锐地感受到周围老师和同学对他们的态度。教师在他们心里的地位更加崇高,他们需要被教师看见、注意和关爱,也对那些给他们温暖的人念念不忘。不过他们在面对师长时经常是羞涩局促的,而且往往被动地等待教师的关注,"经常就像名花名草,等着别人来赏识或提携"①。这种人类原初的渴望和"滴水之恩当涌泉相报"的朴素信念会帮助他们与教师建立另外一种通道的连接。教师往往成了他们生命中的重要联结者,将他们从这一边带到那一边。有农家子弟这样回忆起自己的高中老师:

> 高中很多老师对我特别好。我们班主任专门给我开辟一个单间,别人都是一起住的。包括我们那个几何老师,也对我很好。有一次上完课,我们那个几何老师就拉着我说:有一次我看见你去吃饭,我觉得要掉眼泪。我说为什么呀。她说,有一次晚自习下课,我们那周围有卖米线的,看你晚上在那吃米线,觉得很惨。她可能又觉得你家庭条件不好,又是很听话的人,是不是晚上没吃饱,下课了才去吃米线。(A-M-3)

在阅读自传的过程中,无论是农家子弟还是城市中上阶层子女,都会经常提到自己的老师,几乎每一篇自传里都有。不同的是,农家子弟倾向于用"生命里的贵人"(D-M-3)、"启蒙老师"(D-M-4)、"极其智慧的老师"(D-F-6)、"恩师"(D-F-7)、"恩泽"(D-F-8)这类带有浓重情感色彩和崇敬之意的词语来描述自己与老师之间的生命关联。中上阶层子弟在自传中表达得更多的则是对老师的喜爱和欣赏,这种喜爱更多偏向于老师的个性、学识和品格。

> 我遇到我的第一位男性语文老师,他用儒雅的气质、理性的思考,加深了我对语文的理解;我遇到了那个无比热爱欧洲,即使不再少女也有罗曼蒂克梦想的班主任,她和我们聊着成长,看着我们成

---

① 康永久:《成长的密码——90后大学生教育自传》,导言:"学业成功者的教育学"(未刊稿)。

长，而她自己，也随着我们一起成长。(Z-F-25)

就是在北京的那所小学里，我遇到了一位影响我一生的人。她是我的美术老师，但她对我们的教育从不局限于绘画。她带我们外出写生，让我们亲近自然。她告诉我们艺术来源于生活而高于生活，她说追求艺术、追求美的人永远不会老去。那年冬天的一节美术课，她为我们播放了一段视频。那是甘肃省的一所小学，孩子们在简陋的教室中拿着小石头在石板上画画。我记得那天她告诉我们，无论生活带给我们什么，只要我们有梦想、有追求、有一颗向善向美的心，我们就是不可战胜的。(Z-F-1)

## 三 以学业为轴心的联合生活

从小就在尊崇知识、敬重教师、依赖学校的文化生态中浸润的农家子弟进行着独特的文化实践。尽管我们在前面将农家子弟的学习看作他们所承担的一种道德事务，学业成败关乎父母的付出，甚至家庭的荣辱，但学业对于他们还有着更本体性的价值。

农家子弟和城市中上阶层子弟都需要在学校生活中确证自己存在的意义，在群体中获得有尊严的身份，而成绩是自我实现的核心。农家子弟对待成绩更是有超乎寻常的重视，这种态度与其自身家庭所处的阶层地位息息相关。对于他们来说，自身被印刻上了贫寒的标签，不可避免地因为自己的家庭条件而在学校生活中感到自卑。但人是一种不断创造意义和价值的动物，只要还有一丝希望，不会甘于自卑，会生长出种种办法来取得某种优越感，从而建立起自己的自信和自尊。

A-F-7在访谈中告诉我这样一段经历。上小学时有一次一个同学讥讽她衣服破旧，她反唇相讥道："你的衣服是比我好看，可你的成绩比我好吗？" A-M-20也在访谈中这样说起自己的高中生活经历：

我是初中以前都在乡村地区。初中之后，我到了城里上一个最烂的高中……那个环境真的是你想象不到的，非常恶劣。我们上晚自习，上着课，教室后面就打起来了。因为我除了学习，再也没有其他可以获得承认的方式了。上高中的时候，我第一次考试是我们班的第八名。我们班，56个同学，我们班的第一名是坐在我前面的一个小女孩，城里的。然后我也没想到期末考试的时候，我考了第一名，全年级的。从此以后，第一名都是我的。当我看到前面的小女孩在痛苦地流眼泪的时候，我也没有获得极大的存在感。我就是觉得，哎，原来我也可以做第一。

另外，农家子弟虽然异常渴望教师的关注，希望与教师建立起关联，但因家境生出的种种自卑压抑着他们的天性，他们常常无法尽情展露自我真性情的那一面。"读书的料"虽然在村落里被视为王子和公主，但村落里的王子和公主不是抱在怀里娇惯的，而是要去念书的。父母会给予他们更多的支持，不让他们过多涉足家庭劳作，为他们求学之路的顺畅付出更多的艰辛。但这也使得被视为"读书的料"的农家子弟常常足不出户，活动范围被局限在家庭和学校，他们几乎成了村庄里最不通人情世故的人。某种意义上，他们真的是"书呆子"，不通人情世故，不懂察言观色，空有一颗敏感的心。这样，通过学业与同学、老师建立一种公共的社会支持系统就成了他们主要的选择。

在由乡入城、逐级跨越学业阶梯的过程中，他们就读的学校越来越精英化，接触到的同学也越来越多的是中产阶层子弟。伯恩斯坦区分了两种家庭类型与相应的交流结构：一种是个人中心型家庭，一种是地位型家庭。"在个人中心型家庭中，成员的内心世界通过交流结构可感知，因为这里的个人更容易受到干预和控制。在这样的家庭里，言语是实行控制的主要媒介。……就儿童来说，在地位型家庭中，他得到强烈的社会身份感而牺牲了自主权。"[①] 相比于农家子弟，城市中产阶层家庭的孩子与父母的关系架构是个人中心的，最明显的表现就是语言。

> 在高中上学的时候，因为在初中的时候在我们那个区县里基本上还是农村学生比较多，到市里上学的时候，真的觉得父母能帮到自己的忙就很少，然后什么事情说了他们也不了解，反正就报喜不报忧，就很羡慕别人的爸爸妈妈。我记得好像有一次是我堂哥的爸爸的一个

---

① [英] 巴兹尔·伯恩斯坦：《社会阶级、语言与社会化》，载厉以贤主编《西方教育社会学文选》，（台北）五南图书出版公司1992年版，第469页。

领导，开车来接，正好顺便把他带着，他就顺便把我带着。那个时候有那个轿车，其实是很洋气，而且比较少的。我现在还记得他们的对话，那个孩子，也不是说奶声奶气的，就是说很明显那种家境比较好的那种孩子，家里有电脑。说他爸爸只会上一个网站之类，讲了一路……（A-M-5）

农家子弟在由乡入城的求学路途中，在一次次有意无意的比较中难以自信，天真已被艰辛的生活干扰，有负担的爱让他们陷入重重焦虑，和父母撒娇更是不可能的幻梦。城市中产阶级子弟的家庭氛围偏向个人中心，在家庭生活中有更多的空间展露个人感情和个性。在学校里，他们也有可能更放松地展露自己的天性，赢得老师的喜爱。而农家子弟则很难尽情绽放出自己可爱的那一面，很难自信起来，更多地陷入自我压抑。A-M-3在自传中写道："有时对于老师提的问题熟稔于心，也不主动回答，心中默念让老师点名。"这种对教师关注的渴望容易被压制，陷入被动的等待。

但农家子弟也并非全然被动。学校生活中最佳的装扮，也是底层子弟能抓住的那根最重要的"救命稻草"，就是成绩。他们也很清楚成绩和老师的关注、欣赏甚至娇宠是紧紧绑在一起的。他们常常用埋头苦学、取得优异成绩的方式赢得教师的关注，而教师的关注也会真正让他们自信起来，更多地展现自己被压抑的纯真和可爱。世界就在这时因"自我呈现"而"与我共现"起来。

我的语文老师，我不得不提一下。她对我很关心，首先因为自己第一次语文考了全校第一，她就记住我了。以后她经常询问我有没有什么不懂的问题，她还找我去谈了几次心，她担心我如果像开始这样学，可能坚持不到最后，她也叫我改变方法。可以说她对我的转变起了很大作用。（D-M-5）

虽然在家里倍受关注，但是在学校我并不起眼。在小学，友人A长得可爱，性格开朗，男生、女生都喜欢和她做朋友。身为她好朋友的我也沾了不少光，结识了很多人。当时只觉得有这样的朋友多好啊。友人B女生同样很优秀，加上她妈妈也是中学老师，她倍受老师关注。她当上了班里的语文课代表和文艺委员，她参加了英语演讲比赛，班上最优秀的男生也喜欢她。而我不过是个连英语老师都不选去参加英语演讲比赛的小小课代表。初一上学期的后半部分，我的成绩开始严重下滑。老师找我谈，找我爸妈谈，并没有什么效果，反而加深了我的自卑。我开始因为成绩不好，不愿意跟别人交谈，走路也驼着背。每次老师按成绩发试卷的时候，我都不出意料地在最后几组。我当着全班的面，弯着腰、低着头去拿试卷，再弯着腰、低着头回座位。……发奋努力去学习，成绩慢慢上升，慢慢跟人交朋友。虽然我的成绩有所提升，但是老师依旧不重视我，尤其是当时的政治兼历史老师。于是，我更加努力学习政治和历史。终于，我考进了班级前三、年级前十，也就是那时老师们开始注意到我。我的自卑也慢慢淡出我的生活。(D-F-15)

优异的成绩对于底层子弟来说是自身存在意义与价值的明证，是比惹人歆羡的衣服更重要的存在，几乎是获得承认的唯一方式。也正因为如此，当底层子弟面对学业挫败时，唯一的优越感就失去了。与此同时，老师的目光也开始转移，他们就陷进得而复失的痛苦之中，学校生活也随之变得黯淡。

第一次月考结束，我排到了全班十七名，而且接下来几次我都在十几名，这对一直处于前面的我是一个沉重的打击，我甚至走路时都有一种低人一等的感觉。(D-M-5)

我不再是唯一一个优秀的，也不再是最优秀的。我考进了最好的班级，却只是第三十六名。这让一向骄傲的我有些接受不了。班里的活动不再由我组织，老师也直接选择了学习更好的同学当班干部，我在其中无足轻重，甚至找寻不到一种归属感。(D-F-10)

高中是我第一次住校，除了生活中的各种烦恼，还有学业压力，在考试结束后就会痛哭，觉得自己考得太差了，对不起父母，内心总是充满种种自责和羞愧。……初中的时候还有成绩可以让我炫耀，然而高中的成绩也不是我的资本了。在普通班的时候，我的成绩还算靠前，于是被分到重点班，碰到了一堆优秀的人，就越来越自卑，成绩

第三章 通往高学业成就的文化生产

一次比一次差,那时的我也许快要得抑郁症了,晚上做梦都会梦到高大的班级排名黑板横在我面前,将我吓醒。(D-F-19)

我是一个比较敏感的人,对老师的眼光特别在意,特别特别在意。啥都以我为中心。到了高一的时候也是,班主任也挺以我为中心的。到了高二、高三那种心理的跌落,内心一下子就找不到支撑了。现在我知道初中、高中那时候的心态也特别不好,但能支撑着你。到了高二、高三,那种力量突然没有了。我觉得高二、高三我都差点患精神病,你知道吗?到现在想起来那段岁月太黑暗了。(A-M-2)

总之,底层子弟要想获得认同,在心理上具有某种优越感,更加依赖于成绩。对于他们而言,成绩就是一切,不光牵连着家庭的付出,而且关乎自己在班级的地位和老师的喜爱。总而言之,成绩是那个时空下的全部,决定了自己在学校生活中能否挺直腰杆走在路上,能否有自信与同学、老师交流,能否体尝这唯一的幸福。这样,取得好成绩就几乎成了底层子弟优越感的唯一来源。这里可把这种心态称为"单向度优越"。"单向度优越"的心态使得寒门子弟对自己成绩下降的容忍度极低,更努力地去维持成绩的优秀。

值得注意的是,尽管农家子弟高度依赖成绩为他们个体的生存提供尊严,获得教师的欣赏和关注,但学校并非丛林,对成绩的追逐也并不总是带来纯然竞争性的文化氛围。反而,像赛场上的运动员一样,农家子弟既在这个过程中与不同家庭背景的同学竞争,也彼此之间生出了惺惺相惜的情感,由学业上的共同志趣引向生活中的互帮互助,生长出友爱和激励。

高三的生活是充实而紧张的,有压力,有努力,更多的是不断的自我鞭策和鼓励。这个时候我换了一个同桌,是个天生的乐天派,而且她学习起来非常认真,我们成了好朋友。随着我们的友谊慢慢加深,我们之间无话不谈,同时,因为她,我的身边聚集起一群非常可爱的女孩子。(D-F-11)

这时,我喜欢上我们班的一个男生,那个男生真的很优秀,平时开开心心,考试轻轻松松拿高分。我又像初中那样努力学习,却始终

· 145 ·

只能在班级前二十徘徊。自卑又悄然生长。这种努力却考不好的情况一直持续到高三上学期。我越来越对自己没有信心、越来越焦虑,甚至对爸妈说出"大不了复读"的话。直到有一天我们班的理综学霸指着我的鼻子说:"你就是自卑!你就是对自己不自信!你就是因为太在乎成绩才一直考不好。"当时,伤疤被揭开的愤怒战胜了理智,我发誓再也不会跟他说一句话。等冷静下来仔细想想,这十二年来,我总觉得成绩是首要的,所以还没考试就开始想没考好怎么办,由此产生的压力和焦虑拖垮了我。虽然嘴上说着我就是这样,但是心里已默默下定决心改掉自己的毛病,让那个男生、让所有人刮目相看。(D-F-15)

即使来到文科班,我依旧不是第一名,我前面有两个强有力的竞争对手。为此,我发愤图强,第一次月考就战胜了其中的一个男生,也就是后来对我和亲哥哥一样好的同学。在这之后两年半的生活里,这两个人成了我最亲密的朋友。更令我感到幸运的是,我在原来班级的同桌,和我一样选择了学文。在我们的申请和坚持下,我们一直做了三年的同桌,可谓情比金坚。我们有着别人无法想象的默契,对同一件事总是会有如出一辙的反应,说出同样的话,做出同样的手势。由于成绩的关系,原来从综合小班出来的同学都坐在了一起,我们四个好姐妹也就开始了我们的友谊,直到今天。当年的我们一起学习,一起打闹,一起写小说,一起改歌词……总之我们的生活丰富多彩,因为有彼此而变得不同。我们走进了彼此的生命,让共同的青春不虚度此行。在学业繁重的高中生活里,竞争是不可避免的,最好的朋友也是最强大的对手。在高二下学期之前,我们四人中的一个始终占据着第一名的位子,我始终在第二。可这并没有影响我们之间的友谊。有一次她考试失利,成了第四名,郁郁寡欢,我就写了一张字条鼓励她好好学习,不要被一次失误而打倒。她的回答让我印象深刻,她说:怡心①,你是我最温暖的朋友和最好的对手。(D-F-8)

同伴群体对于青少年的重要影响已是学界共识。在《学做工》的民族

---

① 此处为化名。

志部分，威利斯说："成为'家伙们'的关键是融进这个圈子，自己不可能形成一种独特的文化。一个人没法制造乐趣、气氛以及社会身份。加入反学校文化意味着加入一个群体，享受这种文化则意味着能够在群体中打成一片。"[①] 在国内有关底层子弟文化生产的研究里，底层子弟正是加入了非正式群体，创造和生产着一种亚文化，既享受其中，最终又受制于这种亚文化。循规的农家子弟虽然没有创造或者加入一个以抵制为中心的亚文化群体，但他们在学校也与同学、老师发生着种种互动，创生着独特的文化氛围。成绩好的同学组成学习共同体，有相同兴趣爱好的友谊小圈子同样是一个基于人与人关系而成的非正式群体，也需要乐趣、经营和维护，为置身其中的个体提供身份、意义和归属。

除了非正式群体，作为正式群体的班级也常常能够为他们的学业提供一个富有意义的制度情境。

> 初三，按照往年的传统，要按照初二期末的成绩重新调班。不过不是那种把尖子选出来重点培养，而是让每个班实力都比较均衡。我在这一年遇到了第三位对我产生深远影响的老师张秀兰，还有我们的校长。她从未做过班主任，第一次做班主任就摊上了一个刚刚重组的毕业班，难度可想而知。但是这丝毫没有吓倒这位没有经验的政治老师。刚开始的那段日子，班里出了奇得乱，尤其是在这样一个班级里，同学之间的凝聚力还需要重新磨合。张老师一心扑到了班上，每天就在教室里外来回地转。结果她上小学的儿子就和她说："你就每天守着你那帮宝儿们去吧，甭管我。"当她和我们说这句话的时候，本来是玩笑语气，可到了最后，由于一位母亲的情怀，她的声音变得哽咽，默默地转过身去。再不着调的学生也终究会被这样的一份爱心和责任心感化，这个班终于有了一个集体的样子了。初三的四个班，在教学楼的二层，东边一二班，西边三四班，一直以来的魔咒就是东边压着西边。但就在我们那一年，我们推翻了这个魔咒。年终考试，年级前十我们班占了五个，受到学校领导的高度肯定。我们都知道，这一切的成绩，来得有多么不易。（D-M-4）

---

[①] ［英］保罗·威利斯：《学做工：工人阶级子弟为何继承父业》，秘舒、凌昱华译，译林出版社2013年版，第30页。

艾蒂安·威戈（Etienne Wenger）曾提出一个社会学习理论——实践社群（community of practice）理论。他认为学习（learning）可以被分解为四个相互联系的部分：身份、意义、实践以及社群。学习既是习得新经验的过程，也伴随着在一个社会群体获得归属感的过程。[1] 农家子弟虽没有因来自底层而形成抵制学校的亚文化群体，但在学校制度情境中与教师形成了一种"渴望关注—优异成绩—欣赏支持—保持优异成绩"的关系结构。他们也经常以学习为中心形成非正式的学习团体，班集体的存在也让他们的学业成就具有了超出个人的意义，因学业收获了快乐、友谊、成就感和归属感。在这种联合生活里，成绩是一个重要的脚手架，但相互的理解和支持在其中有着更关键的意义。

因此，农家子弟的学业成功虽然基于埋头苦学，但也并不总是独狼式的奋斗。在对成绩的追逐中，农家子弟也创生出以学业成绩为轴心的联合生活，取得教师的欣赏和支持，在正式群体——班级中创生着超越个体的意义，同时也融入非正式群体，与同辈群体相互支持和砥砺。他们的学业成就绝不仅仅是个人的成就，而是受益于一个群体的关系结构和一种充盈着意义感的联合生活。

总的来看，农家子弟因其贫寒生活境遇而可能生成吃苦耐劳、坚韧不拔的品质，这与中国学校文化推崇的品性具有内在一致性。当他们在家庭的生活处境与学校相连接时，家庭之寒又孕育出了对老师目光的渴求、单向度优越的心态以及"滴水之恩当涌泉相报"的朴素信念。在对成绩的追逐中，他们进而与教师、同学构建了一种以成绩为轴心的联合生活。由此，我们认为在这些农家子弟的学校生活实践中，他们生成了一种与中国情境下的学校文化及其内在要求相契合的心性品质，这里称为"学校化的心性品质"。学校化的心性品质帮助农家子弟在学校生活中与师长、同学建立生命关联，在学校中收获友谊与关爱，适应学校生活，进而取得高学业成就。

现在看来，遵循学校制度安排，取得高学业成就的农家子弟依然有自己独特的文化生产。贫寒的农家子弟基于自己的底层身份生长出了一

---

[1] 转引自 Ernest Paul, "Communities of Practice: Learning, Meaning, and Identity", *British Journal of Educational Psychology*, Vol. 72, 2002, p. 460。

种自然动力,一些非常规的文化观念和事件反而促成一心向学的意志。同时,底层子弟在贫寒的家庭和学校生活中对"钱"有着特有的敏感,而父母的辛劳付出和逐级跨越学业阶梯所需的大量投入形成一组矛盾,使得他们承受着"有负担的爱"。学习在他们那里不仅是个人事务,而且是一种道德事务,具有更强的道德意味。因此,他们生成了一种道德化的思维。再者,农家子弟也在中国"读书改变命运"的文化底色之上进行着独特的文化生产,农家子弟因贫寒生活境遇而生成的心性品质也与中国学校文化具有内在一致性。农家子弟极度依赖成绩以获得自信心和优越感,生出了一种追求单向度优越的心态,也衍生出了以成绩为轴心的联合生活。

事实证明,《学做工》中绘制的那样一种统一的、宿命式的底层文化世界破碎了,文化生产未必导向社会再生产,反而可能真正引向生活的重建。正是这种能够引向生活重建的文化生产将个体的命运最终引向了阶层突破。但取得高学业成就、进入精英大学并不完全意味着阶层突破,农家子弟文化和意义的生产也更不会停止。这样一种文化生产的独特性和创造性就在于此——它既导向生活的重建,也会引发命运新一轮的波折。

# 第四章　文化生产的暗面

> 这些生命本来想要身处暗夜，而且本来也应该留在那里。将它们从暗夜中解脱出来的正是它们与权力的一次遭遇：毫无疑问，如果没有这次撞击，对他们匆匆逝去的短暂一生，不可能留下片纸只言。权力埋伏在那里，守候着这些生命，监视着它们，追踪它们，权力也会关注它们的抱怨和小打小闹，哪怕只是偶尔；权力的爪牙还会袭击它们，在它们的身上留下权力的烙印。……所有这些生命，本应注定活在所有话语不及的底层，甚至从未被提及就销声匿迹。它们只是在这次与权力稍纵即逝的接触中，才得以留下自己的痕迹，短促、深刻，像谜一样。……那些生命正在那里谈论着自身，为什么你不去听听？[①]
> 
> ——米歇尔·福柯

我们已经发现，在"反学校文化"之外，中国农家子弟还存有一种通往高学业成就的文化生产。这种文化生产创生出的"先赋性动力""道德化思维""学校化的心性品质"有力支撑着农家子弟的学校生活。高学业成就的获得与其不利的阶层地位紧密相连，遵循的是"物或损之而益"的文化生产逻辑。不过，在《道德经》里，"故物，或损之而益"并没有说完，还有后半句是"或益之而损"[②]。如果说这种有助于取得高学业成就和向上流动的文化生产具有了一种诗情画意般的美感，那么随着求学阶段的演进，这种美感背后隐匿的暗面就会渐次明晰起来，伴随着意想不到的一些后果。

---

[①] [法]米歇尔·福柯：《无名者的生活》，李猛译，《社会理论论坛》1999年第6期。
[②] 陈鼓应注译：《老子今注今译》，商务印书馆2003年版，第233页。

# 第四章　文化生产的暗面

## 第一节　农村出身：一种复杂的情感结构[①]

生长在农村的人们一旦遭遇城市就会变得格外敏感，这在20世纪90年代以来以"追寻、苦难、异化和悲悼"为主题的"乡下人进城"小说中表露无遗。[②] 造成这种状况的原因就像秦晖所指出的那样："在当代发达国家，农民（farmer）属职业概念，意指经营农场、农业的人，与渔民、工匠、商人等职业属并列关系。但在很多不发达的社会，人们谈'农民'时想到的都不仅仅是一种职业，而且也是一种社会等级，一种身份或准身份，一种生存状态，一种社会乃至社会的组织方式，一种文化模式乃至心理结构。"[③] 中国城乡二元政治和经济结构也在不断生产着农家子弟的社会身份，规制其语言和行动的生产机制，铸就了"读书的料"特殊的生活境遇和情感体验。

### 一　隐匿的社会排斥

如今，虽然较为政治化的"阶级"概念已经很少使用，但为了发泄情绪、表达感觉，年轻人还是被分成了"富二代"和"屌丝"两个带有"阶级"意味的群体。甚至一个高中生曾经跟我抱怨，老师和学生也是两个"阶级"。这些日常生活中富有"阶级"意涵的话语虽然未必严谨，却说明每一个个体都有对自己在具体情境中社会地位的敏锐感知。这种情况在农家子弟那里表现得尤为明显。尽管在改革开放之后，户籍制度不再限制他们在物理空间意义上的流动，各种或明或暗的社会排斥还是感同身受。

---

[①] 本节部分内容已发表，参见拙作《农村出身：一种复杂的情感结构》，《青年研究》2018年第6期；《向上流动的文化代价——作为阶层旅行者的"凤凰男"》，《中国青年研究》2016年第12期。

[②] 令狐兆鹏：《九十年代以来"乡下人进城"小说的修辞与意识形态》，苏州大学，博士学位论文，2012年。

[③] 转引自王可园《"底层社会与抗争性政治"还是"基层社会与创造性政治"》，《中国农业大学学报》（社会科学版）2015年第3期。

美国社会心理学家博格达斯（Bogardus）提出过著名的社会距离量表（Bogardus Social Distance Scale）[1]，用以测量人们对于种族的接纳程度。其中愿意"结成亲密的关系或通婚"属于接纳的较高等级。当然，农村和城市的区分与种族区隔性质不同，但"二元户籍制度和经济社会发展上的巨大差距使得农村居民成了事实上的'二等公民'"。[2] "知乎"上的一个提问和最高票回答之一向我们充分展现了这一微妙的社会排斥。提问者的问题和描述为："为什么有人认为城里人不要找农村人谈恋爱或结婚？"提问者还特别解释道：

> 谢谢大家，首先这个问题丝毫没有贬低或瞧不起农村人的意思。其实我就是这个城里人（男，成都市），农村人就是公司同事（当然是女的，还有一个亲弟弟），身边经常有人提出我所提问的这个观点（包括自己父母）。平时相处很不错，她人也很单纯很随和，彼此都挺有好感，所以现在不知道该不该发展下去。[3]

最高票回答之一来自一名叫作"北八"的网友，摘录如下：

> 你花钱如流水，因为你从小不缺钱。她节衣缩食，因为从小困苦。这能说明谁错，谁都没有错，只是不同而已。你想要尽情享受生活，而她却想要严格控制支出；你和她谈《尤利西斯》，她给你说《知音》《读者》《故事会》；你看党同伐异偷自行车的人，她要看"乡村爱情""韩国泡菜"；你说能不闹吗？[4]

安妮特·库恩（Annette Kuhn）曾这样定义阶级："阶级是你衣服掩盖下的东西，皮肤里的东西，在你的本能反应之中，在你的心灵之中，在你

---

[1] Emory S. Bogardus, "A Social Distance Scale", *Sociology and Social Research*, Vol. 17, 1933, pp. 265–271.
[2] 秦惠民、李娜：《农村背景大学生文化资本的弱势地位——大学场域中文化作为资本影响力的视角》，《北京大学教育评论》2014年第4期。
[3] 佚名：《为什么有人认为城里人不要找农村人谈恋爱或结婚？》，知乎（https://www.zhihu.com/question/23946075）。
[4] 同上。

存在的最核心之所。"①当然,"农村"出身并非马克思意义上二分的阶级标签②,而更接近马克斯·韦伯从阶级意涵中所分析出的身份和等级。③ 农村在今天的中国依然逃不脱门第出身乃至阶级的话语范式,农村出身被符号化成了特定的消费观、品位、价值观、心理和人格特质。农村出身对于农家子弟而言远不是在婚恋时才遭遇以"只是不同"为名的社会排斥。在访谈中,一位农家子弟这样回忆起自己的大学生活:

> 像我们宿舍有四个是农村出来的。另外有一个家境比较好,家里好像是湖南那边的一个官。那个时候比较喜欢打游戏,我又属于打得比较好的,总能赢他,他就特别不服气。结果有一次好像是连赢了他好几把,他就有点怒了。他就说:"除了这个,你还有什么比我好?"他意思其实很明显,就是说可能无论是家境、长相各方面可能都比我好。我现在能记得这么清楚,说明当时一定对我有很深刻的影响。我当时还是挺不好受的,但是他那个话我又没有办法反驳他,他说的也是事实。所以我就有点屈辱的那种感觉,就觉得很委屈,觉得大家就是玩玩嘛,你干吗要这样呢?但是又觉得别人那样,我又无力反驳。(A - M - 5)

在现实处境之外,延续历史脉络而来的宏观社会结构内隐的一系列社会排斥都在不断形塑着农家子弟的身份认同。舒茨指出,作为社会科学分析对象的普通人,当他们面对外在世界、理解世界时,并不仅仅是在进行感知的活动。他们和科学家一样,也是运用一套极为复杂的抽象构造来理解这些对象;换言之,人们对外在世界的认识,并不是一个从无到有的认知过程,而是一个以"先入"结构为前提的。这样一些由抽象构造组成的

---

① Annette Kuhn, *Family Secrets*: *Acts of Memory and Imagination*, London: Verso, 1995, p. 98.
② 一个多世纪之前,马克思(Karl Marx)和恩格斯(Friedrich Engels)在工业革命后根据"是否占有生产资料"认为:"社会整体越来越分裂为两个大的敌对阵营,两个大的阶级互相对立:资产阶级和无产阶级。"参见 Marx, K. and Engels, F., *Manifesto of the Communist Party*, Moscow: Foreign Languages Publishing House, 1848, p. 49。
③ 相比于马克思政治化的阶层含义,马克斯·韦伯则认为阶级"本质上是一个经济现象","恰恰是由一个人的'市场处境'(market situation)决定的","拥有财产"和"缺少财产"是"所有阶级处境的基本类型"。参见 Stephen Edgell, *Class*, Routledg, 1993, p. 13;以及李路路《论社会分层研究》,《社会学研究》1999 年第 1 期。

"先人"结构就是知识库存（stock of knowledge）。① 与农村有关的社会制度、社会事件、小说、电视剧都会成为农家子弟"知识库存"的一部分。对于农家子弟而言，农村出身就是阶层差异生存于其中的方式，经济社会地位的落差隐匿着种种社会排斥和个人痛苦。农村出身不仅是外在标签，也是一种内化的心理感受，饱含着情感，也积累着能量。

## 二 三重羞耻感

在重城市、轻农村的政策指引下，城乡经济政治发展长期不平衡。按照李强的观点，改革开放只是以经济上的不平等取代了政治上的不平等。②但经济上的处境不利必然再造政治（社会地位）与文化权利上的处境不利。③ 事实上，城乡经济社会发展的不平衡已然导致教育资源分布的长期不均衡。在市场经济的大潮下，农村吸引不来优秀教师，也很难留住优秀教师。这迫使"读书的料"更早地进入城市学校体系，深刻体验城乡的不平等，从而留给他们一连串刻骨铭心的记忆。

> 之前就是我们班好像要穿校服，升旗的时候穿。那个校服大概是四五十块钱吧，其实我有那四五十块钱。但是我当时英语特别差，我就想买一本语法书。我自己跑新华书店看，那个书正好是50块钱，我当时犹豫了半天。因为班里有一套免费校服名额，我就想到底是找班主任说能不能给我这个名额呢，还是把那个钱用来买校服，犹豫了半天。那个语法书我真的觉得特别好，也对我特别有帮助，所以我就找班主任说了。我那个同桌，他家人是我们学校老师，家境比较好。然后我下课的时候就找了他，我们关系比较好，他就问，你找老师干什么去了，我就说我找老师去说免费校服，我想要那个免费校服，这

---

① 李猛：《舒茨和他的现象学社会学》，载杨善华主编《当代西方社会学理论》，北京大学出版社1999年版，第1—35页。
② 李强：《政治分层与经济分层》，《社会学研究》1997年第4期。
③ 2010年，我国人大才通过城乡居民同票同权的草案。2004年实施的《最高人民法院关于审理人身损害赔偿案件适用法律若干问题的解释》，该司法解释第29条规定，死亡赔偿金按照受诉法院所在地上一年度城镇居民人均可支配收入或者农村居民人均纯收入标准，按20年计算。这也就意味着同命是无法同价的。生不能同权，死不能同价。伴随生在农村所引发的自卑，也就是在这一系列看起来风轻云淡的生活实践中扎根的。

个事也就过去了。但是我跟他说完之后,他之前好像也没觉得说我们俩家境不一样,好像之后他就有这种意识了。如果我不在意那个东西就好了,但是我在意那个东西,他又有那个意识,所以就是让我们之间可能有一段时间有点奇怪吧。(A-M-5)

农家子弟要想实现向上流动就必须与中上阶层子弟打交道,学会如何在中上阶层社会立足。但他们毕竟所能享受的物质条件不如中上阶层子弟,他们的原生家庭也不可能像中上阶层家庭那样传递一套系统的中上阶层文化资本。安妮特·拉鲁(Annette Lareau)通过对美国不同阶层、种族家庭生活的观察和访谈,认为底层子弟在历经教育制度的体验中很容易形成"疏远感、不信任感和局促感"[1]。在自传和访谈中,有同学就说到了自己的这种感受。

> 高中三年,是我最不想回忆的三年,是非常痛苦的三年。至今为止,不只是学习上,还有心灵上、情感上……高中是我第一次住校,除了生活中的各种烦恼,还有学业压力,在考试结束后就会痛哭,觉得自己考得太差了,对不起父母,内心总是充满种种自责和羞愧。一放假就会回家,还是和爷爷、奶奶一起住。当时的年龄觉得应该和父母在一起多交流,但是他们并没有在身边。我想要一些帮助的时候,周围好像只有我一个。看到同班同学的穿着和说话,就深深感受到自卑,觉得自己不会搭配,衣服穿得好丑,洗漱用品也不会挑选,对生理的各种改变非常惶恐;由于遗传的缘故脸上都是斑点更加不自信;不敢说话,总担心自己说错话,经常会觉得没有人喜欢我。(D-F-19)

> 最让我感到羞耻感的一件事。每周的语文作业是一个作文,当时我也比较懒惰,是从作文书上抄的一篇。我还记得当时抄的那篇叫"洗抽油烟机",大意就是讲一个孩子和父亲一起清洁抽油烟机的故事。交上去后班主任一眼就看出来是抄的,因为按照我家的经济情况不可能有抽油烟机,还在旁边批注。我早已经忘记了批注的

---

[1] [美]安妮特·拉鲁:《不平等的童年》,宋爽、张旭译,北京大学出版社2018年版,第3页。

内容，但还记得那种伪装被戳穿脸红得快烧起来的感觉，按照现在的说法是卖弄失败被当众戳穿的感觉，贫穷的自卑感如潮水般席卷而来。（A－F－11）

制度壁垒和隐性歧视并不是直接加诸农家子弟身上，而是通过具体的生活实践渗入农家子弟的心灵深处。而显然，消费是生活的核心。贺雪峰曾指出，农民不具有从容消费的能力。① 实际上，不仅是农民，其子女在长期共同生活中也失去了从容消费的心态。对于他们来说，钱财很难成为身外之物。2015年12月，第一次去找A－F－1访谈时，她正在图书馆自习。打算请她去星巴克喝咖啡，她的表情紧张起来，执意不肯。不知怎么，我能某种程度上感受到她的考虑。首先，农村孩子从小到大并不喝咖啡，喝咖啡并不是我们②"生活的式样"③。虽然只是几美元，但我们的家庭从过去到现在都是抠算着钱，紧巴巴地过日子。即使离家万里，到了美国，潜意识里也总要乘以六换算成人民币，能省一点是一点。对于家境优越的城市中上阶层子弟来说，上学期间，父母一般会提供足够的生活费用，钱不是什么需要在意的事情。而工作以后，当她/他不好意思问爸妈要钱时才体会到没钱的感觉。而农家子弟却与此相反，上学期间生活费很少，花父母的钱觉得这是他们的血汗，往往还要做兼职挣钱，花自己挣的钱也总有种隐隐的内疚感。工作以后，他们才终于体会到有钱的感觉。④

上大学虽然给予了家庭以声誉上的回报，但也同时带来极大的经济负担。尽管有些农家子弟已经可以靠自己的努力逐步实现经济独立，但家境的差异会直接反映在消费的差异上。受制于家庭经济条件，他们缺乏主动交际所需的消费能力和消费心态，还是会在相当长的时间里承受父母有负担的爱。他们经常怀着对家庭的歉疚、自我的自惭形秽，过着清贫的生活。

生活上，那时候我记得很清楚，一两饭是2毛钱，青菜是5毛钱，

---

① 贺雪峰：《农村价值体系严重荒漠化》，环球网（http://opinion.huanqiu.com/opinion_china/2014-06/5032058.html）。
② 这里使用"我们"是因为我本人也是农村家庭出身，自然也是这个群体中的一员。
③ 汤一介、闵惠泉：《文化历程的反思与展望》，《现代传播》1996年第3期。
④ 此处观点受益于与闫予沨的讨论。

第四章 文化生产的暗面

肉是1块还是1块5,我记得我那时候特别穷,2两饭,一个青菜,不敢在食堂和大家一起吃,自己装饭盒带回宿舍吃。觉得蛮自卑的,别人都吃那么好,我一个人装在饭盒里吃,就怕别人知道我吃的这么清淡。(A-F-1)

我们宿舍一个女生,是官二代。她爷爷是国外大学毕业的,她太爷爷是矿业家。她就属于那种各项全能,她的生活、她的那个水平,待人接物就是……那是我第一次意识到自己在待人接物方面有差距。另一个女生是知识分子家庭出来的,她有那种清高和那种审美。无论是智识上,还是视野上,包括对物质的观念上,都比我高很多个层次。(A-F-4)

黄灯[①]也曾这样描述自己从农村走出来的丈夫:"可以说,尽管农村出生的读书人通过个人努力得以改变身份,但只要和出生的家庭还依存各种血肉关联,那份深入骨髓的卑微、渺小和人格的屈辱感,就会渗透到生活的方方面面。"[②]处于求学进程中的农家子弟在面对公共机构和中产阶层社会时容易手足无措,难以融入,产生强烈的自卑感。这便是第一重羞耻感。事实上,每个人都有可以被他人歧视的地方,也都在某些时刻、某些情境中感觉到自卑。一个自信的人并不是不自卑,而是成就带来的自信将自卑遮住。当然,农家子弟可以依靠自己的力量走出自卑,但那些记忆无法忘记,自卑却早已在心底刻下印记,成为一生的注脚。"无论其后面的发展如何顺利,都改不了这一制度环境所赋予的生命底色。他们都成了敏感的人,每个人心中都有着不为人知的记忆,人们经常只看到他们外在的成功。"[③]

这种对自我的羞耻感也很容易衍生出对家庭成员的羞耻感。一位农家子弟在自传中这样写道:

以前我总是习惯于向别人说起我的妈妈,除了母亲和儿子联系紧

---

[①] 黄灯,1974年生于湖南汨罗,现任职于广东金融学院财经传媒系。2016年春节前夕,她所撰写的文章《一个农村儿媳眼中的乡村图景》成为网络热点。
[②] 黄灯:《回馈乡村,何以可能?》,《十月》2016年第1期。
[③] 参见康永久《村落中的"公主":城市化进程中的成长陷阱》(未刊稿)。

密以外，还因为她有一份至少体面的工作——教师。从高中到大学，身边大都是城里的同学，我都很害怕别人去问我的父亲是做什么的。一个原因是他只是农民，干的是"修地球"的工作。劳动不应当是光荣的吗？可是为什么在之前我对父亲的职业那么羞于启齿？每当我被迫吐露出这一点后，总感觉心理上矮了一截。有一些人知道后，虽然轻描淡写，但之后总觉得两个人的关系中总有那么一丝不平等的味道。（D-M-22）

美国学者迈克尔·格兰姆斯（Michael Grimes）和琼·莫里斯对45名工人阶级背景、身处学术界的社会学家进行了研究，发现"62%的被访者曾经因自己的父母、亲属、家庭或邻居而感到羞耻"[1]。"看到他的儿子不断向上走，通过留在学校圆满完成了他强加的契约。但这意味着他们现在可以控制他，可以在他面前摆架子……确实，如果这个父亲的牺牲成功地转变了他孩子的生活，他就成了他们的负担，一种羞耻。"[2] 法国女作家安妮·艾诺（Annie Ernaux）在《位置》中也曾这样描述她的父亲：

> 散步时，他从来不知道两只手该怎么摆。……看我盘子里还剩一点食物没吃完，他会痛心万分，盘子吃得干净简直可以不必洗就收起来……他的一生，以及从我青少年时期就存在的，他和我之间的距离。阶级的距离，可是，是一种特殊的，无以名之的阶级。就像分据两处，不相交的爱。[3]

一位农家子弟则这样回忆起自己与父母之间在日常观念上的冲突：

> 比如说一个苹果已经坏了一点点，我觉得不能吃了，我妈就说那边切掉可以吃，然后我就恨不得把那个苹果从墙上扔走，就是这种心

---

[1] Michael Grimes and Joan Morris, *Caught in the Middle: Contradictions in the Lives of Sociologists from Working-class Backgrounds*, Praeger, 1997, p. 55.

[2] Wolfgang Lehmann, "Habitus Transformation and Hidden Injuries: Successful Working-Class University Students", *Sociology of Education*, Vol. 87, No. 1, 2014, pp. 1–15.

[3] [法] 安妮·艾诺：《位置》，邱瑞銮译，（台北）皇冠文化出版有限公司2000年版，第79、62、22页。

理。我可能有点痛恨他们这种观念，我觉得为什么非要吃那个呢。当时特别不理解。但是我爸也不会说这些，他也不会说，你说的不对，或者怎么样。我觉得他们确实是苦日子过多了，就形成这种非常惜物，觉得扔什么东西都很浪费，我可能确实也心里觉得，那样说其实并不理解我爸爸，或者说对那种观念缺乏理解和尊重。（A-M-5）

进入精英大学的农家子弟容易因自己父母或亲属的观念和行为而感到尴尬、不理解甚至是怨恨。在求学历程中，他们逐渐内化了一些城市中产阶层的生活式样，但其家庭显然不具备支撑这种生活方式的经济条件。这样，这些农家子弟就很容易因原生家庭而感到羞耻，这便是第二重羞耻感。

但我们不能忽视的是，个体不会安于对自我及家庭成员的羞耻感，也会对这些羞耻感做出反应。在威利斯的研究里，有志于通过教育实现社会向上流动的循规生"期望权力关系最终反映出的只是能力上的差别"①。"读书的料"容易把自己能够脱颖而出的原因归于个人能力出众并引以为傲，但他们还是免不了在充斥中上阶层精英的环境中陷入某种因家庭背景或缺乏中上阶层文化资本引发的自卑。从某种意义上说，"读书的料"是自傲与自卑的矛盾结合体。一方面，他们会因自己生发出的羞耻感而感到羞耻。另一方面，他们相比于中上阶层子女又更清楚家庭对自己的付出，深知对自己的家庭成员，特别是父母应当感恩。但当他们为自己的出身或家人而羞耻，他们又会认为自己"不懂事"，这种羞耻感和怨恨是不应当的。自我道德上的压制带来"对羞耻的羞耻"，也就是第三重羞耻。这一重羞耻是最让人痛苦和煎熬的。

## 三 情感结构的隐与现

情感结构（structure of feeling）② 是雷蒙德·威廉斯曾提出的一个连接个体感受与社会结构，连接寻常生活经验与宏观历史性结构变迁的概念。③

---

① ［英］保罗·威利斯：《学做工：工人阶级子弟为何继承父业》，秘舒、凌旻华译，译林出版社2013年版，第144页。
② 在中译本《漫长的革命》中，译者将其译为"感觉结构"。
③ Ben Highmore, *The Everyday Life Reader*, Routledge, 2002, p. 92.

## "读书的料"及其文化生产

威廉斯曾这样描述情感结构：

> 正如"结构"这个词所暗示的，它稳固而明确，但它是在我们活动中最细微也最难触摸到的部分发挥作用的。从某种意义上，这种感觉结构就是一个时代的文化。……新的一代以自己的方式对它所继承的那个独一无二的世界作出反应，在很多方面保持了连续性（这种连续性可以往前追溯），同时又对组织进行多方面的改造（这可以分开来描述），最终以某些不同的方式来感受整个生活，把自己的创造性反应塑造成一种新的感觉结构。[1]

情感结构不只与人们的日常生活连接在一起，也被特定时空下的社会结构所塑造。每一类社会群体都有自己独特的情感结构，每一代人的情感结构也都带有这个时代的特点。[2] 在城市化的大潮中，与农村出身相关的情感体验以不同的形式印刻在农民、农民工、农民工子弟、留守儿童心里。熊易寒的研究中展示的农民工子女在城市生活中感受到的不安、恐惧与歧视更是鲜明。农民工子女与城市儿童存在"看不见的城墙"。[3] 对于农民工子女来说，种种社会排斥既基于身份或社会地位，又基于身份牵连的经济地位。"城里人看不起外地人，这几乎是孩子们的一个共识。"[4] 与外来务工者及其子女往往处于城市的边缘不同，高学业成就的农家子弟要进入的却是城市的中心。这些农家子弟在农村家庭和城市精英学校的穿梭之中，切身感受着农村出身意指的"不同"。资源匮乏实实在在地影响了农家子弟的种种生活选择，他们常常能够敏锐地感受到弥散在空气中的阶层差异。但这种情感体验并不是无时无刻不在的，也会随着时间发生改变。

有农家子弟自陈："走在校园里没有主人的感觉，尤其不能忘记的是大一开始时那种卑微到尘埃里的感觉。"[5] 也有农家子弟表示对自己农村背

---

[1] ［英］雷蒙德·威廉斯：《漫长的革命》，倪伟译，上海人民出版社2013年版，第57页。
[2] 同上。
[3] 熊易寒：《当代中国的身份认同与政治社会化——一项基于城市农民工子女的实证研究》，复旦大学，博士学位论文，2008年。
[4] 同上。
[5] 秦惠民、李娜：《农村背景大学生文化资本的弱势地位——大学场域中文化作为资本影响力的视角》，《北京大学教育评论》2014年第4期。

· 160 ·

景的感觉经历了一些变化：开始只是感觉各方面有一点差别，或者说有一点担忧，不太自信，这是一个阶段……随着时间推移，各方面觉得也慢慢地合拍了，感觉挺好的……到大四，开始考虑一些现实问题时，又会出现这种问题。① 在一次课题讨论中，一位农村出身的本科生觉得农村出身"平时不提也不觉得什么"，但每次说到与自己农村背景相关的事情，比如自己父母的职业时，一说就有点心虚的感觉。这种"心虚"并非孤例，牵连着这个群体的文化特质。

熊易寒认为："农民工子女的身份认同的形成是由事件驱动（Event-Driven）的，冲突性事件激活了处于休眠状态的社会边界（social boundaries），使潜在的身份可能性转化为明确的身份认同。"② 农家子弟对自己农村出身的敏感也同样在这类带有冲突性质的事件中表现得最为明显。

> 倒不是我自己非要去感觉的，但是我自己身边有这样的人。我们实验室有一个特别嗲的妹子，成天自诩自己是市里的，是独生子女，有时候会说："唉，你们村子里那些事我都不知道。"就有时候会让我们觉得……我们实验室里农村的其实挺多的。我也不会去说什么，她也是师姐，我看不上她就少搭理她呗，但有些脾气躁的就会顶她一句。农村结婚时，女方不是也要给回礼吗？然后那个师姐就说："那是你们农村才有吧，我们这里都没有的。"另一个师姐就说："什么没有啊，是你自己不知道吧，结婚哪能没有啊。"这个师姐其实也是市里的。当时，我们是在聚餐，师门聚餐，只有老师不在。我们实验室14个人，8个是农村的，所以她这是干吗？引起公愤。我原先一直以来都不会把自己当成农村的，觉得自卑啊什么的，但是这种人真的应该好好教训一下。内心里面会想和她较劲，想要超过她，比她厉害。（A-F-9）

在求学路途中，农村出身是在具体事件和由此引发的心理感受中不断强化和再造的。考虑社会成员之间社会关系的角度之一是"人们对自身与

---

① 王学举：《农村背景对他们意味着什么？——基于两位农村大学生的个案研究》，《青年研究》2007年第11期。
② 熊易寒：《当代中国的身份认同与政治社会化——一项基于城市农民工子女的实证研究》，复旦大学，博士学位论文，2008年，第108页。

他人的区别（distingush）和认同（identity）问题"①。正是与另一个团体的差异造就了团体成员们之间（有别于类同）的相同。② 农家子弟会主动维护自己的身份认同。对于农村出身，他们也会在被歧视、污名、反抗和抵制中进一步对农村出身产生认同，产生我们与他们不同的想法。对他们而言，农村出身不仅在冲突性事件中展现，也隐匿于日常生活之中，在主动和被动的比较中浮现。

必须认识到，每一种有明确指向的情感都潜藏着它的反面，也都随时可能向它的反面运动。每一种情感内部也都潜藏着缝隙、矛盾甚至是断裂。在不同的人那里，即便是面对同一事件，也能激发出完全不同的心理和情感体验。有农家子弟讳言农村出身，畏言自己父母的农民身份，恨不得将自己的农村背景隐身以获得他人的认同。但事实上，不同农家子弟的体验可能会非常不一样，同一个人在不同的人生阶段对此可能也有不同的感受。

A-F-1是南方一所重点大学的博士生。访谈起初的第一个问题就是问她有没有讳言过自己的农村出身。她说，"从来没有，一直都很坦诚"。在平时交流中，她会很自然地和朋友说自己"以前干农活""力气大"，在聊天中多次提到"怎么别人长得那么漂亮，我那么丑"，"我不是白富美"。每次说到自己面对的困境，最常提到的就是"没办法""什么都可以靠自己解决"。但她也曾自卑地不敢在食堂吃饭，从逛街和交友中感受着和同学的贫富差距。从她的生命故事来看，如今她似乎已不会因自己的农村出身而感到自卑，反而洞察了自己所拥有的与农村生活相关的骄傲。她甚至感叹，有的城里女孩很"懒"，早晨不吃早饭，"太阳一大午餐也不吃了"，"衣服几个月堆在那里都发霉了"，而自己会缝纫，做饭是一把好手。她有基于农村艰苦生活的习惯，规律的生活，节俭勤劳，并以此为骄傲。她很早就坦诚接受了自己成长的底色，将农村出身作为自我认同的一部分，至少是过去的自己的一部分，所以才会有"从来没有"的答案。A-F-13在访谈中虽然坦承自己"性格里就有点自卑"，但也有出身农村的骄傲，"从农村考出来说明我用更差的教育资源达到了和其他人一样的水

---

① 转引自秦惠民《农村背景大学生文化资本的弱势地位——大学场域中文化作为资本影响力的视角》，《北京大学教育评论》2014年第4期。
② ［法］让·鲍德里亚：《消费社会》，刘成富、全志钢译，南京大学出版社2014年版，第76页。

第四章 文化生产的暗面

平"。A-M-10则认为农村的生活经历让他"比较能吃苦","重感情","为人会比较谦虚一点","对于身边的朋友比较重视"。

在访谈中，A-M-8是唯一一个对城里人表达出强烈鄙夷态度、对农村身份尤为认同的一个。他在访谈中说："我就觉得城里人特别low，课上小组讨论什么的我都会说我是农村来的。"在自传中，D-M-21也表达了类似的想法，但他说得更复杂。

> 我本身也是农村出生，也经历过不少痛苦，可是和大部分的农村孩子不一样的是我似乎变得更加的顽强。我常常对城里的孩子持一种鄙夷的态度。他们不如我自立，他们的生存能力不如我，他们不如我聪明，我在和他们相处的过程中总能找到数不清的优越感。但是就好像动物世界里上演的那样，一只小羚羊可以嘲笑一只小狮子不能自己站起来，可以嘲笑它不能自己吃饭，可以嘲笑他整天嬉戏打闹不务正业，但是有一天狮子会长出獠牙，那是小羚羊无论怎么努力都长不出来的东西。就好像丑小鸭会变成白天鹅不是因为它有多努力，而是因为它的父母本身就是天鹅，它生来就会飞，不论身边的小鸭子如何嘲笑它的外貌。(D-M-21)

可是，在这种自傲里也沉潜着自卑，隐藏着一种深深的介意、一种出人头地的雄心。A-F-4已经硕士毕业，走上工作岗位，在访谈中说自己总有"自我认同"的困惑，觉得"从一种文化"跳到"另一种文化"很痛苦。

> 我是会观察、模仿。我觉得最本质的东西不是你买了什么，最本质的东西是自信，她们可能没有那种匮乏感。我觉得这两年自己的变化就是，一开始特别地和过去的自己——就是过去自己成长的经历、家庭的经历那些过不去，要去抛弃，远离自己原有的文化，去学习城市里新的生活方式。我是那种很擅长去观察的人，就去看别人的生活方式是什么样的，比如你说的看电影、看话剧之类的，说实话我去听音乐会生生就睡着了（笑）。然后生活中去学习、去适应新方式，实在是太会装了，以至于我同事都以为我来自南方的生意人家、土豪家庭。估计大家不知道我为什么会如此自信。当我每年过年回家或者寒

· 163 ·

假回家的时候，或者我打电话回家，发生什么事情，其实很快给你拉回现实里去：你就是属于这个地方啊。(A-F-4)

虽然她有时会掩饰自己的家庭背景，努力融入城市中产阶层社会，但家庭却始终是一个绕不过去的坎。以农村出身为中心的情感结构实际也凸显了他们与其家庭的复杂关联。一方面，他们很清楚原生家庭在求学道路上给予了自己很多支持，父母为自己的求学之旅做出了重大牺牲。他们内心对父母有深厚情感，甚至产生愧对父母供养的心理。另一方面，他们又总会因自己的农村出身而体尝身心的不自如，甚至是自卑。

通过对"读书的料"在这场以教育为马的阶层旅行中情感体验的探索，我们发现进入精英大学的农家子弟既可能因出身于农村而自卑，又会因现在已经取得的成就与出身相对照并为此骄傲。他们既深刻地体验了被排斥的边缘感，也生发出及早自立的快乐。所有这些情感体验都深深植根于他们的阶层身份，即都与"农村出身"紧密相关。农村出身弥散在空气里，凝结成一种复杂的、情境性且随时空而发生转变的情感结构。可以说，农家子弟在攀爬教育的阶梯、实现向上流动的过程中形成了一个以"农村出身"为中心的情感结构。这一情感结构既是外在的社会结构在农家子弟内心的显现，也蕴含着社会行动者的文化自主性。不仅有压抑和隐匿的暗面，还展现出顽强、明朗的那一面。这种情感结构并不稳定，种种矛盾甚至对立的情感相互缠绕。以农村出身为中心的情感结构的复杂性，提醒我们进一步关注这样一群农家子弟在其家庭中的角色以及与父母的关系结构。

# 第二节 "懂事"及其非预期结果[①]

在社会底层家庭，生产和生活高度统合。孩子们不仅清楚生计的重要性与父母的辛劳，也很早感受到自身在此所应肩负的道德责任。正如俗语

---

[①] 本节部分内容已发表。参见程猛、康永久《从农家走进精英大学的年轻人：懂事及其命运》，《中国青年研究》2018年第5期。

所言,"穷人的孩子早当家"。而对于这样一些"早当家"的孩子,人们就常常用"懂事"来褒奖。可以说,"懂事"是社会底层家庭常见的一种教育期待,也是孩子们的一种自然应对。在自传和访谈中,农家子弟常常提及这个词。懂事与前面提到的"道德化思维"有共通之处,但懂事绝不仅仅体现在学业上的勤奋和克制,还有更深层次的意涵。

## 一 "懂事"的多重意涵

对于农家子弟而言,他们是在与父母共同的生活实践而非说教中明晰了"懂事"和"不懂事"的分野的。在这些叙述中,我们总能看到情感。"道生于情""礼生于情"①,在不需要言语的沉默中,他们看见了父母的辛苦,理解了父母沉甸甸的爱。

> 在读中学的时候,父母基本都是在邯郸市摆摊卖菜,一年到头很少回家。爷爷、奶奶搬到我家,周末都是跟他们在一起。仔细想想,我也算是名副其实的留守儿童了。父母之前一直是在家务农,并没有做生意的经验,也没有做生意的能力。所以,他们在外卖菜很辛苦,但是并没有挣太多钱。我放暑假和寒假的时候,会到他们卖菜的地方住。早上天还未亮时,就骑着电动三轮去比较远的地方批发菜,夜幕降临时才回到家。哥哥、嫂子也在卖菜,并且跟着父母一起住。所以,父母挣得微薄收入还要顾着一家子的吃喝,很难再给我拿出生活费了。姐姐在一个饭店打工,每个月有200元的工资,她会拿出100元,寄给我当生活费。在读高中的时候,有一次放寒假去了父母那里。一天母亲拉着三轮走街串巷地去卖,晚上回来后对我和姐姐发了很大脾气。当时,我心里还不服气,还跟母亲辩论了几句。后来听姐姐说,那天下午母亲只卖了三块钱的菜。心里顿时被击打了一下,既心疼母亲,又后悔自己对她的不理解。现在每每回想起来,心里都是酸楚的。(D-M-23)

仔细想来,在自传和访谈中,农家子弟经常是在这样一些意义上谈及

---

① 李泽厚、刘绪源:《"情本体"的外推与内推》,《学术月刊》2012年第1期。

## "读书的料"及其文化生产

"懂事"和"不懂事"的界限的。首先,懂事是对他人的一种关爱与尊重,有时甚至无关对方的对错。因而懂事的人能大度地看待某些分歧,同时又不失自己的主见。

> 我妈她们都说,我是个乖乖女。哪怕和她们意见不一样,我也会换个说法来说,不会驳他们面子,脾气也特别好。她们都是急脾气,我又不是,反正我在家里人缘最好。(A-F-9)

> 我从小就比较懂事,不会吵架也不会顶嘴什么的。从小别人就说,啊,这孩子懂事,我也没觉得我哪懂事。但现在想想可能懂得体谅父母就是最懂事的行为了吧。(A-M-13)

其次,懂事意味着理解,能看到不合理之下的合理,摆脱那种是非分明的概念化思维。但由此也可能会产生最终深深的无奈。

> 高中那时候不太懂事。有一次好像是在晚上吃饭的时候,有一个菜可能是昨天剩的,那个时候天气应该还好,不是夏天,但是我就觉得那个菜不能吃了,我爸就说能吃,他说你不吃我可以吃,他要吃,我特别生气,我就想把那个菜端走,然后扔掉。当时好像我堂哥也在家,我当时特别生气,我好像就说我爸,跟我堂哥说,就算菜有毒他都会吃,就这个意思。当时特别不理解,然后我堂哥好像还批评我了,因为他比我大很多,比我懂事多了。(A-M-5)

再次,懂事意味着疼惜,懂得父母的爱、牺牲和付出,对父母劳作的艰辛感同身受。很多时候,农家子弟并不是受父母之命才去参与家庭劳作,而是真正体恤父母的艰辛。因而在这种关爱与尊重的背后,是对他人生活或处境的一种觉察。

> 现在来看,开始觉得自己懂事是带着弟弟、妹妹以后。就是真正的、不是偶尔一次的、长期性的开始为别人考虑问题了,开始关心别人。最初关心的人肯定是自己的家人。开始关心别人、惦念别人,站在对方的角度去看问题的时候,这个时候就开始懂事了。我四五年级

第四章 文化生产的暗面

还是初一的时候，发现自己懂事了。四年级那一年，我几乎把所有农活全部干了一遍。在我那个年纪，像我一样干过那么多农活的，我身边几乎没有。手上都是茧，脚上都是泡，下雨了也还去地里干活，我印象非常深刻，现在都能记得那个画面。我爸妈要我干，爷爷、奶奶以前不让我干。当时觉得辛苦，但是觉得，好像明白点什么东西。你会突然有一天，自觉到自己和别人不一样了。我有一个小伙伴，有一次他只是做了一件很平常的事，把他们家院子扫了一下，他的家人就一直夸他，懂事了什么什么的。我当时就想，这个也叫懂事了？那个时候就开始觉得自己和别人不太一样。(A-M-10)

此外，懂事还意味着觉察到自己的处境和责任，因而也意味着自立，不给家里添麻烦，做好自己分内的事情。这一点对底层子弟尤其重要。他们并没有因懂事而完全同化家庭的行为模式，而是明白自己的独特性。结果，学习上的独立、不惹事，就成了他们基本的行事准则，"不懂事"则意味着依然过一种任性的生活。

跟我哥关系好一点，我弟没那么懂事……弟弟毕业后在建筑公司，做的不如意，就回家了，打点零工。他以后怎么自立呢？我去过很多次，他做的不满意，他社会经验又没有，他觉得不爽那就不做。(A-F-1)

最后，懂事意味着回馈。说一个人懂事就意味着说他不只想着自己，说话做事能够超越个人利益，考虑到共同体利益。正是在这里，一个展露全新面貌的世界诞生，指引着农家子弟的行动。这时，他们就开始走出狭隘的自我，最终走向了一个新的道德世界。

当一个孩子懂事，就意味着他/她不再是个单纯的小孩，父母劳作的艰辛印刻在脑海，无忧无虑的儿童期过去了，父母的忧虑也成了自己的忧虑，家庭的重担已然共同肩负。叶赛宁曾有华丽却充满哀伤的诗句：

不惋惜，不呼唤，我也不啼哭，
一切将逝去——如苹果花丛的薄雾，
金黄的落叶堆满我心间，

我已经再不是青春少年。①

叶赛宁在此描绘的是一个青春少年内心所发生着的波澜壮阔的变化，无忧无虑的青春就此远去，莫名的感伤、焦虑、压力萦绕心间。对于这些农家子弟而言，他们从懂事的那一刻起真正感受到了家庭生活的困窘和自己肩上的责任，再也不是天真的、无忧无虑的青春少年，而是耳濡目染家庭经济上的窘境，也在不断地试图改变自己和家庭的处境。在这个意义上，懂事与将学业看作道德事务而非个人事务的"道德化思维"是相通的。对于这些有志于通过教育改变命运的农家子弟而言，承担家庭责任的方式就是努力学习。出生在台湾偏远乡村的作家吴念真曾这样回忆起自己父亲奖励自己一支钢笔的故事。他写道："爸爸今天买了一支俾斯麦的钢笔给我，奖励我考上初中。这支钢笔很贵，爸爸可能要做好几天的工。他的心意和这支笔我都要永远珍惜……"② 正是在这个意义上，底层子女由此看到了一个道德世界，知道自己该干什么、不该干什么。当一个孩子懂事了，他就具有了一种共同体和利他的意识，整个世界也更有可能因这种懂事与他产生新的关联。

必须注意到的是，"读书的料"的"懂事"是与"不懂事"交织的。他们疼惜、体恤父母的辛劳，但却选择了一条漫长的求学之路，这意味着可能的回馈还在遥远而不可知的未来。这样，"疼惜"和"回馈"就成了一个矛盾体，编织着他们与家人的关系结构。如果农家子弟选择及时回馈，那么他们就会放弃学业，及早进入社会，自食其力，为父母分忧，成为"做事的料""做工的料"。唯有"疼惜"和"回馈"无法两全，唯有"不懂事"，他们才能走上这样一条通过教育向上流动的人生道路，成为"读书的料"。

---

① 叶赛宁:《不惋惜、不呼唤、我也不啼哭》，百度"知道"（https://zhidao.baidu.com/question/42142515.html）。不同出处的译法略有不同。路遥在《平凡的世界》中的引用为"不惋惜，不呼唤，我也不啼哭……金黄的落叶堆满心间，我已不再是青春少年"。参见路遥《平凡的世界》，北京十月文艺出版社2013年版，第442页。在《叶赛宁抒情诗选》中，丁鲁译为"不惋惜，不呼唤，我也不啼哭，一切将逝去——如花丛的薄雾。凋零的黄叶堆满我身边，我已经再不是青春少年"。参见［俄］谢尔盖·叶赛宁《叶赛宁抒情诗选》，丁鲁译，湖南文艺出版社1991年版，第163页。
② 吴念真:《这些人，那些事》，译林出版社2011年版，第13页。

## 二　底层家庭的情感表达

农家父母因劳作辛苦，或外出打工，家庭往往是"不得全聚"，[①] 生计方式甚至决定了他们连坐在一起吃顿饭的时间都是难得的。孩子往往在家庭中缺乏足够的语言交流，渴望与父母的亲密，但这又往往是难以实现的。最终，他们经常就只能借助于做事来说话。

> 我妈基本上属于默默干活的那种。默默做饭，默默收拾，默默上山去。我爸把我接回来以后，发现家里没人，就知道我妈肯定又上山了。等她回来，做完饭吃完饭，就又上山去了。我们也想和她交流，想和她坐下来聊聊天，可是事情实在太多了。我们也理解她，但是真的很想和她一起聊天。我在家的时候，就特别希望下雨，下雨时她就会在家，哪怕只是静静坐在她身边，我们也会觉得特别开心。到现在都是，回家时她也不在家，都在山上。如果和她一起上山，我连路都找不到。所以一般也不会跟她一块上去，就在家等着。所以这关系没法说……我很喜欢，很想和她一起。（A-F-9）

> 最让我感动的，就是我爸，我回家给我买肘子这个事情。真的好多他说不出来，他表达不出来，他就只能这样以做的方式吧。这样说可能没有强烈的感觉。但是我爸不是年龄大了吗？他会有点驼背，然后还有点缩了，就没有原来那么高了，现在我会比他高。就是你会觉得他就变成一个佝偻的小老头的状态，然后提溜一个兜兜回来，他会叫着我的小名说，猴儿，我又给你买肘子了。（A-F-15）

这样一种父母和孩子间的情感是向内收缩的。费孝通在《乡土中国》中说："从社会关系上说感情是具有破坏和创造作用的。感情的激动改变了原有的关系。这也就是说，如果要维持着固定的社会关系，就得避免感情的激动。其实感情的淡漠是稳定的社会关系的一种表示。"在他看来，

---

[①] 熊和妮：《命运共同体：劳动阶层教育成功的家庭机制研究》，北京师范大学，博士学位论文，2016年。

乡土社会是亚普罗（阿波罗）式的，害怕社会关系的破坏，因为乡土社会所求的是稳定。而现代社会是浮士德式的，浮士德是感情的象征，是把感情的激动，不断地变，作为生命的主脉。因此"中国人在感情上，尤其是在两性间的矜持和保留，不肯像西洋人一般在表面上流露"[1]。不仅是两性之间，乡土社会中对父母和子女的情感表达也是持保留态度的，这一点不只是乡土社会，西方的底层民众在亲子关系上也有共通之处。布迪厄在《单身者舞会》中曾这样说道：

> 支配感情表达的文化规范使对话变得困难。例如，父母和孩子之间的感情更多的是通过姿势和动作，而不是通过言语表达出来的。……以前，当人们还用镰刀收割的时候，收割者在前面列成一排，我的父亲就在我旁边干活，当他看到我累的时候，为了安慰我，他就来到我所在的一排，一起收割。[2]

农家子弟的父母们也经常是内敛的，他们对子女的爱行胜于言。不说"爱"，很少"拥抱"，少有事无巨细的语言交流，子女也在这个过程中失去了向父母直接表达情感以及倾诉生活细节的可能。在访谈中，农家子弟这样谈到他们与父母的亲密关系，特别是对和父母间较为亲密举动的态度：

> 我和我妈妈从来没有拥抱过。和我爸爸就是那次他从中国来美国，在机场的时候拥抱了一下。（A-M-2）

> 我就是做不来（跟我爸抱一下）。我就觉得好像就是有一股力量在阻止我。[3]

> 像上次我哥开车，我妈和我坐在车上。我妈就说我现在长大了，

---

[1] 费孝通：《乡土中国》，北京出版社2005年版，第59—64页。
[2] [法]皮埃尔·布迪厄：《单身者舞会》，姜志辉译，上海译文出版社2009年版，第95—96页。
[3] 源自2015年3月就中国台湾夏林清老师所著的《斗室星空》展开的读书会上一位女博士生心莹（化名）的个人分享。此处引用已征得同意。

跟她也不亲了。反正意思好像是说有时候拉拉我手，我也不愿意了。然后我就赶紧把话题岔开，我说我都这么大了，快30了。（A-M-5）

而对于中产阶层家庭来说，亲密、轻松的亲子关系始终是其教养方式的核心要素。我在选题探索期间加入了某重点高中Y班家长的微信交流群，其中10位家长委员会成员均来自市区。一位比较活跃的妈妈常常转发改善亲子关系的方法，包括"随时来个拥抱"，"常说我爱你"，"每天与孩子共度一段时光"，"专注倾听，平等交流"，"不为爱预设条件"，"在孩子需要时尽力陪在他身边"，"寻找和孩子的共同语言"。很明显，"每天与孩子共度一段时光"，亲密接触、拥抱、陪伴都仰赖父母是有"工作"的。有工作意味着"有固定工资，不是靠天吃饭，没有繁重的体力活"，因而有"下班"的时候和专门用以陪伴孩子的闲暇时间和心情。而农家父母是要"劳动"的，劳动意味着"不能旱涝保收，必须看收成"，"靠力气吃饭，有干不完的脏活累活，没有公共保障"[①]。不同的教养方式为"儿童及日后的成人提供了一种感知，让他们感觉到什么对自己是舒服自然的"[②]。中产阶级式的与孩子之间亲密而轻松的亲子关系在农村家庭不仅难以实现，而且即便实现，对于农家子弟和他们的父母来说也是不自然的。

伯恩斯坦曾区分了两种家庭类型与相应的交流结构：一种是个人中心型家庭，一种是地位型家庭。"在个人中心型家庭中，成员的内心世界通过交流结构可感知，言语是实行控制的主要媒介。而在地位型家庭中，儿童得到的是强烈的社会身份感。"[③] 相较于城市中上阶层家庭，农家子弟显然身处于地位型家庭。他们身处的文化情境和家庭关系结构决定了他们需要独立、自主、懂事。但当一个农家子弟懂事了，他也就内化了一种道德律令，他便很难再接受自己不懂事，也会因为自己不懂事，或者事后觉得自己不懂事而感到很愧疚。懂事框定了他们在家庭中的角色，又压抑了他们在家庭中的情感表达，这些情感往往缺乏出口。

---

[①] 康永久：《村落中的"公主"——城市化进程中的成长陷阱》，2016年，第14页。（未刊稿）
[②] ［美］安妮特·拉鲁：《不平等的童年》，宋爽、张旭译，北京大学出版社2018年版，第414页。
[③] ［英］巴兹尔·伯恩斯坦：《社会阶级、语言与社会化》，载厉以贤主编《西方教育社会学文选》，（台北）五南图书出版公司1992年版，第469页。

## 三 爱怨交织的命运共同体

美国社会学家默顿曾在"目的性社会行动的非预期后果"一文中提出了一个富有想象力的概念:"非预期后果"(unanticipated consequences)。[1] 默顿使用这个概念是针对"人们(包含行动者本身)所以无法正确判断行动的目的这个问题"[2]。在《现代汉语词典》中,懂事被解释为"了解别人的意图或一般事理"[3]。"懂事"经常作为褒义词出现在日常话语之中,成年人也总希望自己的孩子懂事些。人们注意到了"懂事"这一日常观念内隐的积极意象,却很少关注伴随"懂事"而生的"非预期后果"。说到底,"懂事"这一话语实践诞生于特定的社会土壤和关系结构,其背后有一个隐匿着的、不断发展和衍变的意义世界。

熊和妮认为:"命运共同体是劳动阶层取得教育成功的核心力量。"[4] 确实,当农家子弟懂事的时候,也就意味着他/她与父母真正在生命上相连接,形成了一个命运共同体。但值得注意的是,这个命运共同体并非波澜不惊、平静如水,而是充盈着爱、牺牲和愧疚。

> 愧疚的事情就是从小到现在一直在校读书,还没有足够的能力回报父母。(A-M-8)

> 有些事情不会去想,比如出国的事情,包括接下来要不要读博士的事情。自己对未来发展的长远预期上会有所限制,因为我觉得自己没有资本去那样做。我哪有钱出国啊?不可能。读博士,这个原因很复杂。再比如说,我现在的这种状况,让我去考一次托福,我都会觉得自己是在浪费钱。我都不敢去做这样的事情。我基本上不会旅游。主动的旅游,就毕业旅行一次吧,从来没有过。被动的旅游,就是跟

---

[1] Robert K. Merton,"The Unanticipated Consequences of Purposive Social Action", *American Sociological Review*, Vol. 1, No. 6, 1936, pp. 894-904.
[2] 叶启政:《社会学家作为说故事者》,《社会》2016年第2期。
[3] 《现代汉语词典》,商务印书馆2012年版,第311页。
[4] 熊和妮:《命运共同体:劳动阶层教育成功的家庭机制研究》,北京师范大学,博士学位论文,2016年,第214页。

别人一块走。这是限制，我觉得会有一定的限制。……就像刚来大学的时候，我就想过出国的事情，我还去那种留学的机构咨询过，我问了价格。当时心里确实是有这个想法的，但时间久了以后，而且家里发生了一些事情，我基本上就断了这个念想。我还考虑过要不要读研的事情，就是那个时候想要去工作，为家里分担一点负担吧。(A‑M‑10)

一位农家出身的硕士毕业生在毕业论文的后记中写道：

> 另一位我最该感谢的人是我的母亲。她是一位没有进过学校校门的农村妇女，却集中了传统中国母亲的几乎所有优点。假如我身上还有一些勤奋、简朴、坚忍的气质的话，无疑都是来自她的影响。如果不是她苦心经营着家庭，恐怕我初中毕业时便离开了学校教育体系，存在这世界上的可能就是一个在生产车间劳作或在田间劳动的我了。可惜的是，我总是无心于名利，可能永远也不能在物质上给予她丰厚的回报。此处的几行她永远也不能认识的字，就当作我自己的赎罪与忏悔之举吧。①

农家子弟因家庭为自己求学所做的牺牲背负上了沉重的道德债务，这使得他们容易形成对家庭的愧疚感并"自然"形成了一种回报家庭的心理需要。有研究者也认为农村学生形成了一种"自我牺牲"的意识，高度自制，有一种普遍的"报恩"心理。② 这种愧疚感还会引出一种背叛的感觉。他们实现了社会流动，满足了父母的愿望，但与此同时也与自己的原生家庭文化相疏远，背离了自己父母的生活方式。法国小说家安妮·艾诺的描写尤为细腻地传达了这种复杂的情感。在她的父亲死后，她写下了自传体小说《位置》，在第一页上，她引用了尚·惹内（Jean Genet）的一句话：在我们违逆背叛之时，写作是最后的倚靠。③ 在文中，她则写下了这样的

---

① 王欧：《文化排斥——学校教育进行底层社会再生产的机制》，华中科技大学，硕士学位论文，2011年。
② 胡雪龙：《主动在场的本分人》，北京师范大学，学士学位论文，2015年。
③ ［法］安妮·艾诺：《位置》，邱瑞銮译，（台北）皇冠文化出版有限公司2000年版，第12页。

字句：

> 礼拜天，在回程的火车上，我逗我的儿子玩，好让他乖乖的不吵闹，头等车厢的乘客不爱噪音，不爱小孩动来动去。突然间，我愣了一下，"现在，我还真是个中产阶级"，还有"一切都太迟了"的想法，猛然上心头。……他拉巴我长大，就是要我能享受这些他一无所知的优越生活。……说不定他觉得最骄傲的事，或者说他存在的正当性，正是：我属于鄙夷他的那个世界。①

当底层子弟走上工作岗位，真的成了中产阶级后，他们也可能会为他的享受而愧疚，感受到一种背叛的感觉。他们的愧疚既有长期求学无力回报或陪伴父母的愧疚感，也有这种背叛的感觉所引发的愧疚感。农家子弟的愧疚、回报和背叛的感觉都内含着对父母深沉的感恩和爱。但在漫长求学旅程中，家庭命运共同体也在累积裂缝，另外一种感情也在悄然生长。

> 我出生在山西省最南端的一个小村庄，父亲是司机兼农民，母亲是地地道道的农民，还有一个小我一岁多点的弟弟。……升初中的时候学校让所有女生剪短发，母亲为了将头发卖个好价钱，我的头发第一次被剪得很短，为此我哭了好久，觉得会没有人喜欢我了。……除了生活中的各种烦恼，还有学业压力，在考试结束后就会痛哭，觉得自己考得太差了，对不起父母，内心总是充满种种自责和羞愧。一放假就会回家，还是和爷爷奶奶一起住，当时的年龄觉得应该和父母在一起多交流，但是他们并没有在身边，我想要一些帮助的时候，周围好像只有我一个。（D-F-19）

随着子女离家、步入大学，农家父母对子女的支持也就越来越力不从心。相比于中上阶层父母对其子女经济、专业知识以及人生决定的一贯支持，农家父母不可能和子女谈专业知识，也不懂得他们的孩子究竟在面对

---

① ［法］安妮·艾诺：《位置》，邱瑞銮译，（台北）皇冠文化出版有限公司2000年版，第21—22、88页。

第四章　文化生产的暗面

什么样的世界,只能坦承"爸爸也帮不了你了"(A-F-4),让子女自己来拿主意。而子女也清楚知道"父母帮不了自己"(A-M-20)。步入精英大学,通过教育走上阶层突破的人生道路就注定了这样一群农家子弟要成为与父辈不同的人。农家子弟的父母在他们个人生活领域尚可嘘寒问暖,但在具体的学业和社会生活领域,双方都难以进行实质性沟通。这样,子女和父母的关系也限制在了一遍遍的嘘寒问暖之中,仅仅就人生大事才进行实质性沟通。

> 平时R(舍友,知识分子家庭)和他爸妈聊天,一个小时、两个小时,唠家常那种。生活就是琐事,平时遇到论文的事,遇到哪个恋爱的琐事组合起来的。城市里的孩子我觉得就可以和父母沟通这些琐事。而我呢,和我爸、我妈沟通什么事?找工作,有个女朋友,就这种,全都是大事。农村的孩子缺少和父母很细腻的那种情感上的交流。每次打电话,我有十多分钟,是扯天气、扯各种亲戚。扯过来扯过去就是那些:"妈,你吃饭吃的啥呀?"(A-M-2)

对于取得高学业成就的农家子弟来说,他们的父母缺乏相应的经历,也就不可能提供这一过程中学业发展和个人成长所必要的知识和经验。相比于城市中产阶级家长事无巨细的指导,农家的父母们也容易显得对子女"漠不关心"。这很容易使得农家子弟产生自己的父母不够关爱自己的感受,心生怨念。但农家子弟的这种怨处于复杂的矛盾之中。一方面,他们深知父母的处境和难处,自己不该怨。但另一方面,他们又不断体尝因父母能力和家庭资源匮乏所带来的失落,总会生出怨。最终,这种怨就成了不能言说的怨、深藏于心的怨。

> 初二期末成绩不错,有县城一中的老师想让我转去县城,我父母让我自己选择。我很犹豫,最后,我没去,我给自己的理由是我舍不得我的朋友、我的老师们。中考后,有机会去我们市最好的高中(基本就是高考工厂那种类型),暑假我在那里待了一个星期就回来了。我一直觉得自己很坚强,但那一个星期,在一个完全陌生的环境,我都不敢接父母的电话,因为一听到他们的声音,我的泪水就止不住。在那里,我也见识到了,自己和城里的孩子差距到底有多大。

· 175 ·

(D-F-16)

我一直徘徊在对父母的敬爱和怨恨之间。我知道我的父母和别人的父母一样已经尽了他们最大的努力，但内心郁积的怨恨已经让我无法和他们顺畅地交流。每次回家都只是简单的问候，一点儿都不说学校的事情。像高中的时候，就有一次。我们家相当于是这边屋子是堂屋，放电视、待客人，像客厅那种，然后我在旁边屋子学习，然后我爸、我妈就在那儿看电视。我爸虽然不太说话，但是我爸看电视的时候喜欢去讨论一下，喜欢说一下，这个人怎么怎么样。我当时在旁边那个屋子学习，心里就特别不高兴。因为我想到好多同学说什么家里爸爸、妈妈为了督促他学习，把电视都卖了。我就想我爸妈家里不卖电视就算了，还在那儿看电视，影响我学习。但是我又不太好说，所以我就很愤懑，心里其实还是有怨恨的。(D-M-22)

相比于中上阶层甚至是一般家庭，高学业成就的农家子弟作为第一代大学生在走一条父母从未涉足也无法想象的路。他们的父母没有经历过他们每天面对的世界，他们自己也清晰地知道这一点。离家千山万水，他们往往困于懂事，既知道父母帮不了自己，困难的事情不会去找父母寻求帮助，伤心的事情也不想去让父母担心，不会找父母寻求安慰。当父母说出他们帮不了自己的子女的时候，内心是愧疚的。当子女知道这一切都需要自己去拼的时候，他们既理解又失望，甚至产生不能言说的怨恨。农家子弟通过压抑自己的情感和感受，通过自我剥削满足他人来获得认同，延续了对懂事的追寻。爱不表达，恨说不出口，不理解和怨恨也压抑着。但长此以往，致使子女和父母之间的关系存在一种断裂。高学业成就的农家子弟常常忽略的是，父母很多时候也不愿影响他们，几乎同样的"报喜不报忧"。这就产生了一种双向的不充分沟通。双向的"报喜不报忧"，带来的是关系的疏离，是不相交的爱。在访谈中，A-F-4就谈到自己"既感谢家庭文化中那种坚韧不拔的特点，又有时候受困于其粗糙和无序"。这样，农家子弟对家庭的感恩和愧疚、无法言说的爱恨就这样复杂地交织在了一起。

尽管在这类农家子弟的家庭中，父母和子女之间的情感往往是被压抑的，在某些时刻，这些情感会急剧爆发出来。在访谈中，A-M-5这样说道：

> 一次假期我回到家，那次我妈过来帮我收拾行李。突然我妈妈就跟我说，你看现在妈妈老了，反正就是说着说着就哭了，反正就说也帮不了我什么了。然后当时我也哭了，当时真的是，那时候我就跟我妈妈抱了一下。这个太难得了。从我上初中以后，基本上就没有了，然后抱完了之后就哭得更厉害了。我就觉得其实那种情感是一直在心里的，只是不能表达。

事后，A-M-5写下了这样一首诗：

> 妈妈老了/当我要离开家的时候/她抱着我这样说/小的时候要么是妈妈抱起我/要么是我跑进妈妈怀里/那个时候我们拥抱得无忧无虑/从不担心下一次拥抱离自己很远
> 长大后/我们再也不拥抱彼此/不管是见面还是离别/因为一拥抱就要哭/我们的委屈从不倾诉/因为一倾诉就要无穷无尽/我们沉默地保护着对方/也保护着自己
> 但这一次/妈妈说她老了/我抱住了妈妈/我们都哭红了眼睛

命运共同体的缝隙既在不断生产，也在不断弥合。因为懂事，农家子弟很早就认识到父母的辛劳，激发出如"苦行僧"般拼命学习的动力，努力取得高学业成就。但父母和子女都要为此付出代价。在求学的漫长路途中，他们的懂事并不是真的洞穿了自己与家人关系的真相，而是求学的艰苦逼迫他们关上了与父母充分交流的窗户，单方面从自己的角度做出了选择。但在亲密关系中，爱和恨都需要表达，不满也需要表达，不表达的结果就是心生芥蒂的疏离。当他们最终意识到这种交流的障碍时，重新建立亲密关系变得异常艰难，既难以恢复曾经亲密的互动模式，也很难实践典型的中产阶层式的亲子关系。不过，这并不意味着新的关系模式的重建没有可能。

一位农家子弟在访谈中说："不是说都报喜不报忧嘛，有的时候我还会选择性地报一些忧，就是让她忧虑你一些东西，这样我感觉还更近了。"（A-M-2）在"选择性地报一些忧"之外，高学业成就的农家子弟也不

## "读书的料"及其文化生产

会安于疏离,而是在创造性地探索新的沟通方式,试图重建亲密关系。

我觉得我们从劳动家庭里面走出来,受过高等教育的学生,对一些价值和文化的看法很不一样。其实个人在这个过程中很多方面的发展都是受到限制的,比如我上大学的时候,是不知道怎么去表达一种非常亲密的关系的。我和别人走在一起的时候,我从来不习惯主动去拉别人的手,除非是已经相处了很久、特别亲近的人。上大学的时候,大家都会说,女生之间也会说亲爱的什么之类的。这种是在我之前的经验里面没有过的,我甚至觉得我不知道怎么去开这个口,叫一声亲爱的对于我来说是特别特别难的,现在叫"亲"还好一点。可能就是之前在我的家庭里面是没有的。那种爱的表达是很不一样的。现在我回到家和我妈妈、我奶奶说话的时候,我会主动地去搭她们的肩或者拉她们的手,但要现在这样牵手,还是觉得很别扭。①

听师姐说,她不想回家。她每次都等到腊月二十九,也不想回家。她总说爸妈怎么样怎么样,我就总说她,你现在接受了高等教育之后,你用一种资产阶级的那种情调去看待你的劳工家庭,我说你不能这么去做,你要理解他们。但是她就是……她现在工作了,还是不想回家。她就是特别、特别想逃离那个家庭。但是对我来说,没有这种体验。我反而觉得我有点不太正常,过于依恋。我每天晚上都会给我妈打电话,然后我妈也会给我打电话。……但是上了大学之后,我还是会有意识地改变家里面的那种方式。晚上大家一起吃完饭,我会跟我妈说:妈,你先把手上的东西放下,一块喝喝水、聊聊天什么的。然后我妈就把碗筷放在那儿了,以至于养成了她每天不收拾碗筷,第二天早上再收拾的习惯。②

可见,家庭不光是关系场,也是一个道德场,更是一个充盈着情感的

---

① 源自2015年3月中国台湾夏林清老师所著的《斗室星空》展开的读书会上一位女博士生雪岩(化名)的个人分享。此处引用已征得同意。
② 同上。

地方。当我们每一个人说到家的时候,都有那么多未抒发的情感,内心有那么多柔软的地方,想哭或者很激烈的情感表达。作为一个亲密关系共同体,如果家庭不是温暖的、不是关爱的,我们会觉得羞耻、觉得羞愧、觉得无奈、觉得无能、觉得很恨。这些感受是我们每一个人难以启齿却又无法回避的。记得在访谈结束之后的一次聊天中,A-F-1跟我说,自己对爸妈"从来都只是小小的抱怨,木有恨"。形成文章后①,她说看到自己的故事变成文字有点奇怪,觉得自己的过去"好可怜",但最后分别的时候她又说"过去的我都不在意"。历经时间冲刷,再多的怨,即使是恨,在今天都已消散于时间长河之中。布迪厄曾说:

> 在我看来,怨恨是人类苦难的最深重普遍的形式;它是支配者强加在被支配者身上的最糟糕不过的东西(也许在任何社会世界中,支配者的主要特权就是在结构上免于陷入怨恨之中)。②

农家子弟对父母爱怨交织的复杂情感归根到底与他们身处社会底层的地位有关,这也是权力结构在其身心印刻下的痕迹。但不管农家子弟对家的感情有多么复杂、爱多么难以表达、恨如何难以言明,家庭永远是他们世界的支点。正如美国哲学家桑塔耶亚(George Santayana)所说的那样,"谁忘记过去,谁就注定要再一次承受这一过去"③。没有家作为支撑,他们很容易感觉到背叛了自己的历史,失去了过往,也就难以真正拥抱未来。詹妮特·温特森(Jeanette Winterson)在《守望灯塔》中写道:"当你爱一个人的时候你就应该说出来……生命是时间中的一个停顿。……不要等。不要在以后讲这个故事。"④ 取得高学业成就的农家子弟和家庭的疏离也并非不可逾越,情感的障碍可能形成于一瞬,也可能消散于一瞬。

---

① 2015年12月,笔者以A-F-1的成长叙事为个案写了一篇论文。之后以《"循规者"的文化生产》为名发表于《青年研究》2016年第2期。
② [法]布尔迪厄、[美]华康德:《反思社会学导引》,李猛、李康译,商务印书馆2015年版,第258页。
③ 转引自康永久《教育学原理五讲》,人民教育出版社2016年版,第6页。
④ [英]詹妮特·温特森:《守望灯塔》,侯毅凌译,人民文学出版社2005年版,第199—201页。

## 第三节　跨入大学之门

对农家子弟而言，大学是一个全新的、陌生而又充满憧憬的场域。跨入大学之门是一个重要的时间节点，预示着"'结构'和'能动性'的关键性相遇"[①]。威利斯就曾这样描述他在进入剑桥大学之后所体尝的种种"违和感"。

> 在知识层面上，我完全并且几乎立刻就让人感到失望。我很快意识到，我其实根本不知道发生了什么。我不理解那些讲座，牛剑著名的导师体系对我不起作用。我很快就形成了一种印象，那就是导师们觉得我是一个从"黑郡"来的工人阶级的"野小子"。……几周之内，低年级交谊厅的指南上出现了一则从一所老牛剑"公学"转来的笑话："交谊厅这学期的情况显著恶化，因为来了一些看上去不能说纯正英语的人。"……我现在把当时遇到的所有困难，看作是我文化资本相对缺乏的表现。我曾经是一个到那里求学的前途光明的工人阶级子弟，期望取得什么成功，但是基本上，我却被语文弄得没精打采。如果说当初我还觉得自己有一点点文学气质和小聪明的话，现在我开始觉得，自己基本上就是一个笨蛋。[②]

对于当代中国取得高学业成就的农家子弟而言，精英大学也显然不是一个为他们的便利而布置好的世界。

### 一　单向度优越的陨落

滕尼斯（Ferdinand Tönnies）在其所著的《共同体与社会》中提出了

---

[①] [英]保罗·威利斯：《学做工：工人阶级子弟为何继承父业》，秘舒、凌旻华译，译林出版社2013年版，第263页。
[②] 同上书，第285—290页。

共同体（community）这一概念。在滕尼斯看来，"共同体"与"社会"是人类生活的两种基本形式。他认为："一切亲密的、秘密的、单纯的共同生活，（我们这样认为）被理解为在共同体里的生活。社会是公众性的，是世界。人们在共同体里与同伙一起，从出生之时起，就休戚与共，同甘共苦。人们走进社会就如同走进他乡异国。青年人被告诫别上坏的社会的当；但是，说坏的共同体确实是违背语言的含义的。"①"在'共同体'形式里，不管人们形式上怎样分隔，也总是相互联系的，母与子的关系便是一例。而在'社会'形式里，不管人们形式上怎样结合，也总是分离的，签订契约的双方便体现这种情况。"② 某种意义上，从中学走向大学可被视为从共同体走向社会的过程。

我国绝大多数中小学都保持着传统的班级授课制度，③ 班级里的人数、教师、同学关系相对稳定。班级不仅是一个学习的场所，也是一个社会关系场，或者说是一个人与人之间产生连接、有"基于志同道合的默契"、有分享和共担，进行联合生活的场所。④"好的班集体有共同的远景、共同的良知、共同的情感甚至共同的意志。"⑤ 在这个关系场中，尽管每个学生的身份都是多重的，但成绩始终是班级运转的中心，也是个体获得尊严和认可的不二法门。有好成绩就像有了华丽的衣裳，有了自尊和骄傲，有了教师的欣赏，有了创建以学业为轴心的非正式群体的可能。

而进入大学之后，班级概念逐渐弱化，不再有固定的教室，交往范围急剧扩大，个体之间的异质性增强，班级和学校的运转也不再以成绩为中心。没有了高中的光荣榜，分数优异也很难带来"只属于我的眼神"（D-F-1），围绕成绩的讨论也常常在考试和评选奖学金前后才会发生。在运动会、篮球赛、科研项目、班级及社团活动中出彩往往更能得到同辈群体认可。

*大学的班级给人的感觉很不一样。即使拥有同一个建制，我们似*

---

① [德] 滕尼斯：《共同体与社会》，林荣远译，商务印书馆1999年版，第52—53页。
② 汪玲萍：《从两对范畴看滕尼斯与涂尔干的学术旨趣——浅析"共同体""社会"和"机械团结""有机团结"》，《社会科学论坛》2006年第12期。
③ 也有少数以走班制的模式办学，如十一学校。
④ 康永久：《教育学原理五讲》，人民教育出版社2016年版，第239版。
⑤ 刘云杉：《自由的限度：再认识教育的正当性》，《北京大学教育评论》2016年第2期。

乎也不是十分熟悉。我们不再拥有"同桌"的概念，甚至很长一段时间内不认识身边的同学；下了课不会再像从前一样追逐打闹，好像短短的一个暑假就改变了我们的个性，变得"成熟稳重"起来；脱离了高中老师的管制，手机成为更加亲密的伙伴，一下课几乎所有人都在玩手机……我不得不承认，即使到了今天，我依旧不喜欢这样的改变。(D-F-8)

进入精英大学的农家子弟相比于城市里的孩子，其家庭经济状况的限制表现在生活方式和生存心态的方方面面：饮食、衣着、品位、眼界的局限、为人处世的局促等。正因为此，他们很容易不自信，既缺乏主动担任群体领导者的勇气，也难以被认同具备管理者的能力。在重点高中Y班做田野期间，班里55名同学中，有11位农村学生。[1] Y班的班主任老师表示自己"更喜欢农村学生"，认为他们乖巧、懂事。但是，在8位班干部[2]中，没有一位来自农村。19位课代表[3]中，只有一位来自农村的女孩担任政治课代表。

这样，农家子弟在群体中往往担任执行者，难以成为受人追捧和关注的焦点。他们也逐渐认为自己不是那块料，只适合学习。长此以往，他们更难具备管理经验和领导能力，也不免缺乏对官方架构内种种行动的洞察和理解力。过分专注学习致使他们的发展极度不均衡，秉持着内在的羞涩，在人际交往中往往处于劣势，深刻体验着人情冷暖却又不通人情世故，只能依赖在制度化的情境中努力奋斗以求被动的赏识，缺少主动展示自己的勇气和经历。在中学时，以成绩为中心的教育教学模式可以为农家子弟提供持续不断的激励。成绩暂时提供给了他们足够的自信心和优越感，维持单向度优越心态的生产和再生产。农家子弟像是对待救命稻草一样珍视成绩，为成绩不惜付出一切。在学校，学业是比华丽的衣服更重要的存在，帮助他们在班级赢得认同，在学校生活中获得尊严。"学习好"逐步由他者认定转变为一种内在准则，学业越顺利，他们越对之报以极大期望。这个时候的成绩天然具有"社会性"，是个人获得相应团体地位与

---

[1] 根据班主任老师提供的入学问卷中学生填写的家长职业测算。
[2] 包括班长1位、文艺委员2位、生活委员1位、劳动委员2位、团支书1位、纪律委员1位。
[3] 除体育外，其他九科均为2个课代表。

社会支持的不二法门。在成绩的庇护下，这些欠缺在中学时代并未成为一个问题，造成太多的困惑。

但进入大学之门，原先以成绩为中心的文化生产的局限性开始凸显，其累积的负面作用也逐渐被暴露出来。家庭经济的困窘和单向度优越的心态使得他们很难具备学业之外的特长。从很大意义上来说，他们是片面发展的苦修者。这在大学意味着巨大的劣势。再加上在眼界和见识等方面的欠缺，农家子弟在大学生活中很容易面临生活和交际上的不适应。

> 进入大学之后，一下子就松散下来，很迷茫。从这个角度来说也是高中压抑久了，没有形成对自己做的事情的意义的认识，对兴趣爱好的培养。不知道自己做的事意义在哪里，根本没有人生的方向。(A‐M‐2)

从某种意义上说，从中学走向大学就是从一种紧密的、有共同生活目标的联合生活步入一种松散结合的生活。从此，生活开始显露其复杂性，失去了共同体的庇护和显而易见的共同目标，失去了勤学苦读就能获得成就感的制度情境，取得高学业成就的筹码开始失效。

马克斯·韦伯曾这样形容促进资本主义发展的"新教伦理与资本主义精神"："曾经轻盈地披在近代西方肩上的斗篷，如今已变成工业世界的'铁笼。'"[1] 对于农家子弟而言，苦修式的学习方式曾经是助飞的翅膀。可是，一旦跨入新的情境，曾经的翅膀如今也可能蜕化为负重。在初高中时代，农家子弟尚可凭借学业优异给予的荣耀，赢得内在的骄傲。但这又几乎局限在学习领域。单向度的优越既保护了他们，又为他们在大学的发展制造了隐患。进入不以成绩论英雄的大学之门，农家子弟如果没有在起初得到有效指引，很容易将交际局限在同伴群体之内或走向孤僻，经历漫长的沉潜。即便农家子弟依然在学业上保持优势，失去了高考这柄利剑，成绩所具有的成就意味也大大降低。他们的确仍保有先赋性动力，有"出人头地"的雄心，但很容易失去发力的对象，找不到自己的位置，从而陷

---

[1] 杜维明：《儒家思想：以创造转化为自我认同》，生活·读书·新知三联书店2013年版，导言第7页。

入迷茫之中。卢梭曾说："痛苦的根源就在于能力与愿望不相称。"① 当能力不足时，愿望就让人痛苦。自惭形秽而后逃避面对，经常就成了自我保护的不二法门。

## 二 不得自如的身心

对很多农家子弟而言，上精英大学既令人兴奋和自豪，也让人感慨万千。

> 我刚来（大学）的时候，我爸妈送我来，我们从×××出地铁，我有点路痴。你知道我带什么吗？就跟你以前在电视剧上看到那些古代人打包东西的，用那个床单系上，你能想象吗？背一个铺盖，跟农民工进城一样，然后拉一个箱子。我一个人，我背着包，拉着行李箱。我不让我爸妈帮忙，我心想我要自立自强，我都上大学了哈。我左手拉着拉杆箱，右手背那个大红色的铺盖，就开始走，从积水潭走到了S大，就那么远。我爸妈就跟着我后面，我走得特别快，兴奋啊，走得特别快，特别自豪。（A-M-12）

> 大学远在北京，必须要坐火车。作为土包子的我，不要说没有坐过火车，就连火车都不曾看过。当时是姐夫带我去北京的，我们买的是绿皮火车的票。从家里到北京，要经过8个小时的路程。在火车上，没有怎么说话，一直静静地坐着，眼睛从来没有从窗户上离开过，默默地欣赏着路边的景色。不过华北平原一望无际，一路的风景就是田地，跟我们家差不多。（A-M-3）

大众高等教育产生于富裕社会和消费社会②，生活在贫寒之家的底层子弟自然不是富裕和消费社会的当然成员。他们既在物质消费上被边缘化，也是这样一个文化情境之中的陌生人，很容易面临难以融入新的群体

---

① 扈中平、蔡春等：《教育人类学论纲》，高等教育出版社2015年版，第155页。
② 刘云杉：《大众高等教育再认识：农家子弟还能从中获得什么？》，《中国农业大学学报》（社会科学版）2015年第1期。

的困窘。舒茨曾这样解释道:

> 对于新的群体来说,这些"陌生人"是一些"没有过去的人"。因为对于这些"陌生人"来说,尽管他所要接近的群体的文化模式是他可以进入的,但是由于他以往没有在这个群体生活,所以他的生活历史处于这个群体的过去之外,这一群体文化模式中的核心部分并未成为其生平情境的有机组成部分,因此他总是和这个群体保持一种距离感,很难对它的文化模式保持一种"想当然"的自然态度。倒是他的"家群体"是他个人的生平要素,并始终构成他的自然态度的一个重要组成部分。①

就他们对新加入的这样一个群体的理解而言,农家子弟就是这样一些"没有过去的人",他们自己的过去与他所接触的新群体是不相贴合的。这样,他们的身体在大学面临双重限制:一重限制是客观生存境遇的限制;另一重是由此带来的对个人心性的影响。农家子弟对钱的敏感能够促成动力,但也同时限制了他们的身体应该出现在哪儿、可以出现在哪儿以及无法出现在哪儿。

> 我上大学接了7份家教,不停地奔跑于各个家庭之间。一天就晚上吃一顿饭。对××食堂记得很清楚,那个时候晚上一顿饭算改善生活。我平时中午就吃什么呀,一个馒头、豆芽菜。刚来,挣得少,因为每个馒头3毛、一份豆芽菜才1块钱。去做家教,做一天的家教,挣了钱了,吃顿炒饭,很幸福。……大一的时候,很多同学见了我,对我的评价是我仍然处于后高中时代。……同学出去聚餐,我也很少跟着一起去,觉得那样太浪费钱。(A-M-3)

> 刚上大学没钱交学费,还是问舅舅借的。第一个学期放假我就去一个珍珠厂打工了。那时英语单科成绩差很多,后面那么努力学习就为了奖学金,为了那点钱。……我就是一个男劳力,陪她们(宿舍同

---

① 转引自李猛《舒茨和他的现象学社会学》,载杨善华主编《当代西方社会学理论》,北京大学出版社1999年版,第23—24页。

学）逛街就是聊聊天，她们试衣服的时候，我给她们提包、拿衣服之类的，我就是一个男朋友的角色。人家要买东西眼睛都不眨一下就直接买了，我是要考虑再三，这个到底值不值得，价格到底有没有优惠。所以说女生相处可以从逛街看出很多很多东西，比如去逛美食街，那些小吃，都几块钱，其实都不贵的，但我肯定是舍不得。我那时候最大的梦想就是把整个美食街都吃遍……我记得很清楚，鱿鱼一串5块，什么东西才2块钱，所以我肯定是吃那个2块的，她们吃鱿鱼的时候会说"我请客"，你要不要吃，那你好意思吃嘛。……我也考虑过向往爱情，你看我大学时候要钱没有，要什么没什么，我哪有资格去谈恋爱？恋爱是要钱的呀，难道都要男生来付吗？（A-F-1）

鲍曼（Zygmunt Bauman）指出，在晚期现代社会，个人寻求自我认同，获得在社会一席之地，拥有一种有意义的生活，都需要在消费市场中实现。① 无可逃避的经济压力毫无疑问会压缩农家子弟用来交际和学习的时间，限制他们的生活选择。从这一点来说，他们的心灵在大学是不得自由的，很难有从容、自在、如鱼得水的感觉。值得注意的是，一些农家子弟也在自传和访谈中坦承了对身体的不满意。

> 作为农村的孩子，长得不漂亮，也没什么气质……我自己都觉得大学时候很土啊……我不是白富美。（A-F-1）

> 你知道我本来性格里就有点自卑。就是很容易因为一点事情产生那种心理的。我也知道不应该，但就是那么想了。长相啊，身材啊，都让我不自信。（A-F-13）

> 我跟很多同学讲过，在大学期间是自卑的，我觉得这是社会化的一个重要表现。在上高中的时候，也有过不自信的时候，但是只是担心学习成绩会落后。上了大学以后，社会意识开始觉醒，与其他同学、其他社会人之间开始有了比较，就觉得自己很多方面存在不足，

---

① 转引自刘云杉《大众高等教育再认识：农家子弟还能从中获得什么？》，《中国农业大学学报》（社会科学版）2015年第1期。

比如不太会讲话、不太会穿衣服、家庭条件不太好、男人魅力不够强。直到现在，这种情绪还时不时会笼罩着我。（D－M－23）

当然，很少有人对自己的身体是完全满意的。"长得好"大体上算得上一种天赐。但实质上，农家子弟很难"长得好"。因为家境的限制，不少农家子弟需要一定程度参与家庭繁重的劳作。在繁重的求学路途上，他们精神上也缺少闲暇，长期处于应试压力之中。经济上的限制使得他们缺乏穿着打扮的经验，难以和城市中上阶层子女媲美，以至于"只能当一个男劳力"（A－F－1）。

汉娜·阿伦特曾在《人的境况》中说："成为自由意味着不受制于生命必然性或他人的强制，亦不受制于自身的强制。意味着既不统治人也不被人统治。"[1] 但实际上，许多强制是隐性的，藏匿于社会文化与制度情境之中。福柯也说道："肉体总是打着历史的印记。"[2] "长年累月在太阳底下辛勤劳作的农民，往往具有黝黑的脸相，农村生活和社会交际的相对简朴，又使农民的表情服装呈现忠厚朴素的模样；相反，城市知识分子一年大多数时间在实验室或小平房的小斗室度过，肤色往往比较白净、皮肉比较滋润，如果再加上一副眼镜之类，就成为某种特有形象。"[3] 在《单身者舞会》中，布迪厄也这样说道：

> （农民）在自己的身体中感到尴尬。因为农民把自己的身体理解为农民的身体，所以他对自己的身体有一种苦恼的意识。……可以毫不夸张地说，在农民看来，对自己身体的意识是意识到其农民处境的最好理由。对自己身体的这种苦恼不能使农民在面对女孩的时候采取直率而自然的态度，因为这种意识使他与自己的身体相分离（与城里人不同），使他采取一种内在的态度，这就是羞涩和不自在的根源。……在要求离开自我和展示自己身体的所有场合，他显得不知所措和笨拙。展示自己的身体，例如，在跳舞的时候，意味着一个人同意把自己显露在别人面前，意味着他对显露给他人的自我形象有一个

---

[1] ［德］汉娜·阿伦特：《人的境况》，王寅丽译，上海人民出版社2009年版，第20页。
[2] 转引自江露露《"女孩子""男孩子"——荷尔蒙暗示下的身体剧场》，陕西人民教育出版社2013年版，第64页（原文见杜小真《福柯集》，上海远东出版社2003年版，第153页）。
[3] 顾晓鸣：《生活中的社会学》，天津人民出版社1985年版，第34页。

满意的感觉。……与年轻姑娘的相遇使苦恼到达了顶点。对农民来说，这是前所未有地体验其身体的不自在的场合。①

虽然布迪厄是在说农民的身体，但实际上也可以适用于农家子弟。他们对自己的身体同样有"一种苦恼的意识"并因此感到"尴尬"，"不自在"。身体上的不自信会使得心理也难以自如。农家子弟往往认为自己的性格是内敛的，用"性格比较内向，不太爱说话"（A-F-13），"比较老实，有叛逆但很少表现出来，很多时候是不说话"（A-M-19），"不爱出头、不爱说话，甚至有时候是唯唯诺诺"（A-M-3），"逆来顺受的性格"（A-M-10）等话语来描述自己的性格。"自由"在中国古文里的意思是"由于自己"，不是由于外力，是自己做主。② 虽然农家子弟身体的不自在、心理的不自如都是"由于自己"，但他们却难以自由。

布迪厄认为中上阶层子弟有"自如的特权"③。中上阶层子弟以一种不自觉的耳濡目染的方式，在他们的家庭环境中获取了知识，因而他们对于自己的母文化有着渊博的知识，并且能够与之保持一种亲密的联系。这意味着他们能够无意识地获取这种文化。④ 为了避免羞耻，农家子弟很容易将不自信内化为内敛的性格，甚至逐渐将其认可为自己的性格特征。这样一种社会建构却真的成了一种"天生如此"。谢爱磊的研究表明，"农村籍大学生倾向于将自身建构为能力不足者"，较之于城市籍学生，他们往往选择不需要多少门槛的兴趣类社团，而更少参与班委、学生会和团委等一般我们认为较有利于他们积累社会和文化资本的组织。⑤ 当失去成绩的保护，他们信心的重要来源被阻断，在人际交往中处于劣势，社交达人、科研明星都离他们很远。这样，农家子弟进入精英大学就颇有些林黛玉进贾府般的小心谨慎，一言一行都看着别人，唯恐自己被人小瞧。说到底，越是这样，他们在大学生活中就越不能如鱼得水，越无法自如地呈现自我。

---

① [法]皮埃尔·布迪厄：《单身者舞会》，姜志辉译，上海译文出版社2009年版，第92—93页。
② 转引自陈向明《旅居者与外国人》，教育科学出版社2004年版，第250页。
③ [法]P.布尔迪厄：《国家精英——名牌大学与群体精神》，杨亚平译，商务印书馆2000年版，第32页。
④ 同上书，第36页。
⑤ 谢爱磊：《精英高校中的农村籍学生——社会流动与生存心态的转变》，《教育研究》2016年第11期。

## 三 "读书的料"的自我重塑

有不自在和不自如就会有克服这些不自在和不自如的努力。农家子弟的不自如并非与生俱来，而是在一步步通过教育向上流动的过程中形成的，克服它则需要巨大的勇气。一位农家子弟这样描述起自己参加主持人大赛的心路历程。

> 这并不是一个多么伟大的决定，去参加主持人大赛而已。我却实实在在地记得，为了下这个决定，花费了我多少的勇气和决心。当看到那张宣传的海报，我就觉得自己的心在蠢蠢欲动，激动也好，忐忑也好，我觉得那张海报在呼唤我。
> 我害怕这个农村来的孩子上不得台面，又不舍得自己从小到大站在舞台上的梦想；我担心自己没有经过任何专业训练，上了台只会丢人，心里却又告诉自己丢人又怕什么。我想，实在不行就放弃吧，犹豫已经是一个失败的开始，却唯恐失去了这个心里暗暗期待了九年的机会。纠结了整整三天，半夜里翻出九年前的"挑战主持人"来看了一整个晚上，最终还是决定尽自己的最大努力，走上那个挑战的舞台，决心给梦想一个机会。
> 尽管我没有走到最后，初赛通过，复赛就已经是最后一名，但我还是很开心自己当初的决定，没有令今天的我后悔。敢想，敢拼，敢闯，才是一个真正的我。(D-F-8)

齐美尔（Georg Simmel）认为，自由不应该只有消极的意义，不应该只是"免于束缚"（freedom from），如果自由不同时意味着主动获得一些东西，自由是没有意义的。[①] 失去了成绩庇护的农家子弟迫切需要维护自尊并在大学生活的其他领域重新找回自信。步入不以成绩论英雄的大学之门，尽管每个学生都要经历一段并不容易的适应历程，但这个历程对于农

---

[①] 转引自王小章《现代性自我如何可能：齐美尔与韦伯的比较》，《社会学研究》2004 年第 5 期。

家子弟而言尤为像是"如鱼离水"①。体格的健全抵挡不住人的社会性的瓦解。② 他们要想在大学生活中不仅仅成为"读书的料",就必须重新融入另一种文化氛围,不断学习另外一种生存方式,转换生存心态。这种自我重塑关系到他们能否在大学中获得成就感和自信心,重新获得如鱼得水的感觉。

余秀兰老师曾提出农家子弟应对差距的三种策略:文化固守、文化自杀以及寻求补偿。她对两所学校的调查表明,有35.9%的人同意或非常同意"我更愿意与来自农村的大学生交往",其中62%的选择"非常同意"。面对强大的城市优势文化,一些农村大学生选择了封闭,怯于交流,固守自己的世界。对他们而言,文化固守就是拒绝或抵制城市文化,固守于自己的原有的文化。③文化自杀是指"抛弃原有农村文化的优秀内容,如农民的朴实、勤劳、节俭"④。寻求补偿则是虽然家庭在经济上处于弱势,出身农村却带来了人生体验的积极感觉。农家子弟可以借此获得一种平和的感觉,减弱相对剥夺感。⑤

但实际上,这里的论据和结论之间存在逻辑上的缝隙。喜欢和什么样的人交往并非意味着他们就固守所谓的"农村文化",也许只是因为他们这样会更自如。进入精英大学的农家子弟的文化世界早已不是由纯粹的农村文化构成,他们早已生产出了独特的文化面向。他们可能确实会固守自己的圈子,但并非固守一个客观化的"农村文化"。文章认为,"只有农村文化在大学校园和社会得到真正认同和尊重,农村籍大学生才不会感到自卑,才不会把自己的文化惯习当成阻碍自己融入所谓主流社会的障碍,才会觉得他们原本就是这个社会理所当然的一分子"⑥。从多元文化的视角来思索这个问题,当然没有错,但这种思路并未触及农家子弟难以融入大学

---

① 谢爱磊:《精英高校中的农村籍学生——社会流动与生存心态的转变》,《教育研究》2016年第11期。
② 转引自康永久《教育学原理五讲》,人民教育出版社2016年版,第227—228页。
③ 余秀兰:《从被动融入到主动整合,农村籍大学生的城市适应》,《高等教育研究》2010年第8期。
④ 同上。
⑤ 王学举:《农村背景对他们意味着什么——基于两位农村大学生的个案研究》,《青年研究》2007年第11期。
⑥ 余秀兰:《从被动融入到主动整合,农村籍大学生的城市适应》,《高等教育研究》2010年第8期。

生活这一问题的社会根源。如若结构性和制度性的障碍难以破除，文化上的尊重也就很难落到实处。

　　说到底，中国城乡二元政治和经济结构不断形塑着农家子弟的社会身份、语言和行为的生产机制，并最终构筑了他们以"农村出身"为中心的情感结构。农家子弟在大学生活中的疏离和不自在当然与农村文化没有得到认同和尊重有关，但更重要的是，即便所谓农村文化得到认同和尊重，他们却还可能因为自身经济能力的限制、生存心态的局限而陷入自卑的泥沼。农家子弟的创造性生存和自我重塑高度依赖一种能够支持他们展示和发掘自己潜能的联合生活平台。只有他们在不断累积成就感的过程中真正自信起来，才能够突破内心的枷锁，天性得到解放，身心逐渐自如，不断超越曾经的自己。这是个体的涅槃，也高度依赖健全的社会支持体系。在一个更加自由、开放、民主和公正的社会，取得高学业成就的农家子弟以"农村出身"为中心的情感结构中就会少一些排斥、苦恼和疏离，愈加显现其明朗的那一面。他们伴随这场以教育为马的阶层旅行所印刻的情感结构也将愈加显现其明朗的那一面。

## 第四节　文化穿梭中的边缘人[①]

　　文化社会学的代表人物马茨·特朗德曼（Mats Trondman）对瑞典19世纪80年代"许多没有太多思考的短途阶层旅行者"[②]进行了研究。他把通过高等教育实现阶层跨越的人称为"阶层旅行者"（Class traveller）[③]，阶层旅行意味着"向上的流动"[④]。跨越阶级的旅行从古至今都不少见。"朝为田舍郎，暮登天子堂"就是最典型不过的跨越阶层之旅。在当代中

---

[①] 本节部分内容已发表。参见拙作《"循规者"的文化生产》，《青年研究》2016年第2期。
[②] Nielsen & Harriet Bjerrum, "Gender on Class Journey", in *Privilege Agency and Affect: Understanding the Production and Effects of Action*, London: Palgrave Macmilan, 2013, p. 207.
[③] Mats Trondman, "Edacating Mats: Encountering Finnish 'Lads' and Paul Willis's Leaming to Labour in Sweden", *Ethnography*, Vol. 19, No. 4, 2018, p. 1.
[④] Trondman & Mats, "Disowning Knowledge: To Be Or Not To Be 'The Immigrant' In Sweden", *Ethnic and Racial Studies*, Vol. 29, No. 3, 2006, p. 432.

## "读书的料"及其文化生产

国,最富有阶层旅行意味的莫过于农家子弟通过攀爬教育阶梯实现向上流动的历程。但对高学业成就的农家子弟来说,随着求学阶段的演进、学历的提升,他们在农村家庭与城市学校间来回穿梭,所置身的社会阶层、文化情境都处于变动之中。这种穿梭跨越了中国最显著的社会和文化区隔——农村和城市,连接着农家子弟的城市经验和农村经验、学校经验和家庭经验,因而也是两种社会结构和文化的来回切换。

### 一 在故乡成为异乡人

对于农家子弟而言,出身农村虽然造就了他们在城市和精英学校的不得自如,但乡村生活也给他们留下了许多美好的记忆。在我们国家城乡发展的二元体制之下,农村孩子不像城里的孩子有那么多的书可以读,但他们拥有更多亲近自然的机会,对于自然有更深刻的体悟。他们在自传中也写下了对家乡真切的留恋。

> 我出生在大湖边的一个小乡村,幼年的生活在山水与幻想之间度过。远处的山,山上的树,树上的叶,叶上的虫,吃虫的鸟,鸟飞的天,天上的日头,日头下劳作的人,人耕耘的土地,土地中冒出庄稼,庄稼上结满的露水打湿了在田间奔跑的孩子的裤脚,也打湿了此刻坐在电脑前的我的眼角。我突然有些怀念我的小小村庄,怀念那被我想象成巨大乌龟的小树林,怀念那被我当作一群奴隶的怪石,怀念那个会画孙悟空的老木匠,怀念好多好多,人生中可能没有哪一段时光会像小时候那样给人留下如此多美好的回忆。或许记忆是骗我的,我觉得那些是我见过最美的风景。我想世界上再没有比这更好的环境教育了,一个人如果童年是在大自然的怀抱里度过,没有被所谓的工业文明扭曲得厉害,那么他在未来的生活中一定可以从他的生命本源处获得无穷的力量。(D-M-21)

> 我家的房子被一片可爱的树林包围,房后有两座敦厚的小山,使亲近自然成为一种便利。哪个孩子能拒绝那一片片清新明亮的牵牛花的诱惑:火一样红的,唇一样粉的,素一样白的,多少次已近黄昏了还卧在温软的山上陪着翩跹的蝴蝶,与我的花做伴。所以,当第一次

第四章 文化生产的暗面

在学校的课本上看到"流连忘返"这个词时，不禁怦然心动。您一定无法想象我拥有一整片的果园，当夏天款款而来，果园骤然开成一片五彩缤纷的花海，芳香沁脾，还常有各种不知名的鸟光顾，在我的记忆里，有一只格外迷人、小巧的她优雅地停在被风摇动的枝头，身体像个蓬松的球，最是那通身的鹅黄，像一块温润纯洁的黄玉，鸣调高而鸣声低，如幽山中的笛。乡村最美是秋，秋代表劳作也代表收获，满田金黄的向日葵高昂着头向太阳宣誓他们神圣的使命，向农民宣告他们丰收的消息。夕阳的降临，成为喧嚣的开始。勤勉的拖拉机声在那一条条充满生机的路上此起彼伏，"突突突突"成了我童年记忆中最踏实的音符……乡村最爱是雨，夜半三更，辗转反侧，夜雨突至，继而倾盆，抚慰干燥的土地，也滋润贫瘠的灵魂。只觉得具有了和那夜雨中的草、庄稼一样的生命，是人的生命力与自然生命力的统一。（D-F-8）

尽管有对故乡的美丽记忆和留恋，不少被访者也谈到如今回到家中的处境并不舒畅。学业上的优异给予这些农家子弟以荣耀，但也让他们成为村落中的"不凡者"与"孤独者"。"读书的料"大多因自身经济地位的局限，往往生活习惯较为节俭，在求学经历中因为"钱"而限制了许多人际交往的可能。"他乡"的人际交往受到限制，在故乡则陷入另外一重困境。

不知道跟他们（家里人）说什么吧。有时候有点呆，就是去亲戚朋友家里的时候。哪怕是和哥哥姐姐，也不知道该说什么，因为真的关心的事情不一样，没有话题，我就在那里听。因为我觉得，如果插不上话，就不加入讨论吧，就在那里听。我妹说我很呆，她会加入谈话，因为那时候她还在上高中，还能和他们聊得上。我半年回一次家，对家里的事情特不了解。他们有时候说一些人名，我也不知道。而且我对他们聊的事情不感兴趣，所以也不会加入。东家长西家短的东西，讲的都是村子里的人，村子里发生什么问题，我觉得没有什么意义，而且和我也没有一毛钱关系，所以我也不会去问，我懒得问。我觉得没有关系。（A-F-9）

我在家基本都不说话。我跟我父母还聊。其他的，像我哥、堂哥什么的，他们过来喝酒吃饭，跟他们聊不起来，他们聊的话我也不想插嘴。很闷地在那坐着。他们就说家里面的琐事，我也插不上嘴，真是在家里面完全就英雄无用武之地。天天在家里，很宅嘛，天天看看手机看看什么的，也不愿出门，不愿跟家里其他人说话。刚一认识还好，反而越深入，越没什么话说，不知道说什么。跟爸妈什么还说，跟村里面人打招呼有时还打，不会深聊，寒暄几句，但在深入说什么事情的时候就说不下去，觉得没什么共同话语。我们的话语体系不一样了，我的话语体系就像是我们这种，聊聊工作，谈谈人生，聊聊自己的思想。他们就是没什么，话语体系完全不一样，他们就是家长里短，在你现在的话语体系完全没有那么一说。而且我对家长里短也完全不会处理，所以跟我说的事情我完全不知道怎么解决。像我姐跟我抱怨我姐夫什么的，我都不知道怎么劝，我就说你想开点，别的什么都不会说了。(A-M-3)

这里 A-F-1 的个人感受颇为典型。"每次回家都不出门，宅在家，村里人多数都不认识。如果有谁跟我说那谁谁的女儿回来啦，我说嗯。他就还问怎么有空回，我就说放假。你看这不是废话吗？"对于村庄的文化活动，她也失去了儿时的兴趣。

我们那整个村都是信佛教的，我们家都有那种祠堂，那祠堂里面装着很多佛像。每年我们有很多人抬着菩萨绕着整个村游行，抬得有大菩萨、小菩萨，每逢初五、十几就有祭祀活动，都是很盛大的活动呀。小时候很喜欢，因为一到这种时候就有很多好吃的。现在就觉得这些很繁文缛节，我会帮着我妈把那些东西搬过去祭祀，就没有任何感觉。反正宁可信其有，不可信其无。家里信这个，我就跟着信就是了。没有真的把它当回事。(A-F-1)

奥巴马（Barack Obama）在上大学前夕，一个要好的朋友警告他大学会让他"把自己的种族遗忘在门口，把自己的同胞抛弃在身后"[1]。照此，

---

[1] Barack Obama, *Dreams from My Father*, Fort Benton: The River Press, 1995.

第四章　文化生产的暗面

进入精英大学的农家子弟可能也面临把自己的农村身份遗忘在大学的门口，把自己儿时的小伙伴抛弃在身后的境遇。A-F-1的感受却并非如此，倒像是被故乡抛在了身后。

> 我每年参加高中同学聚会，念硕士时已经是班上最高学历，更别说现在博士了。聚会时大家都是聚在一起讲我公公怎么样，我婆婆怎么样，我家女儿、儿子怎么养。他们丈夫都是做小生意的，就我一个人，难道和她们谈学术吗？而且读硕士时，我连男朋友都没有，我和她们谈什么呢？她们对我也不算很羡慕，心里也是想说，你学那么高学历干什么呢？像她们说的，学得好不如嫁得好。嫁得好就可以了，没必要努力那么多。到后面不愿意去了，你就是冷落的对象，大家都有共同的话题，你什么都没有。

高学历并没有让她成为众人瞩目的焦点，反而让她觉得被冷落，被边缘化。当她试图进入儿时玩伴们的议题之中时，却发现自己在村庄中找不到朋友。故乡的文化样式、乡邻、朋友都已经离自己远去，故乡与他乡的界限也日益模糊起来。这样，他们在村庄成了"大门不出，二门不迈"的人。故乡的美好、亲密、熟悉似乎永远地停留在了小时候。从此，故乡只有家庭那么大。

"异乡人"（the strangers）是齐美尔（G. Simmel）提出的一个社会学分析概念。他在"异乡人"一文中写道：

> 异乡人是潜在的流浪者：尽管他没有继续前进，还没有克服来去的自由。[1] 他被固定在一个特定空间群体内，或者在一个它的界限与空间大致相近的群体内。但他在群体内的地位是被这样一个事实所决定的：他从一开始就不属于这个群体。他将一些不可能从群体本身滋生的质素引进了这个群体。[2]

---

[1] 日本学者北川东子在《齐美尔：生存形式》一书中将"克服来去的自由"解释为"不是定居，而是以松弛的方式停留。虽然有流浪的可能性，但又共有空间"。参见贺晓星、仲鑫《异乡人的写作：对赛珍珠作品的一种社会学解释》，《南京大学学报》（哲学·人文科学·社会科学）2003年第1期。
[2] 转引自贺晓星、仲鑫《异乡人的写作：对赛珍珠作品的一种社会学解释》，《南京大学学报》（哲学·人文科学·社会科学）2003年第1期。

高学业成就的农家子弟既有对村庄的温情记忆和留恋，又在村落生活中显得格格不入。故乡的面貌日益模糊，不时让他们产生异乡之感。刘云杉也曾指出："成功的农家子弟可以说是学校的骄子、制度的宠儿——需要注意的是，他们更可能是这一制度的'受伤者'。在凭借优秀的成绩进入精英集团之后，他们需要面对、接受一个疏离甚至背离自己的家庭文化与价值的社会圈子。"[1]对于这些"读书改变命运"的农家子弟而言，故乡与他乡的界限日益模糊，教育成功地将他们打磨成了异乡人。

## 二 人际交往的两面高墙

通过教育一步步实现向上流动的个体不仅缺乏文化归属感，往往也容易在人际交往上面临困难，而且这种困难还是双重的。索罗金（P. A. Sorokin）认为，"地位的改变要求相应的一系列的身体、心智和反应的适应"[2]。底层劳工的日常习惯与教养方式往往被中上阶层鄙夷为"不雅"的接触性教养风格。与"白领"职业者力求高雅相对，劳工们在行动时不假思索，率性而行；在互动时更为实在，彼此接触身体，开怀大笑，尊崇直言不讳，反感疏远与虚伪的礼节；他们对食物喜欢盛满，少些表面修饰而多些物质上实实在在的满足；他们在选择衣服和家具时也注重实用，用真实来抵制形式与奇异。[3]对于阶层旅行者而言，他们"必须做到自己定义中的完美，接纳一个新的参照群体，拥抱中产阶级价值和愿望，花时间和'正确的人群'相处。为了做到这样，强调独立、超脱、理性（经济驱动）选择的男性社会化过程会促使工人阶级背景的人远离他们的家庭和朋友"[4]。

---

[1] 刘云杉、王志明、杨晓芳：《精英的选拔：身份、地域与资本的视角——跨入北京大学的农家子弟（1978—2005）》，《清华大学教育研究》2009年第5期。
[2] Pitirim Sorokin, *Social and Cultural Mobility*, New York: Free Press, 1959, p. 508.
[3] 转引自王欧《文化排斥——学校教育进行底层社会再生产的机制》，华中科技大学，硕士学位论文，2011年（原文见乔纳森·特纳《社会学理论的结构》，邱泽奇、张茂元等译，华夏出版社2006年版，第472—473页）。
[4] Elizabeth Higginbotham and Lynn Weber, "Moving up With Kin and Community: Upward Social Mobility for Black and White Women", *Gender and Society*, Vol. 6, No. 3, 1992, pp. 417–418.

第四章　文化生产的暗面

　　阶层旅行中的农家子弟需要适应和学习城市中上阶层的语言、价值、品位甚至是体态，这时横亘在他们面前的是一堵由自己原生家庭所在阶层文化树立的高墙，他必须努力攀爬才能越过，获得另一个阶层的文化特质。这一点图明（Melvin Tumin）也早已指出，"他们意识到为了获得更高的位置，必须摆脱目前的等级。他们会做出系统性努力，以便扔掉旧朋友和熟人，迁出原有居住的社区，远离旧邻居，变换所在的学校、教会以及俱乐部，包括更改他们穿衣、演讲、吃饭、娱乐的风格，以及所有其他一个人在日常用于界定等级区隔的要求。"①

　　但当他们重新回到原生家庭中，面对处于与自己不同社会经济位置的家庭成员，曾经努力习得的中产阶级价值和行为又成了一堵新的高墙，阻碍其融入原生家庭。蔡美娟在《由乡入城：女儿回家的路》中说：

　　　　我一直觉得自己和家庭缘分浅薄，因为我们家人的情感一直都很疏离。十八岁离家三百里后，我们的关系更是仅存血脉。我在台北的孤单和辛苦，只能自己扛，面对家里的种种变化，我愈来愈像是局外人。②

　　对于这些"阶层旅行者"的父母而言，他们也会发现虽然与子女身体上近在咫尺，但心理上横亘着万水千山。

　　　　父母们并没有意识到这些影响，他们会因这样的结果而痛苦。像是移民的父母，送他们的子女去学校和大学，期盼他们能够"成功"，但只发现他们是那么成功，以至于在他们和孩子之间有一条无法逾越的鸿沟。③

　　在两种文化中穿梭，个体必须适应双重情境，但又要维系统一的人格。因而在一个文化情境下适宜的言语、行为、价值与情感表达方式就不

---

① Melvin Tumin, *Social Mobility*: *Reactions to Evaluation in Cultural*: *Critical Concepts in Sociology* (Volume Ⅲ), Psychology Press, 2002, p. 34.
② 蔡美娟：《由乡入城：女儿回家的路》，载夏林清《斗室星空——家的社会田野》，财团法人导航基金会2011年版，第112页。
③ Aneselm L. Strauss, *The Contexts of Social Mobility*, Aldine, 1971, p. 263.

· 197 ·

可能在另一个文化情境完全适宜。而个体很难像一个好演员一样，可以自由切换角色和行为模式，必然在文化认同上处于夹缝之中。这样，备受他人歆羡的阶层旅行者就面临人际交往的"双重高墙"，他们不得不在两种文化和两种社会关系的夹缝中挣扎。"人往高处走"，"亲情与故乡是他们急于摆脱与逃离之地，他们成为没有故乡的'孤儿'"①。故乡在远去，家人变得陌生，充盈着归属感和亲密感的生活也再难以找寻。

芝加哥学派的代表人物之一，罗伯特·帕克（Robert Park）曾提出了一个著名概念——边缘人（marginal man）。他认为空间上的迁徙带来相互冲突的文化的相遇和融合，也会使得个体在两个不同文化群体中挣扎。②跨入大学之门的农家子弟也需要不断面对所在场域的文化与自己原生家庭文化的疏离，在矛盾和冲突之中面对和融入城市中上阶层文化。"读书的料"很容易成为两种文化中漂泊的流浪者，挣扎于文化夹缝中的边缘人，难以建立起对特定文化的归属感。

## 三　感情定向的重叠交织

在任何一种文化中，情感都是非常重要的定向维度。文化不是外在之物，也会形塑人们的情感表达。文化上的不适应最集中体现为情感上的不适应。不同文化的重叠交织也会明显地体现为情感上的重叠交织。费孝通在《乡土中国》中提出了一个往往被人们忽视的概念——"感情定向"。他说：

> 我用感情定向一词来指一个人发展他感情的方向，而这方向却受着文化的规定，所以在分析一个文化形式时，我们应当注意这文化所规定个人感情可以发展的方向，简称作感情定向。③

在不同的文化情境中穿梭，农民子弟也会形成不同的感情定向，在一种文化里循规很可能在另一种文化里被视为越轨，在另一种文化里越轨很

---

① 刘云杉：《自由的限度：再认识教育的正当性》，《北京大学教育评论》2016 年第 2 期。
② Robert Park, "Human Migration and the Marginal Man", *American Journal of Sociology*, Vol. 33, No. 6, 1928, pp. 881–893.
③ 费孝通：《乡土中国》，北京出版社 2005 年版，第 60 页。

可能在一种文化里被视为循规。但这并不意味着一种感情定向会完全驱逐另一种感情定向，也会时常生出感情定向的重叠交织。这种重叠交织既会造成与情境的疏离，也在创生着新的情感互动模式。

> 有一次看春节联欢晚会，当时我姐也在家，我们就在一个小屋子里面看，看的时候中间不是总有煽情的地方嘛，就是有个地方好像是给爸爸妈妈倒了一杯茶什么的。反正是先放了一个什么东西，让人特别感动，然后我也跑去给爸爸妈妈倒了一杯茶。但是我爸就说，我不喝，我不喜欢喝，类似的。就是说他们很不适应你这种情感表达，你这种情感表达就是很别扭的……在村庄里人们不太能接受，不太适应这种类型的表达。（A-M-5）

精英学校与农村家庭有着不同的生活方式和推崇的价值。在文化穿梭的过程中，取得高学业成就的农家子弟可能会有意无意地唤起另一个文化情境内隐的种种价值。当另一种文化从远处袭来，就会如同回音一般，激荡他们的内心，生出愧疚、愤怒等复杂的情感。布迪厄在《实践感》中讨论了惯习和资本之间可能存在的错位现象。他在讨论阶级惯习和个人惯习的关系时指出，个人在过往经验中形成的惯习可能不符合当前所属阶级的惯习，这种错位现象在一个快速变迁的社会中尤为明显。布迪厄称这种错位现象为"滞后效应"（hysteresis effect）。[①] 在不同文化情境中穿梭的个体也会出现文化错位的情况，造成情感上的冲突和尴尬。在另一个文化情境中的经验会影响他们对当下情境的判断、态度和表达，甚至会陷入无所适从。[②]

当然，这种文化穿梭并不仅仅体现在农家子弟身上，也体现在从县城、小城市进入大城市，甚至体现在每一个第一代大学生身上。一些国内研究者也已经关注到了这一点。任振夏关注了一个来自城市普通家庭的

---

[①] 转引自洪岩壁、赵延东《从资本到惯习：中国城市家庭教育模式的阶层分化》，《社会学研究》2014年第4期。

[②] 社会学家唐纳德·杨在研究种族问题时提出了一个"种族内群体的美德转变为种族外群体的罪恶"的过程。或者，更通俗地、更具有启发性地讲，在种族关系中，这个过程被称为"无所适从"（damned-if-you-do and damned-if-you don't）。参见［美］罗伯特·K.默顿《社会理论和社会结构》，唐少杰、齐心等译，译林出版社2006年版，第633、640页。

## "读书的料"及其文化生产

"90后"大学生对其家庭文化的重构。在那里，子女成了父母的"第三只眼"、家庭的"经纪人"，也终结了某些传统家俗。子女虽很"爱"父母，但并不"喜欢"他们。① 在快速现代化的大潮下，父母成了"时间的移民"，自己唯一的孩子可能不会再回来。

尽管有农家子弟表示希望能够告别过去的经历、但这种告别本身就是铭记和在意。对于更多的农家子弟而言，村庄是抛弃不掉，也是无可抛弃的。在城市生活中，他们还是会对村庄保有深刻的情感，关心底层人的命运，甚至生出改变的雄心。

> 比如说有时候大家说一个人穿得特别土，就开玩笑说，你看你像个民工，或者说你就像个农民一样什么的，其实这个就是在上学的时候经常发生的，特别是在前些年的时候。我听到这个的时候，心里其实是挺怪的。就觉得虽然是别人也在开玩笑，我也不会说任何东西，但是就觉得很怪异，觉得似乎是有一种被连带着取笑的感觉，就有这种感觉。(A-M-5)

> 我们宿舍有个城市里的孩子，他就特别反感秸秆焚烧，把大气污染也归结于秸秆焚烧上。但是对于我来说，那本身是从古至今的一种传统的方式，烧麦子、玉米秆呀会发出一种味道，会觉得很亲切，很有归属感。你会不自觉地站在农村的立场上，而不是城市的立场上，不是污染环境的立场上。像我们宿舍那个城市的学生，他就很反感，说应该把秸秆焚烧的人抓起来，我就说你抓谁呀。(A-M-19)

> 你从土地中得到那种滋养，获得的朴实的踏实的品质是伴随你一生的。这些在当今社会看来可能是不适用的……但我喜欢去折腾出自己的一番事业，将来想要找一些伙伴在农村创业，努力把农村教育搞好，把农村教育放在第一位的前提之上，拓展格局和眼界。可能有些另类，在常人看来，或者说不世俗。我感觉这背后还是一种责任在推动，包括我和我的家人之间，也很少有感情的表达，就是责任！责任！(A-M-14)

---

① 任振夏：《我家出了个大学生——90后大学生对家庭文化影响的个案研究》，北京师范大学，学士学位论文，2015年。

说到底，尽管高学业成就深刻改变了这些农家子弟的人生道路，村庄和家庭还是漫游者的故乡和安心之所，真正的黑夜、潮湿黝黑的土地、木讷而纯善的人们始终是内心深处的牵挂之地。对村庄的言说成为"读书的料"作为异乡人寻找星星和罗盘、确立虚幻故乡经纬的一种存在之必需。

# 第五章  关于底层文化资本的另一种言说

> 我们在理解和解释时,总是借助于我们的前瞻性的判断和成见,而这些预判和成见自身也是在历史过程中不断变化的……我们的目标永远是正确地理解什么是"事物本身"(解释的对象),但随着我们的视界不断变化,我们提出的问题会有所不同,"事物本身"到底呈现了什么也就不一样了。[①]
>
> ——理查德·伯恩斯坦

在文化再生产的理论视野中,底层子弟因文化资本的弱势地位而被学校文化排斥,直接落入子承父业的泥沼。在文化生产的理论视野里,底层子弟延续了自己所属阶级的文化,抵制学校制度和教师权威,主动放弃学业,继承父辈工人阶级的工作。这两种理论思考的方向殊途同归,都没有理解改变了命运的底层子弟的理论意义。而"读书的料"的文化生产将自己的命运引向了向上流动的通道,对这一进程中的文化生产的探索蕴藏着文化生产理论的自我突破,也可能颠覆文化再生产理论已有的断言。

## 第一节  从文化再生产到底层文化资本[②]

前述研究已经表明,取得高学业成就是一个基于农家子弟家庭生活与

---

[①] Bernstein, R. J., *Beyond Objectivism and Relativism: Science, Hermeneutics, and Prax*, Philadelphia: University of Pennsylvania Press, 1983, p. 139.

[②] 本节部分内容已发表。参见程猛、康永久《"物或损之而益"——关于底层文化资本的另一种言说》,《清华大学教育研究》2016 年第 4 期;《底层文化资本"再审视"》,《苏州大学学报》(教育科学版)2018 年第 4 期。

第五章 关于底层文化资本的另一种言说

学校实践的关系结构基础上的文化生产过程。这一文化生产过程与布迪厄所认为的"所有的教育行动客观上都是一种符号暴力"①，学校文化本质上为了"保证文化资本的效益"而"淘汰距学校文化最远的那些阶级"② 等观点形成了鲜明的对垒。那么，这样一种通向高学业成就的文化生产对文化再生产理论，特别是文化资本理论提出了何种挑战？

## 一　反推文化资本理论

威利斯在评价文化再生产理论时曾这样说道：

> 布迪厄和帕斯隆的分析（1977）在这个维度上做出了严肃的贡献。我们被引向了一个文化的维度——至少对于统治阶级来说——这个维度在形式上与以往不同，有了一些经济之外的自主性……真实的资本转变为文化资本；缺少资本（只占有劳动力）变成了缺少文化资本。③

威利斯虽然肯定了布迪厄的贡献，但也敏锐地注意到了布迪厄引入的维度与其说是文化的维度，不如说是统治阶级文化的维度。在布迪厄那里，文化资本蕴含着人们对上层所占有高雅文化的掌握程度，"被制度化成了维护优势阶级利益的工具"④。很明显，文化资本理论的核心逻辑在于：底层劳工阶级家庭出身的孩子因为不具备中上阶层的高雅文化资本，所以难以取得高学业成就，只能延续父辈命运。许多国内研究者延续了这一逻辑，在研究中关注了那些取得低学业成就、可能复制父母原有阶层的底层儿童（农村留守儿童、农民工子弟）在文化资本上的缺陷，认为农村孩子"烙上早期文化资本匮乏的印记"⑤，"（城市子弟）获取了比农村子女

---

① [法] P. 布尔迪约、[法] J.-C. 帕斯隆：《再生产：一种教育系统理论的要点》，邢克超译，商务印书馆2002年版，第13页。
② 同上书，第224页。
③ Paul Willis, "Cultural Production is Different from Cultural Reproduction is Different from Social Reproduction is Different from Production", *Interchange*, Vol. 12, No. 2, 1981, p. 53.
④ John H. Goldthorpe, "'Cultural Capital': Some Critical Observations", *Sociologica*, Vol. 2, 2007, p. 4.
⑤ 张济洲：《"高考工厂"背后的阶层焦虑与机会公平》，《中国高教研究》2015年第9期。

· 203 ·

多得多的不同数量与类型的文化资本"①。"与城市中上阶层相比,农村学生、城市下层学生因文化资本数量、质量的低下而处于不利地位"②。

如若我们反推文化资本理论的这一核心逻辑,可以得出第二条逻辑:少数劳工阶级子弟之所以能够取得高学业成就,进而可能实现向上流动,是因为他们通过某种方式弥补了原生家庭文化资本的不足。余秀兰曾这样图示(见图5—1)这种文化逻辑。

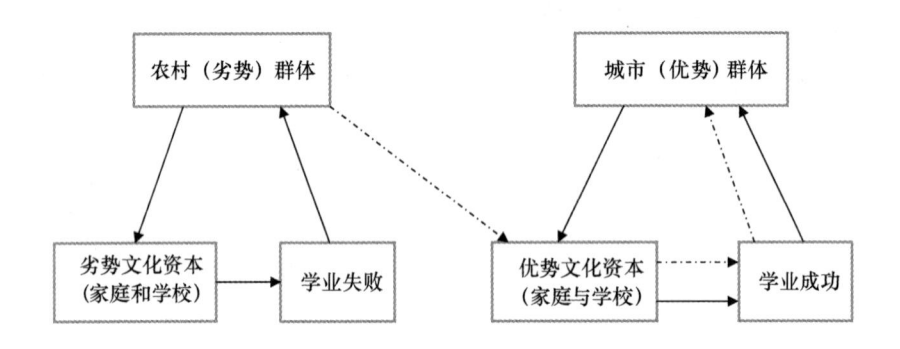

**图5—1 余秀兰对农家子弟获得学业成功的文化解释③**

注:实线表示文化再生产的循环图,虚线表示循环圈的中断,极少部分农村孩子通过各种途径,获取优势文化资本,取得学业成功,摆脱农村循环圈,进入城市。

说到底,"社会底层子女因缺乏文化资本而难以取得高学业成就"与"社会底层子女弥补文化资本方可取得高学业成就"是一对孪生兄弟。余秀兰在解释城市儿童与农村儿童教育获得的不平等时写道:

> 我国的城乡差异有其根深蒂固的历史根源,同时又具有非常鲜明的现实表现,城乡是两个不同的生活世界,城市人与乡下人处于两种不同的生存境遇中,意味着两种不同的身份与地位。农村在经

---

① 林秀珠:《从文化再生产视角解析中国教育的城乡二元结构》,《教育科学研究》2009年第2期。
② 王金娜:《高考统考科目的"文科偏向"与隐性教育不公平——基于场域—文化资本的视角》,《教育发展研究》2016年第20期。
③ 余秀兰:《文化再生产:我国教育的城乡差距探析》,《华东师范大学学报》(教育科学版)2006年第2期。

济、文化等方面与城市的巨大差距，使得农村家庭为儿童早期输送的文化资本远不如城市家庭，这突出地表现在父母的文化水平、家庭所拥有的文化耐用品、文化参与、教育投入、教育期望以及家庭社会化模式等方面。也就是说，在接受正规的学校教育之前，城乡儿童已经具有不同的文化资本。①

在这类理论视野里，农村孩子"在学校教育中处于文化上的劣势"，拥有的是"劣势文化资本"。②农村孩子脱离农村循环圈需要经过自身努力和他人帮助，增加自己的文化资本，获得学业的成功（如考上大学）。③这种"增加（弥补）文化资本方能获得学业成功"的观点（以下简称"弥补说"）长期为学界默认。④农家子弟在逐级攀爬教育阶梯旅程中必然会浸润于中上阶层的文化环境，吸收和融合他们原本的生活情境所不具有的文化资本对于他们学业成就的获得乃至眼界和格局的提升不可或缺。但如若底层家庭的言语方式、教养方式乃至情感表达方式都成了子女前行的累赘、取得成功的负担，底层生活和底层的文化实践也就逃不脱被贬抑甚至"污名化"⑤的命运。

"弥补说"看似拓展了文化资本理论的解释域，实际上却也同时暴露了文化资本理论一些不可忽视的疑点。第一，不管是中上阶层还是劳工阶层都处于一定的社会经济政治条件之中，都有自己独特的生活和文化实践，为什么只有中上阶层的文化才能成为一种资本？第二，底层子

---

① 余秀兰：《中国教育的城乡差异：一种文化再生产现象的分析》，南京大学，博士学位论文，2002年。
② 余秀兰：《文化再生产：我国教育的城乡差距探析》，《华东师范大学学报》（教育科学版）2006年第2期。
③ 同上。
④ 在最近的一篇文章中，余秀兰在解释"寒门如何出'贵子'"时转向更强调底层子弟的内驱力和自主意识，认为"虽然优势阶层具有文化资本优势，存在文化再生产现象，但优势文化资本并无明显的阶层区隔性与排他性；寒门学子可通过重要他人或其他途径弥补家庭文化资本之不足。更关键的是，寒门情境还激发了具有寒门特征的文化资本，极大地促进了寒门学子的学业成功。"参见余秀兰、韩燕《寒门如何出"贵子"——基于文化资本视角的阶层突破》，《高等教育研究》2018年第2期。
⑤ 对"污名化"的相关论述参见熊和妮《他们真的不懂教育孩子吗？》，《基础教育》2016年第12期。

女当然缺乏中上阶层特有的文化资本，但底层子女是否就与文化资本无缘？难道"读书的料"取得高学业成就的事实与其家庭所在阶层的文化毫无关联吗？第三，底层子弟取得高学业成就究竟是弥补文化资本缺陷的结果还是底层子弟原本就拥有不同于中上阶层子弟的文化资本？

尽管文化再生产理论深刻揭示了社会再生产的文化逻辑，但还是有它的限度。这种理论关注中上阶层的文化，而忽略了底层文化；关注了多数没有取得高学业成就的寒门子弟，却忽略了那些身处社会底层却依然取得高学业成就的"读书的料"；有力地解释了那些延续阶层代际传递的多数人，同时失去了它对于那些没有延续原生家庭父母经济社会地位的少数人的解释力。当我们尝试用文化资本理论来解释取得高学业成就的底层子弟时，疑点就更彻底地被暴露了出来。

## 二　剩余性观念的启发

伯恩斯坦和拉鲁虽然各自从语言符码和家庭教养方式的角度拓展了布迪厄的文化资本理论，但他们的研究都相继发展出了一些与核心结论并不完全一致的观念，这里称为"剩余性观念"①。剩余性观念处于理论的边缘，是主要发现的"边角料"或者说"陪衬"，未受到公众和学术界的普遍重视，但却拥有创造新现实的潜力。

伯恩斯坦在指出中产阶级家庭所能够培育的"复杂语码"相比于工人阶级家庭的"局限语码"更有助于其子女取得高学业成就的同时，也提出了以下与核心观点有内在张力的说法：

> 相反，我认为语言学家为解释语法的形式特点而发明的代码能够产生任何数量的言语代码，而且，没有理由认为在这方面，任何一种语言代码会比另一种更好……局限语码使人有机会接触广泛可能存在的意思，灵巧性、微妙性和多种文化形成，接触到一种独特的审美观……复杂语码使人有机会接触各种现实，然而，它们可能

---

① "剩余性观念"这一提法源自康永久教授开设的研究生课程《教育社会学》。

第五章 关于底层文化资本的另一种言说

造成感情与思想分离、自己与别人分离、个人信仰与角色责任分离。①

相应地,拉鲁也并非完全赞成中产阶级家庭"协作培养"的教养方式,相反,她认为劳工阶层家庭采取的"自然成就成长"的教养方式也有自己的优势。她认为,尽管没有密集的由大人们协作安排的活动,来自底层工人阶级家庭的哈罗德的重要优势在于:

> 每天的活动让他有事可做,但与亚历山大和加勒特不同,他从不会因为这些活动而感到疲惫。缺乏成年人组织的活动让他可以自由地创造自己的消遣方式,自由地为自己定下步调。哈罗德对家里的成年人更加尊重……对自己在日常生活中的很多重要决定,哈罗德比中产阶级家庭的孩子更有自治权。作为一个孩子,他掌控着自己的闲暇时间的日程安排,他的篮球比赛都是即兴的,这让他从中发展了重要的技能和才干。②

伯恩斯坦和拉鲁的剩余性观念在某种程度上肯定了劳动阶级家庭类型、言语结构或教养方式的可能益处。但遗憾的是,现实中的学校像是一个法庭,文化资本的优劣在那里被宣判,言语和教养方式的差异在学校真正得到了检验,所谓"优势"在接触以学校为代表的公共机构时也立即显得毫无用处,变得卑微甚至起反作用。尽管伯恩斯坦和拉鲁都有避免陷入"文化缺陷论"(cultural deficit theory)③ 的警觉,但"限制型编码"和"成就自然成长"的优势始终没有与公共教育机构产生积极的关联。如若底层家庭和底层子弟的共同生活实践与学校文化风马牛不相及,那就无论如何辩解也难以逃离"文化缺陷论"投射的长影,富有同

---

① [英]巴兹尔·伯恩斯坦:《社会阶级、语言与社会化》,载厉以贤主编《西方教育社会学文选》,(台北)五南图书出版公司1992年版,第457—470页。
② [美]安妮特·拉鲁:《不平等的童年》,张旭、宋爽译,北京大学出版社2018年版,第167—191页。
③ 对文化缺陷论的介绍和批判,可参见 Barry Troyna, "Paradigm Regained: A Critique of 'Cultural Deficit' Perspectives in Contemporary Educational Research", *Comparative Education*, Vol. 24, No. 3, 1988, pp. 273-283。

情心的研究者也总要不断面对内心所体验到的情感矛盾。①

这里所说的"文化缺陷论"有一个长长的历史。1946 年，美国学者艾利森·戴维斯（Allison Davis）在《社会下层工人动机之研究》一文中指出贫困不仅是一种经济现象，而且是一种文化现象。穷人由于长期生活在贫穷之中，结果形成了一套特定的生活方式、行为规范、价值观念体系等。②人类学家刘易斯（Oscar Lewis）在 1966 年最早提出了"贫困文化"的概念，他认为贫困文化是一个拥有自己的结构与理性的社会亚文化。"贫困文化一旦形成，就必然倾向于永恒。棚户区的孩子到 6、7 岁时，通常已经吸收贫困亚文化的基本态度和价值观念。因此，他们在心理上不准备接受那些可能改变他们生活的种种变迁的条件或改善的机会。"③迈克尔·哈灵顿在《另一个美国》中也说道：

> 穷人之所以像今天这个样子，真正的原因在于他们认错了爹娘，生错了地方，入错了行，长错了肤色。一旦犯了那种错误，他们中的有些人可能会成为有志者事竟成的道德楷模，但绝大多数人甚至连脱贫的机会都没有，终生贫困潦倒。对此，有两种说法：穷人被恶性循环缠住了；或者，穷人在贫困文化中苟且偷生。④

克鲁克洪 1961 年提出并由其夫人发展的"价值导向理论"这样归纳美国不同阶层的价值观念：

> 美国中上阶层的价值观念是（1）认为人类本性是善恶参半的；

---

① 拉鲁在《不平等的童年》的注释中提到，"一些审阅者对'成就自然成长'这一短语表达了担忧，因为他们觉得这个短语对父母照顾子女付出的辛劳没有给予充分强调。"（参见安妮特·拉鲁《不平等的童年》，宋爽、张旭译，北京大学出版社 2018 年版，第 438 页。）在成书十二年之后的回访中，拉鲁记录了工人阶级家庭的不满。一些家庭拒绝回访并认为拉鲁欺骗和冒犯了他们。比如 Ms. Yanelli 认为这本书苛责了她和她的家庭，看轻甚至毁谤了她们，让她们看起来像是贫穷的白人垃圾。拉鲁为此感到很沮丧。参见 Annette Lareau, *Unequal Childhood: Class, Race, and Family Life*, 2nd ed., University of California Press, 2011, pp. 317–325。
② 李强：《贫困文化之研究》，《天津社会科学》1989 年第 1 期。
③ 转引自周怡《贫困研究：结构解释与文化解释的对垒》，《社会学研究》2002 年第 3 期。
④ [美]迈克尔·哈灵顿：《另一个美国》，郑飞北译，中国青年出版社 2012 年版，第 21 页。

(2) 在人与自然关系方面，认为人是能够征服与控制自然的；(3) 在时间的价值取向上，更重视未来，因而能够延缓满足；(4) 在对于生活意义的评价上，不是重存在或者发展过程，而是重行动；(5) 在人与社会的关系方面，更重个别性，而不是集体性。但下阶层的价值观念则相反，认为 (1) 人性本质是恶；(2) 人类是自然的奴隶，宿命论的观点；(3) 在时间价值上更重视现在；(4) 对生活意义的评价上，更重视存在，及时寻乐；(5) 更重视集体性等。[①]

有国外研究者甚至认为，"文化处境不利的大多数儿童都不太会从他们的家庭和文化中得到尊重"[②]。当经济上的贫困与学业上的失败的关联越是紧密，用一种文化上的贫穷来解释学业成就获得差异的说法就越迅速地蔓延开来。文化再生产理论即是如此。布迪厄在《继承人》中也暗示了类似的观点，他说："从掌握文化的难易程度和愿望这两重意义上讲，工农出身的大学生处于最不利的地位：直到最近一个时期，他们甚至还不能在家庭环境中找到吸引他们努力求学的因素。"[③]

拉鲁和伯恩斯坦的剩余性观念所涉及的底层子弟可能的优势之所以难以与学业成就产生积极的关联，原因在于他们并没有真正关注那些取得高学业成就的底层子弟在求学道路上的学校和家庭经验，更没有考察其家庭经验是如何与学校生活经历缠绕并通过影响他们的道德和意义世界而发生真实作用的。当然，尽管并没有逃脱"文化缺陷论"的泥沼，伯恩斯坦和拉鲁的研究还是为我们思考底层子弟的学业成就与文化资本内在逻辑的关联提供了极为重要的启发。在布迪厄那里，尽管文化资本体现出三种形态——身体形态、客观形态和制度形态，[④] 但每一种形态的文化资本只有多和少的区分，与钱多钱少一样，是均质化存在的。而在伯恩斯坦和拉鲁那里，语言编码和教养方式则是以不同类型的方式存在于不同阶层。这就

---

① 转引自王晓阳《国外关于不同阶层家庭教养方式的研究》，《北京师范大学学报》（社会科学版）1993 年第 5 期。

② Lichter, Solomon O., "The Culturally Deprived Child by Frank Reissman", *Social Service Review*, Vol. 36, No. 4, 1962.

③ ［法］P. 布尔迪约、［法］J. - C. 帕斯隆：《继承人：大学生与文化》，邢克超译，商务印书馆 2002 年版，第 26 页。

④ Bourdieu Pierre, "The Forms of Capital", in J. E. Richardson (ed.), *Handbook of Theory and Research for the Sociology of Education*, New York: Greeword, 1986, p.124.

"读书的料"及其文化生产

不免给我们留下了一个想象空间：各阶层都有自己的生活方式和相应的文化实践，都有自己特定类型的文化资本。

无独有偶，加利福尼亚大学的罗素（Tara J. Yosso）在对美国种族问题进行研究时，也提出了一个非常具有启发性的问题："谁的文化有资本？"[1] 通过对少数族裔社区的研究，她认为少数族裔社区长期被认为有着文化贫穷（cultural poverty）的不利条件，但事实上只是这些少数族裔的文化没有得到承认和尊重。虽然和诸多批判理论一样，批判种族理论的问题依然在于"未将批判与社会实践结合"[2]，但"谁的文化有资本"这样的发问方式还是给了我们重要的启发。循此，"读书的料"所生产出的先赋性动力、道德化思维、学校化的心性品质是否足以说明底层家庭早已创生出了一种独特的文化资本呢？

## 三 惯习作为身体形态的文化资本

布迪厄对"资本"以及"文化资本"的类型划分是非常清晰的。他认为，"资本表现为三种根本的类型（每一类下还可以进一步划分出层次更低的类型），这就是经济资本、文化资本和社会资本"[3]。在"The Forms of Capital"一文中，布迪厄详细讨论了文化资本的三种表现形式：身体形态（embodied state），表现形式为心智和身体的长期性情；客观形态（objectified state），表现为文化产品（图片、书籍、字典、器乐、机器等）；制度形态（institutionalized state），表现为教育文凭等。[4] 之后的研究者都试图将文化资本进一步明晰化。如迪马乔（DiMaggio Raul）等将文化资本定义为"受尊敬的文化资源中的趣味和经验"。[5] 沙利文（Alice Sullivan）将文化资本定义为"社会中带有统治文化的家庭，特别是理解和使用'受过教

---

[1] Tara J. Yosso, "Whose Culture Has Capital? A Critical Race Theory Discussion of Community Cultural Wealth", *Race Ethnicity and Education*, Vol. 8, No. 1, 2005, pp. 69–91.
[2] 伍斌：《种族批判理论的起源、内涵与局限》，《民族研究》2015 年第 3 期。
[3] [法]布尔迪厄、[美]华康德：《反思社会学导引》，李猛、李康译，商务印书馆 2015 年版，第 148 页。
[4] Bourdieu Pierre, "The Forms of Capital", in J. E. Richardson (ed.), *Handbook of Theory and Research for the Sociology of Education*, New York: Greenword, 1986, p. 47.
[5] DiMaggio Paul & John Mohr, "Cultural Capita, Educational Attainment and Marital Selection", *American Journal of Sociology*, Vol. 9, No. 6, 1985, pp. 1231–1261.

育'的语言"①。罗西尼奥（Roscigno）和达内尔（Ainsworth-Darnell）将文化资本理解为"广泛传播的、高地位的文化信号以及有形的家庭教育资源（画作、书籍等）"②。

相比于文化资本，"惯习"则是一个颇令人费解的概念，也隐含了布迪厄的理论雄心。他把"惯习"称作一个"性情系统"（system of dispositions），按照前述文化资本的分类，应当属于其"身体形态"。布迪厄曾暗示惯习和身体形态文化资本的关联，认为"这种身体形态的资本是外部的财富划归到整个人身上，铸就一种无法瞬间传输的惯习"③。这种"性情"是生成而非继承的，是后天获得、"通过经验获得的性情"④，随着地点、时间的改变而变化。布迪厄认为，"惯习（habitus），而不是习惯（habit），就是说，是深刻地存在于性情（disposition）倾向系统中的"⑤。借助惯习，他"志于超越过去、现在和未来之间、心灵和身体之间、社会和个体之间、客观与主观之间、唯意志论和决定论之间的二元对立"⑥。在布迪厄看来，"去参加音乐会并不代表所有的听众都占有了音乐文化，唯有熟稔这些音乐作品内在逻辑的观众才是真正的占有者"⑦，而"艺术作品的意义和趣味只向那些具有相应文化能力的人展露，遇到他们，其中的密码方可解码"⑧。洪岩壁、赵延东曾形象地将资本和惯习的关系理解为："资本就像

---

① Alice Sullivan, "Cultural Capital and Educational Attainment", *Sociology*, Vol. 35, No. 4, 2001, pp. 893 – 912.
② Annette Lareau, Elliot B. Weininger, "Cultural Capital in Educational Research: A Critical Assessment", *Theory and Society*, Vol. 32, 2003, p. 572.
③ Bourdieu Pierre, "The Forms of Capital", in J. E. Richardson (ed.), *Handbook of Theory and Research for the Sociology of Education*, New York: Greenword, 1986, p. 48.
④ 《文化资本与社会炼金术：布尔迪厄访谈录》，包亚明译，上海人民出版社1997年版，第10页。
⑤ [法]布尔迪厄、[美]华康德：《反思社会学导引》，李猛、李康译，商务印书馆2015年版，第152页。
⑥ 转引自 Yang Yang, "Bourdieu, Practice and Change: Beyond the Criticism of Determinism", *Educational Philosophy and Theory*, Vol. 46, No. 14, 2014, p. 1524。
⑦ Bourdieu Pierre, *Distinction: A Social Critique of the Judgment of Taste*, Cambridge: Harvard University Press, 1984, p. 2.
⑧ Ibid..

是音乐会的门票，而惯习则是对音乐的欣赏能力。"① 惯习并非孤立存在，布迪厄认为它是与场域（field）共生的：

> 惯习有助于把场域建构成一个充满意义的世界，一个被赋予了感觉和价值，值得你去投入、去尽力的世界。……人的生存，或者，以社会形塑的身体的方式存在的惯习，是包含了无数的生存或惯习的世界中的一部分。这有点像帕斯卡尔说的，le monde me comprend mais je le comprends（一句话，就是"世界包容了我，但我能理解它"）。这么说吧，社会现实是双重存在的，既在事物中，也在心智中；既在场域中，也在惯习中；既在行动者之外，又在行动者之内。而当惯习遭遇了产生它的那个社会世界时，正像是"如鱼得水"，得心应手：它感觉不到世间的阻力与重负，理所当然地把世界看成是属于自己的世界。……惯习是社会性地体现在身体中的，在它所居留的那个场域里，它感到轻松自在，"就像在自己家一样"，直接能体会到场域里充满了意义和利益。②

布迪厄曾将"场域"比喻为"某种游戏的存在"③，那么"惯习"就是"游戏的感觉"（feel for game）④。布迪厄也曾在《区分》（*Distinction*）中将"惯习"与"资本"共同放置在场域中，以此形成实践。这一实践方程（practice equation）如下：

$$[(habitus)(capital)] + field = practice$$ ⑤

正是在"身体形态"的文化资本这一维度上，"惯习"与"文化资本"

---

① 洪岩壁、赵延东：《从资本到惯习：中国城市家庭教育模式的阶层分化》，《社会学研究》2014年第4期。
② ［法］布尔迪厄、［美］华康德：《反思社会学导引》，李猛、李康译，商务印书馆2015年版，第158—159页。
③ 同上书，第124页。
④ 《文化资本与社会炼金术：布尔迪厄访谈录》，包亚明译，上海人民出版社1997年版，第10页。
⑤ 转引自Yang Yang, "Bourdieu, Practice and Change: Beyond the Criticism of Determinism", *Educational Philosophy and Theory*, Vol. 46, No. 14, 2014, p. 1523。

得以打通。加迪斯（S. Michael Gaddis）认为研究者经常使用布迪厄的文化资本理论以检验学业成就的阶层差异，但他们忽略了一个至关重要的中介因素——惯习。她的研究表明"文化资本对 GPA[①]的积极影响是完全通过惯习为中介的"，"文化资本改变了一个学生对依靠自己的能力获得学业成功以及学校在她们生活中作用的观念。惯习对 GPA 的正向预测作用反而比文化资本要大得多"[②]。这说明文化资本也总要通过惯习起作用，作为外在生存条件的文化资本与作为内在性情系统的惯习在实践中并非泾渭分明，而是重重叠叠的关系。克朗普顿（Rosemary Crompton）更直接地将资本与惯习的关系归纳为"各种各样的资本组合构成惯习"[③]。

对于个体而言，惯习不是无中生有，也不是继承来的，而是创生的。身体形态的文化资本的生产不是像给空瓶子灌水，离不开行动者的主观意志与意义赋予。在这个意义上，任何阶层的文化生产都是一个意义生产的过程，这就与保罗·威利斯在《学做工》中提出的文化生产理论产生了共振。强调身体形态的文化资本或者说惯习，本身就意味着强调某种文化生产。而"先赋性动力""道德化思维""学校化的心性品质"可归入心理、思维或性情，更靠近布迪厄所称的"惯习"（habitus），而非一般意义上的"文化资本"。但布迪厄所说的作为文化资本的"惯习"更多的是那样一些中产阶级的文化品位，而不是这样一些底层心态。"读书的料"的文化生产——先赋性动力、道德化思维以及学校化的心性品质——是否真的铸就了一种独特的"文化资本"呢？

## 四 底层文化资本：一个突破性概念

拉鲁和魏宁格认为对文化资本的主流理解混合了两个核心前提。第一，文化资本指向了文化修养极高的人的知识素养或连带的审美趣味。第二，文化资本在分析和解释原因时将其视为与其他形式的知识或能力（诸

---

① GPA 全称是 Grade Point Average，即平均成绩点数（平均分数、平均绩点）。
② S. Michael Gaddis. "The Influence of Habitus in The Relationship between Cultural Capital and Academic Achievement", *Social Science Research*, Vol. 42, No. 1, 2013, pp. 1 - 9.
③ ［英］罗丝玛丽·克朗普顿：《阶级与分层》，陈金光译，复旦大学出版社 2011 年版，第 172 页。

"读书的料"及其文化生产

如技术技能，人力资本等）不同。[①] 对此，拉鲁和魏宁格提出了一种替代性解释，认为布迪厄并未将文化资本限定在"精英地位文化"（elite status cultures）。这种解释强调要从微观互动过程去探索个体使用知识、技能、能力与公共机构的评价标准相连的策略。[②] 本书从文化生产的视角出发而进行的对"读书的料"文化生产的探索也与拉鲁和魏宁格强调的从"微观互动过程"去探索的方向有着高度一致性。

我们已经看到，出身于社会经济政治地位较低阶层的子弟，尽管处于社会经济地位的底端，很少具有客观形态与制度形态的文化资本，往往被视为安静、乖巧、循规的，但依然有自己独特的文化生产。"先赋性动力"赋予了"读书的料"强烈的改变命运的原动力；道德化思维模式使得他们倾向于把学习作为一种义务来对待，自制而专一；学校化的心性品质帮助他们在学校生活中依赖吃苦耐劳、坚韧不拔的品质取得好成绩，至少建立起学习上的优越感，从而在更深层次上与教师建立起生命关联。

在这里，我们将这些农家子弟独特的文化生产所铸就的先赋性动力、道德化思维与学校化心性品质作为一种"身体化文化资本"来看待，并将其命名为"底层文化资本"。[③]

在文化再生产的理论视野里，文化资本近乎等同于中上阶层的专属品，底层子弟因缺少文化资本而难以获得高学业成就。为此，研究者们大多认为农家子弟是通过弥补文化资本从而取得高学业成就的。"底层文化资本"的提法突破了这种观念，认为农家子弟取得高学业成就是一个基于底层家庭生活和学校生活体验的独特文化生产过程。他们的学业成就是成功地创生、维系底层文化资本以及将其独特力量绽放到极致的结果，而不是由于文化移入或弥补某些他们本没有的东西。

"底层文化资本"概念表达出了对文化资本理论的这样一种新见解，即底层子弟可以拥有并不断生产出不同于中上阶层的、具有独特形态的文

---

[①] Annette Lareau, Elliot B. Weininger, "Cultural Capital in Educational Research: A Critical Assessment", *Theory and Society*, Vol. 32, 2003, p. 567.

[②] Ibid., p. 597.

[③] 之所以成为底层是因为农家子弟所处家庭的社会经济地位在中国社会的阶层结构中处于底层。城市体力工人、失业者等与其说处于中国社会的底层，不如说处于城市社会的底层。本文中，底层特指农村家庭父母中至少有一方务农或从事体力劳动。在葛兰西那里，底层是相对于占支配地位阶级的从属阶级。参见查特吉《关注底层》，《读书》2001年第8期。

```
         ┌─────────────┐
         │ 学校化的心性品质 │
         └─────────────┘
                │
         ┌─────────────┐
         │  学业成就    │
         └─────────────┘
           ╱         ╲
  ┌─────────┐       ┌─────────┐
  │ 先赋性动力 │       │ 道德化思维 │
  └─────────┘       └─────────┘
```

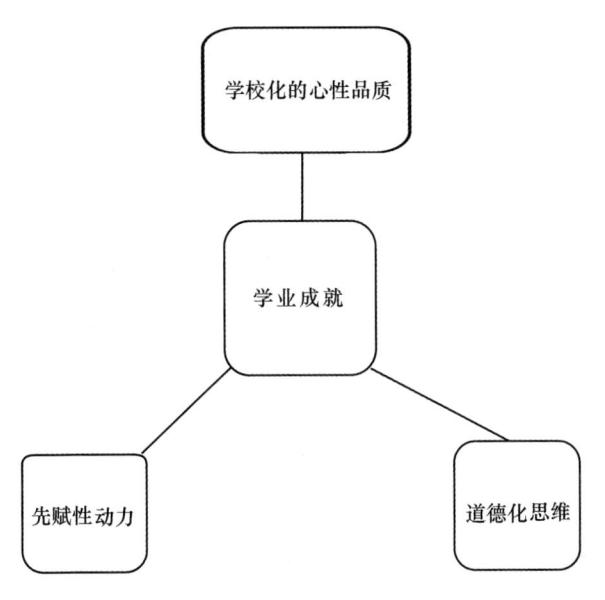

**图 5—2　底层文化资本**

化资本。贫寒的农家子弟的文化生产是在结构性因素的影响下参与到家庭和学校这些具体情境的生活实践之中，在个体能动性的主导下开创着符合"物或损之而益"内在逻辑的独特文化资本的文化生产过程。基于阶层地位的先赋性动力、基于家庭境遇的道德化思维以及与此两者息息相关的学校化的心性品质是比客观化与制度化文化资本更为内在的身体化文化资本。农家子弟取得高学业成就的关键在于利用了自己所属阶层的文化资本。这些有助于向上流动的独特文化资本组合成了中国底层子弟取得高学业成就的密码，也解释了一些贫寒的农家子弟何以能够取得高学业成就，进而有机会突破阶级代际传递的魔咒。"底层文化资本"虽然沿用了"文化资本"这一概念，但这一提法实质上是从底层视角来重新审视布迪厄"文化资本"概念的一种尝试，也是把"文化资本"从"鸽笼子"里放出来的一种尝试。

这一思想突破具有重要的理论意义，它提醒人们文化资本既不是中上阶层的专属品，也不是均质化的存在，不同阶层的生活和文化实践会生产出不同类型的文化资本。探索底层子弟取得高学业成就的新路子在于文化生产。底层文化资本的存在证实经济贫困并不意味着文化贫困，社会行动者的文化生产虽然受制于结构，但却具有相对独立性。正如威利斯在《学做工》的中文版前言所说:"文化指的是人类在特定环境中创造意义的各种实践,而不能被简化为对其他事物的反应,如个体心理、话语或经济。"①

由此看来,"底层文化资本"并不仅仅是在"文化资本"前面加了一个限定词,而是在表达对文化资本理论的一种新理解。维特根斯坦在《札记》中说:"一旦我们用一种新的形式来表达自己的观点,旧的问题就会连同旧的语言外套一起被抛弃。"②保罗·弗莱雷(Paulo Freire)也在《被压迫者教育学》中断言:"说出一个真正的词,就意味着改造世界。"③ 概念一旦被人创造出来,就一定程度上独立于作者,具有自明性,也应当可以被不断阐释。底层文化资本同样可以成为一个被不断阐释、修正甚至是变形的概念,引出新的表达和新的问题。

同时,我们不能孤立、静止地看待底层文化资本,只有从文化生产角度,我们才能理解底层子弟取得高学业成就这一事实。如果说底层文化资本无坚不摧,不往不利,那可就应了"可以惊四筵而不可以适独坐"④。如果因此认为底层有底层的文化资本,大可不必改善穷苦人的生存境遇,他们的孩子靠着这一套本事即可求学上进改变命运,那就更是大错特错。寒门子弟之所以取得高学业成就,不经历底层文化资本的创生,是难以解释的。但必须认识到,底层文化资本有其产生的社会土壤,它的创生是一个文化生产过程,与具体情境的文化实践密切相关。

"故物或损之而益"的后一句是"或益之而损"。⑤ 底层文化资本既可以显现为优势,也可能蜕变成劣势。这种辩证关系并不仅仅适用于底层文化资本,同样适用于文化资本。费孝通在《乡土中国》中论述"文字下乡"时曾说:

> 同事中有些孩子送进了乡间的小学,在课程上这些孩子样样比乡

---

① [英]保罗·威利斯:《学做工:工人阶级子弟为何继承父业》,秘舒、凌旻华译,译林出版社2013年版,第2页。
② 转引自[法]布尔迪厄、[美]华康德《反思社会学导引》,李猛、李康译,商务印书馆2015年版,第1页。
③ [美]保罗·弗莱雷:《被压迫者教育学》,顾建新等译,华东师范大学出版社2001年版,第37页。
④ 启功:《浮光掠影看平生》,陕西师范大学出版社2008年版,第5页。
⑤ 陈鼓应注译:《老子今注今译》,商务印书馆2003年版,第233页。

第五章 关于底层文化资本的另一种言说

下孩子学得快、成绩好。教员们见面时总在家长面前夸奖这些孩子们有种、聪明。这等于说教授们的孩子智力高。我对于这些恭维自然是私心窃喜。穷教授别的已经全被剥夺，但是我们还有别种人所望尘莫及的遗传。但是有一天，我在田野里看见放学回来的小学生们捉蚱蜢，那些"聪明"而有种的孩子，扑来扑去，屡扑屡失，而那些乡下孩子却反应灵敏，一扑一得。回到家来，刚才一点骄傲似乎又没有了着落。乡下孩子在教室中认字认不过教授们的孩子，和教授们的孩子在田野里捉蚱蜢捉不过乡下孩子，在意义上是相同的。①

费孝通在后面的分析中说，"教授的孩子穿了鞋袜，为了体面，不能不择地而下足"，"他们日常并不在田野里跑惯，要分别草和虫，须费一番眼力"②。可见，文化资本是高度情境依赖的，换一个文化情境，原有的文化资本不仅没有帮助，反而成为累赘。陈向明在其著作《旅居者与外国人》中揭示了中国留学生在与美国人相处时遭遇的种种困境，③ 同样说明一种资本的价值取决于使它发挥作用的场域。经济资本再雄厚，文化资本也可能会匮乏。④ 说到底，文化资本不是与经济资本直接对应的，而是具有相对独立性。同时，它也不是静止的，而是动态衍生与情境依赖的。内在于心灵的底层文化资本更是如此。

底层文化资本能够衍生出极强的动力，但也经常伴随着极大的后坐力。"先赋性动力"会一直建构其内在发展的动力，但过度的使命感极容易造成过重的心理压力。道德化思维模式虽然有利于底层子弟心无旁骛、刻苦勤奋，但这种思维模式本身潜伏着极大的道德压力。特别是在遭遇学业失败的时候，这种压力如果没有得到很好的排解，就会产生严重叛逆，不利于个人成长。这样，底层文化资本就成了达摩克利斯之剑（The Sword of Damocles）⑤，让人不断地处于焦虑、紧张和匮乏之中。学校化的心性品

---

① 费孝通：《乡土中国》，人民出版社2008年版，第10—11页。
② 同上书，第11页。
③ 参见陈向明《旅居者与外国人》，教育科学出版社2004年版。
④ 参见宫京成、刘静玉《论"土豪"的消费方式及其"文化资本"匮乏》，《东南传播》2015年第9期。
⑤ 达摩克利斯之剑，中文或称"悬顶之剑"，源自古希腊传说：迪奥尼修斯国王请他的朋友达摩克利斯赴宴，命其坐在用一根马鬃悬挂的一把寒光闪闪的利剑下，用来表示时刻存在的危险。

· 217 ·

质同样脆弱,如果短期内没有在学校取得较好成绩,获得教师的赏识与提携,底层家庭出身的子弟就会在学校找不到自我价值,与高学业成就渐行渐远,甚至会衍生出反学校心性。

布迪厄也曾说道:"归根结底,一种资本(例如希腊语或积分学的知识)的价值,取决于某种游戏的存在,某种使这项技能得以发挥作用的场域的存在。"① 如若场域发生转变,原先与场域一致的文化资本(特别是身体化的文化资本)不仅可能失去原有价值,甚至很可能会成为形成新的与现有场域相合的文化资本的障碍。最明显的是,当进入一个不再以成绩论英雄的大学之门,寒门子弟道德化的思维模式以及单纯追求学业的心态就会遇到真正意义上的挑战。当然,对他们来说,无论什么时候,一个健全的社会支持体系,始终是他们成功的关键。

## 五 对布迪厄文化资本理论的反思

米尔斯(Charles Wright Mills)曾指出,宏大理论的问题在于"它其实只是皇帝的新衣"②,"毫无实际意义的空中楼阁"③。他以帕森斯的《社会结构》为例指出:

> 帕森斯并没能实实在在地从事社会科学研究,因为他已受如下思想支配,即他所建构的社会秩序模型是某种放诸四海而皆准的模型;因为他实际上把他的这些概念奉为神明了。④

布迪厄的文化资本理论就有宏大理论通常具有的问题。尽管他认为,"经济资本可以表现为非物质形式的文化资本","文化资本在特定情境下可转化为经济资本,也可以被制度化为学历"⑤,身体形态的、客观形态的与

---

① [法]布尔迪厄、[美]华康德:《反思社会学导引》,李猛、李康译,商务印书馆2015年版,第124页。
② [美]C. 赖特·米尔斯:《社会学的想象力》,陈强、张永强译,生活·读书·新知三联书店2001年版,第27页。
③ 同上书,第34页。
④ 同上书,第50页。
⑤ Bourdieu Pierre, "The Forms of Capital", in J. E. Richardson (ed.), *Handbook of Theory and Research for the Sociology of Education*, New York: Greenword, 1986, pp. 46–54.

第五章 关于底层文化资本的另一种言说

制度形态的文化资本之间也可以相互转化，但"'文化资本'在更多的时候还是一个静态和缺乏变化的、带有社会决定论色彩的概念"①。很显然，布迪厄忽略了行动者的个人意志与社会结构之间的复杂关系，"读书的料"的高学业成就的确受制于客观经济条件的限制，但又同时受益于主观意向状态所内含的创造性力量。然而，"物或损之而益"的思想在他的理论世界里没有丝毫的生存空间。他那带有"决定论色彩"②的文化资本理论为底层的命运涂上了一抹灰暗的色调，鲜活的社会能动者在此被绑在社会再生产的十字架上，冰凉的社会结构如雾霾天般笼罩着底层家庭，让人不禁生出悲戚和无力之心。

　　一种理论的失败，通常在于其"没能使人们意识到改变自己的世界"③。布迪厄试图批判现实的社会和教育体制，从文化角度来剖析隐藏在合法化外衣下不平等的社会再生产机制，但无形中陷入了一种"文化缺陷论"的窠臼。布迪厄自己也时常苦恼于他人对自己理论中"决定论色彩"的指责，他有些无奈地说："我总是不由自主地想，那些提出这些批评意见的人，是不是更注意我的书的题目，而不是在这些论著里面发展完善起来的实际分析呢？"④后来布迪厄又这样解释道："那么多睿智之士会反对我，不是反对我所写的，而是反对他们认为从我书中所读到的。"⑤ 但实质上，对布迪厄的指责并非空穴来风。布迪厄"之所以竭力强调学校教育的'保守作用'是出于他'反戈一击'的愿望"⑥。但深刻的代价是片面⑦，这是真正富有启发的理论难以逃脱的命运。最终，成长于"法国西南部一个偏僻的小村庄"⑧的布迪厄忽略了底层文化，遗忘了他自己曾置身其中的底层人的生活实践可能具有的意义，将由其他体制性因素导致的

---

① 朱伟珏：《超越社会决定论——布迪厄"文化资本"概念再考》，《南京社会科学》2006年第3期。
② 同上。
③ ［英］迈克·杨：《课程变迁：局限与可能》，载厉以贤主编《西方教育社会学文选》，（台北）五南图书出版公司1992年版，第727页。
④ ［法］布尔迪厄、［美］华康德：《反思社会学导引》，李猛、李康译，商务印书馆2015年版，第104页。
⑤ 同上书，第164页。
⑥ 同上书，第266—267页。
⑦ 受大一哲学课上沈湘平教授"片面必然深刻，全面必然肤浅"的启发。
⑧ 《文化资本与社会炼金术：布尔迪厄访谈录》，包亚明译，上海人民出版社1997年版，第249页。

社会再生产归结于底层文化自身的缺陷。

在不经意间,我们都习惯了这种思维,即预设底层子弟的家庭社会经济地位和文化氛围是一种取得高学业成就的"限制",是需要"克服"的障碍。目前学界对文化资本的理解深刻揭示了不同阶层教育获得不平等的内在机制的同时加固了人们对文化贫困或者"文化缺陷论"的认可,将正生活在或曾经生活在社会底层的人们进一步引向自卑自怜、自怨自艾、妄自菲薄和自我限制,进而抛掉梦想、记忆、过去和故乡,舍弃曾经的自己。

有研究者就认为,"这些最终获得成功的农村学子的父母都有一个共同的特征,即对教育的重视和高期待。……即这些父母从某种程度上具备了中产阶级的'长期主义'生存心态,他们不是关注短期的'影响性'或'立即'得以实现的利益,而获得了长远的视野"①。这种话语也暗示底层父母缺乏长远目光,长远目光成了中上阶层的专属品。底层家庭的教养方式也就逃不脱被贬抑甚至被"污名化"的命运。②尽管布迪厄认为"社会学是一种解放的工具,并因此是一种慈悲(generosity)工具"③,但他所揭示的社会阶级再生产的隐蔽机制过于宏大,忽略了个体文化世界的细密纹理,也没有意识到他用以批判的武器——文化资本——会刺向他终身关切、希望赋予言说权利的社会底层。

在很多情况下,底层家庭确实限制了底层子弟的成长。可是在本研究中取得高学业成就的农家子弟鲜活的生命历程中,我们看到,"被限制"的家庭环境与有助于农家子弟取得高学业成就的底层文化资本的生产过程密不可分。所谓"限制"绝非客观之物,在不同的情境和不同的人那里,它会展现出不同的模样。贫寒的家庭环境可能孕育出他们奋起求学的意志、思维模式和心性品质。尽管底层子弟往往认为"学习主要是靠我自己"④,他们的父母也认为孩子的学习"主要是靠他自己"⑤,但"物质及生活条

---

① 胡雪龙:《主动在场的本分人》,北京师范大学,学士学位论文,2014年,第37—38页。
② 参见熊和妮《他们真的不懂教育孩子吗?——劳动阶层家庭教育的污名化危机及其批判》,《基础教育》2016年第2期。
③ [法]布尔迪厄、[美]华康德:《反思社会学导引》,李猛、李康译,商务印书馆2015年版,第258页。
④ 熊和妮:《命运共同体:劳动阶层教育成功的家庭机制研究》,北京师范大学,博士学位论文,2015年,第39页。
⑤ 熊和妮、任梦莹:《关于劳动阶层家庭教育研究方法的探讨》,《教育学报》2016年第2期。

件的贫穷,并不必然意味着精神的贫穷"①。底层子弟正是在与父母的共同生活实践中,在与学校教育互动的过程中创造了独特的文化资本。

Shiuh-Tarng Cheng 和 Stan A. Kaplowitz 的个案研究证实父母的文化资本与经济资本紧密相连,而且对学生的文化资本有很强的影响,最终也会影响学业成就。但同时,他们也发现,尽管父母的经济地位与子女的学业成就相关,但比起西方社会要弱得多。② 这从侧面证实,再生产理论家们忽视了对文化情境的考察,经济贫困不能等同于文化贫困,从物质的贫穷到心灵的贫穷是有距离的。王晓阳就曾指出:"决定教养方式的教养观念具有在一定程度上是独立于社会经济背景的特性的。人并不是完全由生活条件、环境条件所决定的,而是可以改变这种环境、条件。譬如,下阶层的家庭中同样可以有积极的教育价值观,从而有较好的教养方式与教养结果。物质及生活条件的贫穷,并不必然意味着精神的贫穷。当较低的社会经济背景并不产生对生活的绝望的、宿命论的、得过且过的在维持生存的需求层次上挣扎的极端的贫穷文化时,下阶层家庭仍然会重视教育的价值,并把子女的教育成就视为改变家庭社会经济地位的唯一出路。"③ 康永久也指出:

> 物质上的贫困并不必然导致精神上的贫乏。说到底,物质上的贫穷只有在自我迷失之时才可能导致内在的自我贬抑,并最终在这个世界上产生异己感者、逃避或激进的反叛。或者说,只有在基本价值幻灭的情形下才会导致内在的幻灭。……物质上的贫困与精神上的自立经常结合在一起,从而为子女的成长提供信念上的支撑。④

这样看来,能够生产出底层文化资本的寒门子弟也有自己独特的骄傲,尽管这一生产过程并不是像很多人想象得那样美好,既有阳光灿烂,

---

① 王晓阳:《国外关于不同阶层家庭教养方式的研究》,《北京师范大学学报》(社会科学版) 1993 年第 5 期。
② Shiuh-Tarng Cheng & Stan A. Kaplowitz, "Family Economic Status, Cultural Capital, and Academic Achievement: The Case of Taiwan", *International Journal of Educational Development*, Vol. 49, 2016, p. 271.
③ 王晓阳:《国外关于不同阶层家庭教养方式的研究》,《北京师范大学学报》(社会科学版) 1993 年第 5 期。
④ 康永久:《成长的密码:90 后大学生教育自传》,导言:"学业成功者的教育学"(未刊稿)。

也有阴雨密布。相比于布迪厄建构的相对静态的文化资本概念，本书提出的底层文化资本建基于底层行动者个体的意义世界，以心灵与思维为依托，需要在具体的情境与互动结构中更动态地加以理解和把握。从根本上说，"底层文化资本"的提法不是用"文化资本"来定义底层，而是倒转过来，用底层子弟的情感、生活和生命历程来赋予文化资本新的意涵。

底层子弟确实缺少中上阶层那种客观化、制度化的文化资本。如果拿水果来隐喻这些文化资本的话，相比于中上阶层所拥有的大苹果，底层子弟的确只有一些青涩的果实，但人们往往忽视底层子弟还有一颗中上阶层子弟所没有的单纯而充满忧伤和愤怒的心。我们并不能简单地由某种生存处境、阶层地位来推断客观化的外部环境对个体学业成就的影响。相比于布迪厄提出的三类文化资本，底层文化资本不是与生俱来的，不是静态的，而是与具体情境紧密相关，既是动力，也可能成为阻力，是优势也同时是劣势。这种底层文化资本内在于心灵，不能让渡和交换，极易消退且高度依赖行动者的个体能动性，必须通过具体情境中的主动参与才可能绝处逢生。更需要强调的是，这一生产过程还高度依赖一个能够激发寒门子弟主动参与、主动创造的制度情境。

总的来说，"底层文化资本"并不仅是以东方思维（"物或损之而益"）碰撞西方理论（文化资本理论）所迸发出的一个新河，而是沿着文化生产的路径走出"文化缺陷论"泥沼的一次尝试。底层文化资本不是自然之物，唯有在文化生产中才能呈现自身。这一概念试图说明：各个阶层都有自己的生活和文化实践，每一种生活和文化实践都值得敬畏。社会底层的生活和文化也可以给予底层子弟以适应现代学校制度的滋养，从生活的艰难里凝结的心性品质和道德世界、最底层民众从数千年文化中传承的伦理，亦能经由文化生产沉淀为一种特定类型的资本。布迪厄及其追随者对文化资本的那种精英主义的理解尤其不适用于中国情境。底层文化资本概念并不否认底层子弟处于结构性弱势的不利处境，也不否认底层子弟的学业成就与弥补中上阶层文化资本有关，而是强调底层总有自己的文化，也可能生产出某种独特的、其他阶层不具有或较少具有的"文化资本"，这种文化资本在特定制度条件下可以大放异彩。说到底，底层子弟的高学业成就既受制于底层的客观经济条件，又同时受益于其主观意向状态的创造性力量。每一种文化背景的人都有不可剥夺的自由意志、与生俱来的骄傲以及那不肯屈服的确证自我价值的渴望，也都可能

第五章　关于底层文化资本的另一种言说

创生出取得高学业成就的独特筹码。

## 第二节　文化生产理论的重构

通过对中国情境下"第三类循规者",也就是对"读书的料"及其文化生产的研究,本书至此已探索到另外一种文化生产的可能性。同时,基于对文化缺陷论的本能反感,对"文化资本理论"这类"天罗地网式的大系统"①的怀疑,对"弥补说"的不满意和不满足,在探索高学业成就子弟文化生产的基础上,我们已经提出了"底层文化资本"这个概念。布迪厄试图挑战将"学术上的成功或失败看作是自然能力的结果"②,威利斯试图证明底层学生的学业失败是一个文化生产过程,而我们这里不仅认为学业上的失败不是自然能力的结果,而且认为学业上的成功同样是一个文化生产过程。也就是说,底层子弟取得高学业成就的关键在于生产了与自己所属阶层的生活实践密切相关的一种独特类型的文化资本,而非弥补了中上阶层才有的文化资本。这样,在探索"读书的料"的文化生产之后,我们已有可能重构现有的文化生产理论。

### 一　徒有虚名的文化生产

让我们一起再次回到《学做工》的文本以重现"家伙们"的文化生产。"家伙们"中的"军师"——斯潘克斯(Spanksy)在一次小组讨论中透露了自己从"循规生"到"家伙"的身份转变。

> 第一、第二年,我学习真的很不错。你要知道我拿过两三个A呢。以前我回到家,我常躺在床上想:"啊,明天还要上学。"你理解吧,我还没做功课呢,对吧……"我还得把功课做完。"……但是现

---

① 牟宗三评价黑格尔哲学的话语。参见牟宗三《生命的学问》,广西师范大学出版社2005年版,第140页。
② 《文化资本与社会炼金术:布尔迪厄访谈录》,包亚明译,上海人民出版社1997年版,第193页。

## "读书的料"及其文化生产

在我回家的时候，很安静。我不用想任何事。我就对自己说："噢，好极了，明天上学，会有乐子。"①

由此，斯潘克斯对学校和学习的理解和期待发生了质的转变，意义世界被重新建构。在"斯潘克斯们"转变后的意义世界里，循规的机会成本不仅巨大，收益也十分可疑。为了获得文凭，得到所谓"更好的工作"，就得"整天在那儿坐着，屁股直冒汗"②，成为娘娘腔、老师的应声虫，失去在非正式群体中的刺激和乐趣。但在"越来越多的工作正在趋于去技术化、标准化和高强度化"③的背景下，"随便哪个傻子就能给墙上漆'"④。在"家伙们"眼中，教育和文凭的价值变得虚幻，学校中的循规蹈矩就显得无意义甚至是荒谬。

然而，这些基于洞察的文化实践——骄傲地排斥"循规生"——此后却对自己的文化产生了某种不自信。在学校的最后一年年底的小组讨论上，"家伙们"发生了这样一段争论：

斯潘克斯："是那些'软耳朵'构成了我们所生活的这个世界，而不是我们。"

法兹："绝大多数人就像那些'软耳朵'，难道不是这样吗？他们使这个世界正常运转。如果把这个世界交给我们（……）一切都会变得乱七八糟的，我们可没法应付。"

斯派克："你这是在中伤自己。"⑤

在成书后的那次小组讨论中，"家伙们"的"头头"——乔伊也说：

我们过早地进入了社会，我们被教养成自私的人（……）我们太自私了……不管发生什么，我们都不在乎……我唯一感兴趣的就是，

---

① ［英］保罗·威利斯：《学做工：工人阶级子弟为何继承父业》，秘舒、凌旻华译，译林出版社 2013 年版，第 18 页。
② 同上。
③ 同上书，第 168 页。
④ 同上书，第 121 页。
⑤ 同上书，第 213 页。

第五章 关于底层文化资本的另一种言说

我要尽可能多搞些女人,如果你真想知道的话。①

家伙们的洞察并没有帮助他们摆脱繁重的体力劳动,而是让他们不仅主动接受了父辈的命运,还在道德上自我贬损,肆意发泄自己的情绪和冲动,丢掉了对自己道德品行的自信,成了徘徊于主流价值之外、充满矛盾和自我怀疑的个体。"当一个人只拥有自我时,他所拥有的不过是一个不完整的自我。"② 家伙们最终不仅感觉自己失去了对世界的掌控,而且认为自己无力掌控世界。但这一切包含的理论潜力并没有得到威利斯的充分重视。

虽然威利斯在一篇拗口的文章中不断强调"Cultural production is different from Cultural Reproduction is Different from Social Reproduction is Different from Reproduction"(文化生产不同于文化再生产、不同于社会再生产、不同于再生产)③,但这种最终臣服于文化再生产框架下的文化生产理论和文化再生产理论又有何分别呢?如果结构的力量像一个铁笼,文化只是结构性力量得以传递的一个中介,个体表面的能动性就只能令人感伤。自吉登斯(Anthony Giddens)提出著名的"结构二重性"原理④起,社会学家们不断强调结构与能动的辩证关系,但如果永远是结构在告诉我们世界的客观性以及自己作为个体的渺小,那么,然后呢?

牟宗三先生曾说自己"反对一切不把人当人看的理论和行动",从根本上反感"黑格尔那种天罗地网式的大系统"⑤。迈克尔·F. D. 杨也认为,一种理论的失败,通常在于其"没能使人们意识到改变自己的世界"⑥。但当我们为威利斯《学做工》中所展露的"家伙们"的能动性而动容时,却再次发现最终他们的文化生产以喜剧开头,以悲剧收尾。这样,与其说

---

① [英]保罗·威利斯:《学做工:工人阶级子弟为何继承父业》,秘舒、凌旻华译,译林出版社2013年版,第251—253页。
② [法]涂尔干:《道德教育》,陈光金等译,上海人民出版社2006年版,第53页。
③ Paul Wills, "Cultural Production Is Different from Cultural Reproduction Is Different from Social Reproduction Is Different from Reproduction", *Interchange*, Vol. 12, 1981, p. 12.
④ [英]吉登斯:《社会的构成》,李康、李猛译,生活·读书·新知三联书店1998年版,第428—436页。
⑤ 牟宗三:《生命的学问》,广西师范大学出版社2005年版,第1、140页。
⑥ [英]迈克尔·F. D. 杨:《课程变迁:局限与可能》,载厉以贤主编《西方教育社会学文选》,(台北)五南图书出版公司1992年版,第727页。

"家伙们"创造了一套独立的"反学校文化",不如说他们只是继承了父辈厂房文化(shopfloor culture),再现了一套校园版的工人阶级文化。可以说,威利斯对文化再生产理论的修正相当有限,最多发展了文化再生产理论的一个精致版本。在这里,再生产不是凭借机械决定论的链条直接贯通的,而是凭借文化生产的主动链条传动的。工人阶级子弟的文化生产,不过是车间文化与学校文化的副产品,而不是"家伙们"的独特发明。但令人不解的是,威利斯明明看到了这帮工人阶级子弟的命运,竟然始终没有修正自己的理论表述。

## 二 创造性的道德根基

说到底,本书中这些农家子弟的创造性集中体现在对一个道德世界的秉信。只有与陌生的学校教育保持一种先验的善意,① 他们才可能生成一种学校化的心性品质。只有对家庭辛劳与父母牺牲有敏锐的道德感知,他们才可能生出对钱的敏感,才会疼惜父母并承受着有负担的爱,最终创生出一种道德化的思维模式。只有相信教育能够改变命运以及知识的内在价值,他们才可能完成先赋性动力的生产与再生产。由此可见,农家子弟选择循规,乃是因为他们相信,在自身之外乃至之上,还有一个形而上的、值得信任和敬畏的道统或规范领域。②

基于这样一个道德世界,这些农家子弟和学校之间,才能生发出一种不同的互动结构,他们对自己的志趣与命运,才能有一套全新的理解。唯有如此,他们才能看到知识和文凭的价值,相信学校生活会给命运带来转机。而"家伙们"实际上并不关心工人阶级的命运,他们只是觉察到自己不可避免地要走向父辈的生活,主动放弃了对这样一个道德世界的秉信,以至于认为学校教育和相关制度权威都与他们的未来无关。这才导致他们采取一种自暴自弃的反抗。可见,"家伙们"并不具备挑战社会结构的意识,也不具备真正改造社会的能力。他们由于抵制学校而展开的"文化生产",实质上乃是对工厂文化一种彻头彻尾的复制。能实现一种通往高学

---

① 康永久:《先验的社会性与家国认同——初级社会化的现象学考察》,《教育学报》2014年第6期。
② 参见[法]涂尔干《道德教育》,陈光金等译,上海人民出版社2006年版。

業成就的文化生產，並最終再造階級結構的，只能是"循規者"。有時候，他們憑自己的力量，使自己做到了階層穿越。有時候，他們通過造就一個日益稀缺與技術化的勞動者階級，間接改變勞工的命運。

由此也可確認，階級處境不是客觀之物，而是內在於行動者與外部世界的意向性關聯。① 洞察虛幻的群體命運，就只能在群體之中區分並固化"我們"與"他們"。"循規者"恰恰因為意識到自己不遵循學校制度和教師權威就只能從事父輩的工作，成為新一代工人階級，這才發憤圖強，很多人還憑此成功"逆襲"。威利斯也曾數次靠近這一理論視野的大門，但最終還是轉身而去：

> 可以肯定的是，學校裏循規生的文化多多少少接近於那些理想的"模範"學生的文化。儘管如此，我討論的主要情況是，所有的社會能動者都通過不同方式親手集體塑造了他們自己的命運，而他們做這些事情的方式並不僅僅由外在因素決定，而具有"文化形式"迷宮一般的複雜性。②

事實上，創造性，"從根本上來說就是一種天性"③，並非"家伙們"的專屬。或者如格里芬（D. Griffin）所說的："從根本上說，我們是'創造性'的存在物。每個人都體現了創造性的能量。"④ 根據內維爾（R. C. Neville）的考證："在西方傳統的最初源泉中，英雄之神的創造性就在於'既帶來自然秩序又帶來社會秩序'……在後現代思想家看來，後現代的創造既尊重無序又尊重有序，過度的有序和過度的無序都是與真正的創造格格不入的。"⑤ 而"循規者"的創造性正基於他們對這樣一種有序的創造性的崇信。這種對有序的尊崇表現為"家伙們"所不屑的"循規"，但表面的"循規""勤奮""苦學"背後潛藏著基於底層生活實踐和學校制度情境而生發出的意義結構和道德世界。"讀書的料"，作為中國情

---

① 更詳細的討論參見康永久《教育學原理五講》，人民教育出版社2016年版，第291—302頁。
② ［英］保羅·威利斯：《學做工：工人階級子弟為何繼承父業》，秘舒、凌旻華譯，譯林出版社2013年版，第265—266頁。
③ 康永久：《教育學原理五講》，人民教育出版社2016年版，第232頁。
④ 轉引自王治河《後現代主義的建設性向度》，《中國社會科學》1997年第1期。
⑤ 同上。

境下的"第三类循规者",在进行着一种通向高学业成就的文化生产,其创造性集中体现在对这样一个道德世界的感知与信任,他们的学业成就也建基于一个与中国延续数千年的道统相连的道德世界之上。

这种文化生产遵循的是"物或损之而益"的逻辑。他们并不臣服于中上阶层的文化或者单纯复制底层文化,而是基于中国的历史文化脉络、原生家庭生活实践以及现实的学校制度情境而进行的一种通往高学业成就的独特文化生产过程。这种文化生产创生出先赋性动力、道德化思维以及学校化的心性品质,有力支撑着农家子弟的学校生活。这一生产过程带有原生家庭所属阶层文化的印记,却不是对"底层文化"的复制。而且虽然他们在这一过程中融合甚至内化了中上阶层文化的一些特质,但这个过程也并不是对中产阶层文化的简单模仿,而是基于自己生活境遇之上的一个重新理解和阐释的过程。"读书的料"的学习过程有着"家伙们"难以企及的投入、思考和批判性,他们的文化世界也因此别有洞天。

## 三 作为一种文化生产的循规

当然,尽管威利斯以"循规者"为衬托对"家伙们"的文化生产进行了浓墨重彩的描绘,但这并不意味着威利斯没有意识到"循规者"与"家伙们"之间文化世界的差异。他那几笔对循规者"不经意"的涂抹就足以让我们意识到,被"家伙们"的反学校文化遮蔽了的"循规者",绝非一副俯首帖耳的"书呆子"形象。

威利斯认为,"他们(循规者)的文化或许与意识形态有一种不同的关系,而且也许可能对自由民主和教育的'前景'更为敏感,对这样一个'精英统治'的社会所能供的东西,他们有可能有着自身更为工具性的'洞察'(instrumental penetration)"[①]。其实,说"循规者"只是拥有一种工具性洞察,还不足以概括出威利斯对于他们的"文化生产"的洞察。在威利斯看来,

> 他们(循规者)被那些掌握大权的人视为更不愿意接受现状、更

---

① [英]保罗·威利斯:《学做工:工人阶级子弟为何继承父业》,秘舒、凌旻华译,译林出版社2013年版,第266页。

具威胁性的群体。……这些孩子更希望从工作中获取真正的满足和晋升的机会。他们期望权力关系最终反映出的只是能力上的差别。所有这些期望，加上社会娱乐丝毫没有减轻个体的苦恼，使得循规生招人讨厌、"难以对付"。就体力工作和半技术工作而言，当权者经常倾向于招聘"家伙们"，而不是"书呆子"。①

正因为这样，我们可以说真正的"循规者"是一群饱含理想与信念的人，他们不甘于现状，不能忍受生活中的各种苟且与平庸，对这个世界有更好的期待。也正因为如此，"'循规者'也许会发现，他们最终的职业'体验'非常令人不满，而且对某些人来说，他们也许会有一种非常强烈的'幻灭感'，而'家伙们'却不会有这样的感觉"②。

可见，"循规者"从底层家庭中来，带着自己的文化底色，他们的循规并非复制一套规则和价值，也不可能真正做到复制，任何一种循规都只能是对现有规则的重新理解和阐释。要想"子不承父业"，他们就必须勤奋认真、尊重教师权威和学校规则，在学校生活中持续不断地以"勤学好问"的面貌出现。说到底，循规背后有一个不为人知的求索过程，"循规"本身也是一种富有个性和创造性的文化生产过程。尤其那种导致了学业成功的循规、必定是一种特定意义上的循规，一种独特的文化生产。

可以说，每一个试图通过教育突破自己阶层的人都不是单纯的"循规者"。他们必然反抗"我们"和"他们"之间天然的区隔意识，只认可能力差异。从某种意义上来说，"循规者"不承认任何现有的"不以能力为基础的"阶层秩序，他们才是对现有社会结构真正富有破坏性的"违规者"和"反叛者"，或者说这些"循规者"才是真正的"家伙们"。由此，必须强调的是，工人阶级的处境从来不是铁板一块，而是分化和断裂的。"循规者"基于自己看到的那个世界，生产了对自己所处阶级处境的洞察。循规本身不可能是完全未加改造的顺服，它与反叛并非决然对立。"抵制"当然是文化生产，循规更是文化生产。很多时候，在学校中循规就意味着对原生文化的反叛，对学校文化进行反抗很可能也是某种意义上的循规。

---

① [英]保罗·威利斯：《学做工：工人阶级子弟为何继承父业》，秘舒、凌旻华译，译林出版社2013年版，第143—144页。
② 同上书，第275页。

循规既是重新理解和建构当下情境中的规则的过程，也蕴含着对文化、观念、价值甚至命运进行抵抗的可能。

## 四 底层子弟文化生产的复杂性

布迪厄曾说，"对农民，一般雇员和小商人的子弟来讲，掌握学校文化就是文化移入"①。按照这种"掌握学校文化就是文化移入"的理解，底层家庭与学校之间的文化是断裂的，而中上阶层家庭文化与学校文化则是连续性的。在《继承人》中，他这样写道：

> 被支配者很少能摆脱支配的二律背反或对立关系。比如说，像威利斯（Willis，1977）分析的英国工人阶级"小青年"那样，通过嬉戏胡闹、逃学旷课直至违法犯罪来反对学校制度，就是将自己排斥在学校大门之外，就是不断把自己固定在被支配的状况上。反过来，通过承认学校文化去接受同化，也会被这个制度所笼络。被支配者常常是注定陷入这种困境的，也就是注定要在这两条路中作出选择，而从某种特定立场来看，这两种出路同样糟糕。②

言下之意，底层子弟只有两条路可以选。第一条路，像"家伙们"那样抵制学校制度，最终复制父辈文化，延续底层命运。第二条路，在一场文化移入中取得成功，③ 取得高学业成就，最终被中上阶层的文化所同化。这就是他所说的底层子弟命运的"二律背反"。布迪厄坚称："对农民，一般雇员和小商人的子弟来讲，掌握学校文化就是文化移入。"④ 言下之意，

---

① ［法］P. 布尔迪约、［法］J.‐C. 帕斯隆：《继承人：大学生与文化》，邢克超译，商务印书馆2002年版，第26页。
② ［法］布尔迪厄、［美］华康德：《实践与反思：反思社会学导引》，李猛、李康译，中央编译出版社1998年版，第115—116页。
③ ［法］P. 布尔迪约、［法］J.‐C. 帕斯隆：《再生产：一种教育系统理论的要点》，邢克超译，商务印书馆2002年版，第86页。
④ ［法］P. 布尔迪约、［法］J.‐C. 帕斯隆：《继承人：学生与文化》，邢克超译，商务印书馆2002年版，第26页。

第五章 关于底层文化资本的另一种言说

那些底层出身又取得高学业成就的"幸运儿"将不可遏制地陷入"二律背反"① 之中。但他又在一次访谈中这样说道：

> 人类学和社会学使我得以重新找回我原初的体验，并把它们运用到我自己身上，使我能接受它们而又不失去后来获得的任何东西。这种情形在那些为其出身和最初的经历经常感到极度不幸和耻辱的本阶级的"背叛者"中间是不多见的。②

这么看来，布迪厄认为自己可以不陷入这种二律背反的困境之中，这是人类学和社会学研究者的特权。但我很怀疑这种自视甚高的看法，似乎不学人类学和社会学的人就只会经常感到极度不幸，成为耻辱的"背叛者"。布迪厄将自己奉为例外，却宣告底层文化和中上阶层文化之间的二元对立，这很难让他人信服。因此，将农家子弟划归为"文化移入"和"文化背叛"终归都是可疑的。但这样一种逻辑还是经常用以分析底层子弟的学业成就获得及其文化世界。有研究者就认为：

> 底层学生在面对这种符号暴力时所表现出来的反应有所不同、程度有所差异，其中有一小部分学生付出艰巨的努力丢弃源自社会出身的底层文化，主动顺应学校文化，他们最终改变文化认同与行动模式，被学校教育选择出来，成功地实现向上流动。③

这类观念与《学做工》中一种潜在的逻辑相似。"家伙们"子承父业，重实践、轻视理论，抵制权威和官方实践等可算是习得了父辈所在阶层的文化特质。他们的文化生产（反学校文化）使得他们距离中上阶层文化渐行渐远，也就越来越靠近原生家庭所属阶级的文化。而对于子不承父业的"循规者"而言，他们的"文化再生产"使他们进入中上阶层子弟为主的

---

① ［法］布尔迪厄、［美］华康德：《实践与反思：反思社会学导引》，李猛、李康译，中央编译出版社1998年版，第115—116页。
② 《文化资本与社会炼金术：布尔迪厄访谈录》，包亚明译，上海人民出版社1997年版，第46页。
③ 王欧：《文化排斥：学校教育进行底层社会再生产的机制》，华中科技大学，硕士学位论文，2011年，第11页。

## "读书的料"及其文化生产

精英学校,靠近中上阶层文化,被中上阶层文化同化。

一旦这样将底层文化与中上阶层文化视为决然的二元对立,对农家子弟取得高学业成就之后对文化世界的理解也就必然深陷于这样的二律背反:高学业成就意味着他们将与原生家庭文化渐行渐远。但底层和中上阶层、农村和城市文化真的是截然不同的吗?农家子弟的确从农门一步步攀登到象牙塔的塔尖,具备高学历资本并浸润于城市的生活样式。农门和塔尖在空间上相隔千山万水,塔尖高耸入云,而农门紧贴泥土,似乎两者完全拥有不同的文化样态。现代学校尤其是高等学校"不仅培养学生对统治阶级文化的认同与尊重,同时还不断地排斥被支配集团的历史、经验与梦想"[1],"对于一个下层子弟来说,学校的生活意味着与其家庭、与其血肉相连的生活的一种断裂"[2]。

可是,对农家子弟来说,他的"历史、经验与梦想"真的与现代学校是互斥的吗?学校生活让他与家庭、与其原有的农村生活完全断裂了吗?即便我们假设农村文化与城市文化的核心价值是相冲突的,"读书的料"要想融入城市必须"洗干净腿上的泥"[3],但这是不是意味着他们就要、就能完全放弃自己所拥有的原生家庭文化?从农村跨越进城市重点中学乃至重点大学的过程,真的只是被中上阶层文化同化并反叛原生家庭文化的过程吗?

通过对"读书的料"文化生产的探索,我们认为底层子弟取得高学业成就的关键不在于文化移入——获得了本不属于他们的中上阶层文化资本的结果,而恰恰是充分利用了底层特有的文化资本的结果。这也就意味着底层子弟接受教育的过程并非仅仅是单向的文化移入,而是一个基于底层生活实践、家庭关系结构和学校生活的文化生产过程。他们本身的文化就与学校文化具有某种潜在的一致性,他们的文化生产也不可能是简单地背叛父辈文化、习得中上阶层文化的过程。

"读书的料"虽然很大程度上褪去了在农村安身立命所需的文化特质,但依然保有原生家庭和村庄生活中衍生的习惯和技能,秉持着相应的品质和价值。他们的文化形态不会随着求学阶段的演进而完全同化为城市中产

---

[1] 刘云杉:《从启蒙者到专业人》,北京师范大学出版社2006年版,第4页。
[2] 同上书,第76页。
[3] 参见康永久《教育学原理五讲》,人民教育出版社2016年版,第280页。

阶级文化，而是在城市与乡村、原生家庭与精英大学四种情境的文化中摇曳、碰撞。城市经验、精英大学的经验与农村生活经验、家庭生活经验复杂地镶嵌在了一起。因此，要么因抵制而被淘汰、要么被中上阶层文化同化和笼络而背叛原生家庭的二律背反并不存在。阶层和文化穿梭促成感情定向的重叠交织，形成文化回音。高学业成就的农家子弟并没有完全割舍与原生家庭的文化连接，而是情感上与家人爱怨交织，在行动中创造性地重建着家人关系。"读书的料"文化生产的复杂性充分说明：真正富有创造性的文化生产不是生产一致性，而是生产不一致性；不是秩序，而是无序；不是生产已知之物，而是生产不知之物。①

## 五　走向文化生产的家庭经验

由于底层子弟在学校中的文化生产并不孤立，而是与其家庭经验紧紧交织，两个场域的文化生产是紧密镶嵌的，家庭因而就是研究"循规者"文化生产的一个重要切入点，当然这种研究也必须关注到它对家庭的影响。

农家子弟的家庭经验并非作为家的那个小小斗室之中存留的记忆碎片，而是关涉一个广阔的社会田野。当他们以"循规者"的姿态置身于城市中产阶级文化，容易与原生家庭相疏离。当他们沿袭家庭和村庄的文化样式，节俭而保守时，又会在城市显得格格不入。最终，我们看到农家子弟经常在学校是"独立"的，在家里是"懂事"的，在城市是"上进"的。家庭经验已广泛渗入他们的全部生活，亟待后续研究者的深度探索。

威利斯曾在一次访谈中自我评价说："我的方法几乎都跟工作和学校有关，而没有对家庭内部关系给予足够的关注。"② 好在今天，劳工阶层子

---

① 此处论述受伯恩斯坦关于"学科最终秘密"见解的启发。"所谓学科的最终秘密，就是指其创造新现实的潜力。事实上，而且很重要的是，学科的最终秘密不是一致性，而是不一致性；不是秩序，而是无序；不是已知之物，而是不知之物。……知识是可渗透的，它的分类是临时性的，知识的辩证法是封闭与开放。"参见康永久《教育中的三个世界》，教育科学出版社2017年版，第249页。

② ［英］保罗·威利斯：《学做工：工人阶级子弟为何继承父业》，秘舒、凌旻华译，译林出版社2013年版，第300页。

女之间的家庭经验已经越来越得到学术界的重视。夏林清还提出了"视家为社会田野"的研究取向,认为"'家人关系'其实是社会关系作用力量的载体",可以"视家为一社会田野"。[1] 贺晓星通过梳理日本学者中内敏夫的教育思想史提出"家庭可以作为一种方法,用来更深刻地理解教育"[2]。总的来看,包括农村出身在内的家庭经验对于理解农家子弟作为"循规者"的学校经验、城市经验,进而理解其文化生产至关重要。

## 第三节 底层文化资本的生成土壤

布迪厄曾说道:"一种资本总是在既定的具体场域中灵验有效,既是斗争的武器,又是争夺的关键。"[3]中国底层家庭子弟虽然缺乏客观形态和制度形态的文化资本,但这并不代表他们不具有在"场域"中玩好游戏的可能。而他们要想玩好这个游戏,就必须拿出自己的筹码。底层文化资本就是他们玩好这个游戏的筹码。当然,这一筹码并非客观之物,也绝非所向披靡,唯有在文化生产中才能呈现自身。高学业成就底层子弟的文化生产是以片面发展为代价的,同样具有"自反性"(reflexivity)[4]。寒门子弟尽管具有创生出独特的"底层文化资本"的能力,但他们的求学道路往往是脆弱的,充满了"风险与不确定性"[5],高度依赖能够持续提供激励的教育模式、家庭教养、村庄文化传统的支持以及自由、开放、公正、民主的公共环境。

---

[1] 夏林清:《"斗室星空":家的社会田野》,《中国农业大学学报》(社会科学版)2013年第3期。
[2] 贺晓星:《作为方法的家庭:教育研究的新视角》,《教育学术月刊》2014年第1期。
[3] [法]布尔迪厄、[美]华康德:《反思社会学导引》,李猛、李康译,商务印书馆2015年版,第124页。
[4] 贝克与吉登斯等学者用"自反性现代化"来描述1989年后的西方世界,其特征为"制度毁于其自身的成功",呈现出"自我对抗"(self-confrontation)。参见[德]乌尔里希·贝克、[英]安东尼·吉登斯、[英]斯科特·拉什《自反性现代化:现代社会秩序中的政治、传统与美学》,赵文书译,商务印书馆2001年版。
[5] 熊和妮:《命运共同体:劳动阶层教育成功的家庭机制研究》,北京师范大学,博士学位论文,2015年。

第五章　关于底层文化资本的另一种言说

## 一　及时激励的教育教学模式

20 世纪 80 年代，科尔曼（James Coleman）等在所做的《公立与私立学校》报告中得出结论：当控制可预测学业成就的家庭背景因素时，天主教和其他类型的私立学校学生表现出了比公立学校学生更高的学业成就。天主教的私立学校比其他类型的私立学校表现得更为明显。[①] 这说明不同类型的学校及其教育模式对学生具有不同的意义。在现实条件下，底层学生的翻身努力往往与他们所处的教育模式有着密不可分的关联。底层子弟的学业成就获得高度依赖于学校，甚至完全依赖于学校。

美国的特许学校项目 KIPP（Knowledge Is The Power Program）之所以能够成功，也就因为它为"穷孩子"创立了一套可以依赖的教育教学模式。媒体曾对这一学校项目做出如下描述：

> 1994 年，大卫·莱分和麦克·芬博格在休斯敦贫民区对 50 个失去信心的"穷孩子"开始了第一个 KIPP 班级的尝试，他们将"一分耕耘一分收获"的朴素理念转化为"军营"模式：上午 7：30 到下午 5：00 的集中课程和活动，之后还有 2 个小时做作业；周末要补课，假期也有特别训练；老师手机全天开机，等待任何"求助"——KIPP 的设计者相信，要扭转"穷孩子"的恶性循环，就要让他们尽可能地摆脱家庭的影响，通过 KIPP 得到更多资源。……如果你走进位于 KIPP 在休斯敦大本营的 KIPP 学校，会觉得这里更像一座"军营"，而不是公立学校：学校里井然有序，安静得出奇；教学楼里的柱子上写着"没有捷径！"的标语；不同肤色的孩子穿着统一的 T 恤，上面写着"2024 班"——那是他们将进入大学的年份，从进入 KIPP 小学的第一天起，他们就被告知自己一定可以进入大学。[②]

读到这里，我们可能很快就会在脑海中想到，这不就是中国应试教育

---

[①] James Coleman, Sally Kilgore, Thomas Hoffer, "Public and Private Schools", Society, Vol. 19, No. 2, 1982, pp. 4-9.
[②] 沈茜蓉：《让出身不再决定命运——美国教育平权运动 40 年》，南方周末（http://www.infzm.com/content/61890）。

· 235 ·

的景象吗？教育经历中的种种励志标语、毛坦厂人头攒动的"万人送考"场景、衡水中学气势宏大的"激情跑操"画面均与此大同小异。中国的高考制度虽然饱受诟病，其引发的以分数为中心的教学模式也有很多弊端，但这种教育模式对底层子弟社会流动的意义不容小觑。熊易寒曾指出：

> 如果说应试教育侧重考查"知识"和"智力"，素质教育则更多地考查"见识"和"修养"（气质、谈吐）。前者更多地跟智力水平和勤奋程度相关，后者更多地跟家庭背景相关。①

当安徽六安一个小乡镇上的中学——毛坦厂中学万人送考的新闻持续席卷网络，有媒体形容为"高考工厂""出征仪式"。杨东平撰文批评毛坦厂模式是"最残酷的考试地狱"，是"用城市化的应试教育覆盖农村教育"，这种"超级中学……使大量县中和普通中学垮掉，从而损害了农村学生的教育机会"②。但庞圣民利用CGSS2008③的数据证实，"重点中学制度不应为近年来日益加剧的城乡高等教育机会不平等负责"④。梁晨、李中清的研究也提出："'县中'（县重点中学）是农村、小城镇学生进入大学的最重要途径……保持和提高重点中学生源的多样性，即扩展重点中学招收不同阶层学生的比例，是精英大学生源多样性的保证。"⑤

批评高考工厂的研究者实际上忽视了农村学生的翻身努力往往与他们所处的教育模式有着密不可分的关联。在现实办学条件下，正是应试教育模式决定了他们能否在现有的学校境遇与制度环境下通过努力学习，实现向上流动。对毛坦厂中学教育模式的诸多批判，当然是可以理解的。现实生活中每一个看到孩子深夜苦读背影的父母，难道不会对应试教育产生怀疑和厌恶吗？教师们难道不会对这种极限利用学生时间、最大限度铸就考试机器的教育模式有所质疑吗？每天埋首于课本和习题、为一次次考试而焦虑不安的学生们，难道不会有所反思吗？

---

① 熊易寒：《慎防素质教育负效应》，《中国社会科学报》2010年7月1日，第809页。
② 杨东平：《可以理解，但必须反对：也说毛坦厂中学》，搜狐网（http://www.sohu.com/a/81961181_100928）。
③ 全称为"2008年中国综合社会调查"。
④ 庞圣民：《市场转型、教育分流与中国城乡高等教育机会不平等（1977—2008）兼论重点中学制度是否应该为城乡高等教育机会不平等买单》，《社会》2016年第5期。
⑤ 梁晨、李中清等：《无声的革命：北京大学与苏州大学学生社会来源研究（1952—2002）》，《中国社会科学》2012年第1期。

但尽管有种种厌恶、质疑和反思,在命运和前途面前,一些自由被共同舍弃,因舍弃自由带来的痛苦被共同忍受,依然是一种必须接受的现实。杨东平在批评中指出:"如果说毛坦厂也有一点正面价值,那就是通过强制性的管束,改变农村学生的自由散漫和各种陋习,从而提高他们的学业成绩。"① 农村学生相比于城市学生确实显得自由散漫,但究竟是什么原因导致了农村学生的自我放逐与排斥?不把批判的矛头对准背后的根源,而是指责毛坦厂中学的粗暴,实在是一件令人困惑的事情。

诸如毛坦厂之类的"高考工厂"式的教育模式往往出现在经济并不发达的地区,招收的学生中有不少来自底层家庭。张济洲曾指出:"对'高考工厂'的批评忽视了'沉默的大多数'……'高考工厂'有助于农家子弟通过教育实现社会流动。"② "毛坦厂中学正是在当前农村孩子考上好大学越来越少的大背景下,成功地帮助寒门子弟逆流而上。"③ 说到底,"教育工厂"式的教育模式是底层的一种"自救行动",它的出现满足了底层学生苦读以出人头地的现实需求。当满怀理想主义的研究者批判目前的教育教学模式对人性的摧残、对个性的抹杀时,他们忘记了教育并非不食人间烟火之物,它与阶层的再生产紧密相关。对许多孩子来说,在学校过得开不开心是其次的,能否通过教育考入好的大学是他们和父母最关切的。

诸如毛坦厂中学之类的超级中学确实一定程度上致使教育区域生态失衡,但在城乡差距依然显著的今天,城乡的教育资源失衡才是最应严肃对待的失衡。诸如毛坦厂之类的农村中学恰恰能够吸引优秀教师留任、农村优秀学生聚集,为平衡城乡教育资源做出了贡献。毛坦厂模式可能也确实不恰当地夸大了高考的价值,但若将"高考工厂"视为全然对人性的摧残,不免太过片面和偏激。因为在这种情景下,依然存在师生情谊、存在集体荣誉感、存在农家子弟的自信。莫言曾说,"当众人都哭时,应该允许有的人不哭"④。在许多人对毛坦厂模式赞誉有加的背景下,一些媒体对教

---

① 杨东平:《可以理解,但必须反对:也说毛坦厂中学》,搜狐网(http://www.sohu.com/a/81961181_100928)。
② 张济州:《"高考工厂"现象折射社会底层的不满与期待》,《中国教育学刊》2015年第11期。
③ 高政:《毛坦厂中学教育模式有助农民子弟获得良好高等教育机会》,《中国社会科学报》2015年1月21日第B02版。
④ 莫言:《当众人都哭时应允许有人不哭》,凤凰网(http://news.ifeng.com/gundong/detail_2012_12/09/19980051_0.Shtml)。

育理想的坚守和呼吁值得尊敬。但仅仅谈教育理想，将其架空于对现实制度情境的考量之上，未免显得不切实际。毛坦厂模式，当然可以反对。但更重要的是，反对它的人需要对它有所理解、有所尊重，而后才是批判和寻求改变。在底层教育缺乏公共支持和均衡发展的条件下，人们不是用城市化的素质教育覆盖农村，而是用一种苦修与片面发展的方式自我赶超，这即便令人心痛，也无可指责。

但不容忽视的是，这种学校文化崇尚的苦修，教学模式中从头到脚的严苛，对考试成绩的极端重视，使成绩与学生身份高度相关，是以底层学生的全面、必然、彻底的片面为特征和代价的。这给他们的学校生活甚至整个一生埋下隐忧。而且依照这样的逻辑，底层文化资本与素质教育就是割裂的，反而与应试教育甚至"高考工厂"更为契合。但事实上，这样一种苦修极度依赖天资以及从不中断的勤奋，一旦出现某些意想不到的危机，无论是家庭，还是学校生活中的，他们都很有可能掉队。对于他们而言，一个好的教育教学模式和文化氛围绝非地狱般残酷的军营，尽管在现实生活中，所有这些确实帮助保存了借助教育向上流动的"读书的料"。

周作宇指出，"应试"教育不能"简单归于教育问题"，"社会分层是应试教育的社会根源"[①]。刘云杉认为，中国社会的断裂已经形成了两种对立的"理念型"教育模式：精约教育与博放教育。"精约教育"强调严格的制度与纪律，养成习惯，砥砺品格，磨砺意志，用"苦中苦"或"苦中乐"实现"人上人"的目标。"博放教育"则致力于将约束降到最低，主张解放学生，让学生在集体之外成长，让每个学生可以变得伟大。"大城市的人尤其是社会的中上阶层开始体验与享受素质教育的成果，而中小城市、乡村的人与社会中下阶层信任与选择的仍是应试教育。"[②]

但农家子弟并非只能在应试教育的模式下取得成功。尽管他们确实在某些方面先天不足，但他们作为人的各种创造性和潜能并不比任何其他家庭的孩子要差，也并不意味着除了苦学他们就一无是处。杜威强调"教师不是简单地从事于训练一个人，而是从事于适当的社会生活的形成"[③]。范

---

① 周作宇：《教育、社会分层与社会流动》，《北京师范大学学报》（人文社会科学版）2011年第5期。
② 刘云杉：《自由的限度：再认识教育的正当性》，《北京大学教育评论》2016年第2期。
③ [美] 杜威：《学校与社会·明日之社会》，赵祥麟等译，人民教育出版社1994年版，第17页。

梅南说:"教育学就是迷恋他人成长的学问。"① 只有当我们真正感受到教育作为一种召唤而激起活力和深受鼓舞时,我们与孩子的生活才会有教育学的意义。② 因此,与其说农家子弟需要一种及时激励的教育模式,不如说农家子弟的成长依赖于一种能够给予他们信心和成就感的关系结构,一种能够接纳和释放他们创造性的联合生活。这需要在具体的教育教学情境中,有好的教育者,愿意花费心力去促成一种教育生活,不仅激励学业上的成就,也为他们心灵的成长和潜能的发挥创造良好的平台和机缘。

## 二 家庭教养与村庄文化传统

与布迪厄对文化资本的理解不同,底层文化资本作为身体形态的文化资本并非由客观化和制度化的文化资本转化而来,而是贫寒的农家子弟在学校和家庭两种情境的关系结构和文化实践中渐次生成和不断强化的。在及时激励的教育教学模式之外,家庭能否给予他们基本的物质和情感支持也非常重要。父母的言传身教能否为他们提供一个本分、有责任感的榜样,父母对知识和学校的态度是否是亲近和尊崇的,在为他们提供一个赖以安身立命的道德世界方面具有支配性的贡献。康永久就曾这样强调"家教"对于底层子弟取得学业成功的意义:

> 个人的学业成就,绝不是由家庭的客观条件直接或间接决定的。说到底,家庭对子女学业成就高低的影响,首先不是来自其"社会经济地位",而是来自民间广泛传颂的"家教"或"教养"。其中的奥秘就在于,作为纯客观条件的"社会经济地位"经常只能影响个人的见识、品位与视野,不能影响其雄心、努力、规矩、本分乃至责任意识。恰恰是后者,也就是民间社会俗称的"家教",构成了家庭与学校相互信任与衔接的基础。③

底层文化资本离不开"家教",受益于家庭中独特的关系结构、文

---

① [加]马克斯·范梅南:《教学机智:教育智慧的意蕴》,李树英译,教育科学出版社2001年版,第18页。
② 同上书,第34页。
③ 康永久:《成长的密码:90后大学生教育自传》,导言:"学业成功者的教育学"(未刊版)。

化氛围和道德世界。当然，这种家教经常是无言和无声的，是父母以身作则、待人接物所产生的潜移默化的影响。如果父母本分、规矩、有责任意识，子女也会如此。如果父母待人和善、助人为乐，子女同样也会受到影响。因此，我们往往看到那些在村庄里家风最好的家庭最容易出"读书的料"。当一个孩子有这种家教，那么他很早就具有了一种共同体和利他的意识，也能很早感觉到另一个世界的召唤，从把自己融进家庭共同体开始，整个世界更可能因这种家教与他产生积极的关联。

从这个意义上说，之前提到的KIPP模式排斥底层父母参与的教育模式是可疑的。尽管父母在孩子的学业成功中，往往没有直接的学业或专业指导，但依然有各种"边缘性教育参与"①。正如"太阳没有提及，但它的威力在我们中间"②，轻视底层家长在子女取得学校教育成就中的作用的观点是很可疑的。德尔皮（Lisa Delpit）认为，"对穷人和有色人种的恰当的教育，应当与那些身处这种文化的成人协商以后再作设计。黑人父母、有色人种教师以及穷人社区的成员必须被允许充分参与讨论'什么是对其孩子最好的教育'。好心的自由主义的动机是不够的"③。但真正的自由主义者，从来都不会忽视底层家长在其子女教育中的意义。美国经济学家、1976年诺贝尔经济学奖获得者弗里德曼就认为：

> 比起别人来，父母总是更关心自己子女的教育，也更清楚自己子女的能力和需要。社会改革主义者，特别是教育改革主义者，总是自以为是地认为，父母，特别是那些贫穷的、受过很少教育的父母，不关心自己子女的教育，而且不具有为自己的子女选择教育的能力。这纯粹是无稽之谈。这样的父母确实很少有为子女选择的机会。但是，

---

① 熊和妮：《命运共同体：劳动阶层教育成功的家庭机制研究》，北京师范大学，博士学位论文，2016年。
② 转引自［法］西蒙娜·德·波伏娃《第二性》，郑克鲁译，上海译文出版社2011年版，第381页。
③ 转引自余秀兰《中国教育的城乡差异：一种文化再生产现象的分析》，南京大学，博士学位论文，2002年，第231页［原出处参见Lisa Delpit, "The Silenced Dialogue: Power and Pedagogy in Educating other People's Children", in A. H. Halsey, Hugh Lauder, Phillip Brown, Amy Stuart Wells (ed.), *Education: Culture, Economand Society*, Oxford and New York: Oxford University Press, 1997, p. 593］。

美国历史上有足够的证据表明,一旦有机会的话,他们为子女的幸福,总是愿意作出很大的牺牲,而且会作出很明智的选择。①

当然,农村家庭的教养传统不是孤立的,而是嵌入在村庄的社会结构之中的。熟悉的乡土社会是建立信任、形成稳定关系和共同生活空间的基础。而在城镇化的过程中,乡土社会传承下来的文化传统也面临许多外在的侵蚀。改革开放以来,数以亿计的农民为了生计背井离乡。人们在部分脱离固定不移的土地、获得更高收入的同时,生活中一些恒定的要素便缺失了。在打工潮和城市择校潮的影响下,夫妻分离、亲子分离的现象越来越成为常态。与此同时,村民所从事的职业活动已经出现了不小的分化,贫富差距已经日益严重,农民之间的同质性慢慢解构,人与人的距离在加深。在这种形势下,村庄的自我修复能力日益减弱并不断冲击原有的乡土传统道德和秩序。在经典电影《被告山杠爷》②中,身处一个乡规民约的村落,人们有共同的善恶是非标准,村庄只要稍有能带头的人,便有能力按照传统的礼俗来惩治越轨行为,恢复村庄共同体原有的秩序。随着传统乡土社会的公共空间日渐瓦解,公共生活迅速衰落,村庄传统的支持力度减弱,这对农家子弟的道德世界已构成了严重冲击。③

最明显的是"读书无用论"的兴起。虽然中国一直有耕读传家的传统,但在当今社会,农村"读书无用论"的喧嚣与城市中产者的教育焦虑已并行不悖。乡土中国变得如此功利或急功近利与乡土社会文化的解体以及家庭本身的文化失落有着更加密切的关联。当然,"读书无用论"的盛行不仅是与传统乡土社会礼俗秩序的解体有关,也嵌套在整个中国的急剧变迁之中。在乡土社会不可逆转地被动都市化的条件下,如何在每个家庭中依然秉持道德与教育信念,就成了一个生死攸关的问题。

---

① [美]米尔顿·弗里德曼、罗斯·弗里德曼:《自由选择:个人声明》,胡骑等译,商务印书馆1982年版,第163—164页。
② 《被告山杠爷》是1994年上映的中国故事电影。故事梗概为:群山环抱中的堆堆坪是个模范村,山杠爷是村里的最高党政领导人,他全心全意为村民办好事,威望极高,深得村民的拥戴,但因为他依照村规民约管理却致使村妇自杀,触犯了法律。
③ 参见阎云翔《私人生活的变革:一个中国村庄里的爱情、家庭与亲密关系(1949—1999)》,龚小夏译,上海书店出版社2006年版,第261页;贺雪峰《新乡土中国——转型期乡村社会调查笔记》,广西师范大学出版社2003年版,第32页;贺雪峰《农村价值体系严重荒漠化》,《农业知识:百姓新生活》2014年第8期。

## 三 强有力的公共支持体系

底层文化资本的生产与再生产并不是孤立的，而是与行动者所处的具体时代的社会情境有很大的关联。它的生成场域在家庭，也在学校，更仰仗具体家庭和学校之外的公共教育体系。

中华人民共和国成立后确立了"教育为人民服务、教育向工农开门"的基本方针，优先录取工农（贫下中农）子弟。但以这种强力政治力量提高特定身份人群入学机会的做法也同时剥夺了另一些人的自由，其促进社会公平的正当性也就令人生疑。而且，即便这样，在长期城乡二元分隔体制的累积效应下，农村与城市的地域之隔也进而衍生成了身份和阶层之隔。在今天，处于社会阶层底端的农民子弟有多大机会接受高等教育是衡量社会公正的晴雨表。2009年1月，《人民日报》发文《重点高校农村学生越来越少》，引发了广泛关注。2011年7月由网络上《做了15年老师我想告诉大家，这个时代寒门再难出贵子》的帖子引发公众对寒门贵子和阶层固化延续至今的讨论。学术界的一次思想交锋及引发的社会反响也确证了人们对教育越来越无力促进社会公平的担忧的普遍性。

2012年，梁晨、李中清等学者基于1949—2002年苏州大学和北京大学的学籍卡片数据，认为1949年以来中国高等教育出现了一场"无声的革命"，意图说明高等教育对社会中下阶层所表现出的不同寻常的开放性。[1]但媒体并不买账，基于文中"精英大学中干部子弟比例越来越多"这一事实，众多媒体以《寒门难出贵子》《北大学生中干部子女比例20年来不断攀升》为标题予以报道。不能仅仅将媒体的报道视为对梁文的曲解，这也是近感与远观造成的视角差异。李春玲在针对《无声的革命》的一篇回应文章中指出，"在'80后'群体中，城里人上大学的机会是农村人的4倍，城里人接受高级中等教育的机会是农村人的4.7倍"[2]。应星、刘云杉则认为"无声的革命"是一种被夸大的修辞，远非作者本人自以为的客观严谨。事实上就是这样，改革开放以来，尤其是进入21世纪之后，

---

[1] 梁晨、李中清等：《无声的革命：北京大学与苏州大学学生社会来源研究》，《中国社会科学》2012年第1期。
[2] 李春玲：《"80后"的教育经历与机会不平等——兼评〈无声的革命〉》，《中国社会科学》2014年第4期。

越来越多的农民子弟在现有的教育体制中成了阶层再生产的注脚,而非引向阶层突破。

但这种不平等绝不是伴随着高考结束的一声哨响才开始的。最近十几年,随着九年义务教育的普及,人们日渐将批判的矛头对准了高中阶段教育。邱泽奇就曾富有洞察力地指出:

> 中国的教育机会不平等问题不是出现在高考阶段,而是出现在义务教育制度与升学制度的衔接处。在义务教育阶段,城乡人口的受教育机会基本一致,但在进入升学教育以后,重大的差异出现了……尽管如此,我们还是可以得出结论说,失去接受更高教育的机会使农村人口失去了更多的竞争机会和获得更高经济收入的机会,进而导致了社会中的不平等。①

杨东平也认为:"高等教育入学机会的阶层差距呈现扩大的趋势。它是高中阶段教育分层状况的积累和延续……中上阶层的子女更容易进入重点中学,而中下阶层的子女则更多分布于普通中学。"② 近几年,不断有研究者通过量化研究证实高中教育对于教育平等和社会分层的重要影响。李春玲认为:"中等教育的城乡不平等是教育分层的关键所在,初中升入高级中等教育阶段的城乡机会不平等持续扩大,而这是导致农村子弟上大学相对机会下降的源头。"③ "因此,从初中升入高级中等教育阶段就成为教育分层的关键点。要促进城乡教育平等,要提升农村子女上大学的机会,政策的重点应放在初中升入高级中等教育阶段。"④

> 在实施严格竞争考试制度时,也需采取某些手段,扶助教育机会竞争中的弱势群体,降低其教育成本和失败风险,提高他们的教育回报率,激发这些人的教育进取心,从而控制和弱化考试竞争所

---

① 邱泽奇:《社会学是什么》,北京大学出版社2002年版,第128页。
② 杨东平:《高等教育入学机会:扩大中的阶层差距》,《清华大学教育研究》2006年第2期。
③ 李春玲:《教育不平等的年代变化趋势(1940—2010)——对城乡教育机会不平等的再考察》,《社会学研究》2014年第2期。
④ 同上。

导致的城乡和阶层教育机会差异，使教育发挥促进社会公平的功能。①

社会和学界对高中招生制度改革的呼声已经上升为国家意志。2010年7月颁布的《国家中长期教育改革和发展规划纲要（2010—2020年）》要求，"实行优质普通高中和优质中等职业学校招生名额合理分配到区域内初中的办法"②。2010年，《国务院办公厅关于开展国家教育体制改革试点的通知》（国办发〔2010〕48号）中要求："实行优质高中招生名额分配到区域内初中学校的办法，多种途径推进义务教育均衡发展。"③在这一背景下，各省的高中招生指标到校政策应运而生。但这一政策还存在严重缺陷。就我在田野中的观察所见，即便农村初中有人能凭借较低的分数进入重点高中，他们在学业上也往往很难跟得上。④农村教育质量的提升从短期看有赖于政府对高中阶段教育强有力的公共支持，从长期来看有赖于农村社会活力的重新焕发以及整个农村义务教育体系质量的全面提升。

---

① 李春玲：《"80后"的教育经历与机会不平等——兼评〈无声的革命〉》，《中国社会科学》2014年第4期。
② 参见 http：//www.moe.edu.cn/publicfiles/business/htmlfiles/moe/moe_838/201008/93704.html。
③ 参见 http：//www.gov.cn/zwgk/2011-01/12/content_ 1783332.htm。
④ 在11位考上市里重点高中的学生中，4位在入学后的11—12月间选择了退学。

# 余论　对"读书的料"的再认识

谁终将声震人间，必长久深自缄默；
谁终将点燃闪电，必长久如云漂泊。

——尼采①

韦伯曾在谈论"资本主义精神"时说："当我们尝试给它个'定义'时，马上就面临到存在于研究目的的本质里的某些困难……终极的概念掌握并不在于研究的开端，而必定是在研究的结尾。"② 虽然一直将"读书的料"界定为"在改革开放（1978年）之后出生，在教育的阶梯上逐级跨越并最终进入精英大学的农家子弟"。但在本书中，"读书的料"是一种隐喻式的表达，有一层隐性的意涵，不仅是指当下特定时空下具体的你我，更是指向一种特别的人生过程，一种从当代中国农村家庭中走出来一步步跨越学业阶梯的过程。为了更好地理解"读书的料"及其文化生产，我们有必要借助对"读书的料"的进一步考察，思考这一概念的全部内涵。

---

① ［德］尼采：《尼采诗集》，周国平译，作家出版社2013年版，第63页。
② ［德］马克斯·韦伯：《新教伦理与资本主义精神》，康乐、简惠美译，广西师范大学出版社2010年版，第23页。

## "读书的料"及其文化生产

# 第一节　一个风雨飘摇的地位群体

在《理想国》第三卷，苏格拉底（Socrates）借用腓尼基人①的传说向格老孔②讲述了一段"荒唐的故事"。

> 他们虽然一土所生，彼此都是兄弟，但是老天铸造他们的时候，在有些人的身上加入了黄金，这些人因而是最可宝贵的，是统治者。在辅助者（军人）的身上加入了白银。在农民以及其他技工身上加入了铁和铜。但是又由于同属一类，虽则父子天赋相传，有时不免金父生银子，银父生金子，错综变化，不一而足。所以上天给统治者的命令最重要的就是要他们做后代的好护卫者，要他们极端注意在后代灵魂深处所混合的究竟是哪一种金属。如果他们的孩子心灵里混入了一些废铜烂铁，他们绝不能稍存姑息，应当把他们放到恰如其分的位置上去，安置于农民工人之间；如果农民工人的后代中间发现其天赋中有金有银者，他们就要重视他，把他提升到护卫者或辅助者中间去。须知，神谕曾经说过："铜铁当道，国破家亡。"③

这个"荒唐的故事"与人们对"读书的料"的理解有共通之处，即人的质料不同，命运也与其本性有着直接的关联。亚里士多德也认为，"人一生下来在种类上就存在明显的差别，一部分人注定要统治别人，而另一部分人注定要受别人的统治"④。在这类理解里，"读书的料"是"天生丽质"。但通过对当代中国通过教育向上流动的农家子弟成长叙事的分析，我们发现："读书的料"不是自然之物，绝非一个简单的智力存在物或某

---

① 腓尼基人（Phoenician）是一个古老民族，生活在今天地中海东岸相当于今天的黎巴嫩和叙利亚沿海一带，被希腊人称为腓尼基人。
② 在《理想国》中与苏格拉底讨论的主要人物之一。
③ ［古希腊］柏拉图：《理想国》，郭斌和、张竹明译，商务印书馆1986年版，第128—129页。
④ 吴康宁：《假如大师在今天当老师》，广西教育出版社2009年版，第70页。

种先验的存在。他们的求学历程内隐着一个文化生产过程,动力、梦想、愧疚、渴望、卑微组就了这些农家子弟行动的意义结构,创生出一个独特的文化世界。"读书的料"作为本土概念,是文化实践的产物,也是历经社会建构的文化存在物。

正是"读书的料"这一看似寻常的观念,为一群富有天资的农民子弟开启了一扇通过教育向上流动之门。被视为"读书的料"足以累积一种内在的骄傲,不断地确证自己的意义和价值。别人将他们视为"读书的料",他们也就不断将自己塑造成"读书的料",从而坚定地走上一条特别的人生道路。这个群体因而可以算作韦伯所称的"地位群体"(status group)①。作为韦伯社会分层理论的一个核心概念,地位群体指"处在社会结构某一特定位置上的一群人"②。他们因有相同或相似的社会地位而相互认同,也为维护这一地位的特殊荣耀而采取联合行动。就家庭出身和教育经历而言,高学业成就的农家子弟,显然具有了某种"同一性",组构了这样一个地位群体。在现实生活中这样一个群体是松散结合的,其成员不固定,因为具有高度的竞争性,随时都在上演着进和出的竞赛游戏。

在个人命运这样一种强烈的不确定性的背后,是群体命运的特殊性。熊易寒在《命运的政治学》中写道:

> 命运不是理所当然的,也不是由一个超验的神秘力量所决定的。如果说个体的命运带有太多的偶然和随机性,那么,群体的命运在很大程度上则是由权力结构设定的。国家、市场、社会与家庭是命运的主要塑造者。③

---

① "地位群体"来自韦伯。相比于马克思单纯在经济结构意义上看待社会分层,韦伯则是从经济、社会和政治等多重维度理解社会分层。因此,相比于马克思提出的阶级二分法,韦伯则强调"真正导致共同行为和阶级利益的,归根结底是市场状况,人们对市场机会的占有是表现个人命运的共同条件的机制。因此,与市场机会结合并存的利益,才造就了'阶级'"。参见李金《马克思的阶级理论与韦伯的社会分层理论》,《社会学研究》1993年第2期;李路路《论社会分层研究》,《社会学研究》1999年第1期。
② 李强:《转型时期城市住房地位群体》,《江苏社会科学》2009年第4期。
③ 熊易寒:《命运的政治学》,《开放时代》2011年第10期。

由于时代的变迁，20世纪70年代"孙少平"①们的命运与21世纪初我们这一代人的命运有诸多不同。鼓励人们努力、上进就可成功的心灵鸡汤备受质疑，原因就在于忽视了社会结构对个体的制约，忽视了如布托尔（Butor）所言的个体像铁屑一样被无情地吸附到强大的历史磁场里，②或者如福柯所说的底层人总要被留下"权力的烙印"③。农家父母对其子女终究给予的外部支持不足，也在子女学习成绩或成长遇到困难时容易放弃。范缜曾这样解释命运："人生如树花同发，随风而散，或拂帘幌，坠茵席之上；或关篱墙，落粪溷之中。"④用这句话来描绘"读书的料"个人地位的风雨飘摇真是再形象不过。他们每个人都像是被随意抛掷在这个繁乱的星球，一切都需要他们个人去打拼，如"逆水行舟"，稍有不慎就有落水之危。这样看来，"人人生而平等"（all man are born equal）更像是一种高贵的"假话"⑤。如果借用狄更斯的说法，"那是最美好的时代，那是最糟糕的时代"⑥。家庭杂糅了国家、市场和社会带给他们的一切一切的悲欢离合。

"读书的料"不是一个稳固的地位群体，也不只是对天资的一种确证。在村庄，往往一个家庭光景好的那几年，孩子的教育才有经济方面的保障，最小的孩子特别有优势，男孩又尤其有优势。成为"读书的料"靠天赋，也靠发生在特定社会情势中的机缘和巧合。如果生不逢时，即便是"读书的料"，也没有读书的可能。《平凡的世界》里的孙少平虽然成绩很好，但时代的动荡、家境的限制迫使他高中毕业后只能回到村里。越是经济困难的地区，想要成为"读书的料"也就越是艰难。

"读书的料"的文化生产之旅暗礁遍布，凸显了底层文化资本对强有力的公共支持的依赖。在家庭、社会、国家发生某种结构性的病变之时，底层文化资本就显得异常脆弱，底层子弟的命运也如飘摇的浮萍。即便在

---

① 孙少平是路遥小说《平凡的世界》里的主人公，成绩优秀，聪明、倔强、懂事，集中了农家子弟的诸多优点，但他的命运却十分坎坷。中学时代正处于"文革"时期，高中毕业后他回村做了民办教师，然后又去了县城揽工，之后去了煤矿当工人。
② 转引自[法] P. 波丢《人：学术者》，王作虹译，贵州人民出版社2006年版，第196页。
③ [法] 米歇尔·福柯：《无名者的生活》，李猛译，《社会理论论坛》1999年第6期。
④ 转引自胡适《四十自述》，中国文史出版社2013年版，第50页。
⑤ 必要的、利于教育年轻人的"假话"，即并不述说全部的，而只是部分的事实。参见[古希腊] 柏拉图《理想国》，郭斌和、张竹明译，商务印书馆1986年版，第127页。
⑥ [英] 查尔斯·狄更斯：《双城记》，宋兆霖译，中央编译出版社2015年版，第1页。

余论 对"读书的料"的再认识

当今，取得高学业成就的"读书的料"也只是浮在海面上的冰山一角，大量农家子弟的潜能被埋没了，只能延续父辈的阶层地位。他们并非不是"读书的料"，但最终与"读书的料"所走的道路渐行渐远。说到底，取得高学业成就的"读书的料"只是在种种机缘下真正走出来的那些。对于从"读书的料"这条窄窄的甬道退出的人来说，他们面临的是完全不同的身份定义。

> 学校是学生生活经验首要的组织者并使之具体化。职业学校将他们聚拢在一起，使他们因没有触及被认为更有价值的教育样式而被定义为失败者，成了一个地位群体。与他们老师的厌恶相反，他们的学校经历定义了他们的生活机会和向上流动的可能，也定义了提供给他们在生命中去创造价值和意义的机会。[1]

1990年，许立志出生在粤东的一个小村庄。尽管以全班第一名的成绩中考毕业，离县重点中学的录取线还是差了十多分。因为家里交不出1.5万元的赞助费，他留在了镇上的玉湖中学。最终成绩不好，没考上大学。去富士康工作后，他写下了这样的诗句：

> 十平方米左右的空间/局促，潮湿，终年不见天日……每当我打开窗户或者柴门/我都像一位死者/把棺材盖，缓缓推开（《出租屋》）

> 这些不分昼夜的打工者……静候军令/只一响铃功夫/悉数回到秦朝[2]（《流水线上的兵马俑》）

> 我咽下一枚铁做的月亮/他们把它叫作螺丝/我咽下这工业的废水，失业的订单/那些低于机台的青春早早夭亡/我咽下奔波，咽下流离失所/咽下人行天桥，咽下长满水锈的生活/我再咽不下了[3]（《咽下一枚铁做的月亮》）

---

[1] T. E. Woronov, "Learning to Serve: Urban Youth, Vocational Schools and New Class Formations in China", *The China Journal*, Vol. 66, 2011, p.99.
[2] 高四维：《择了"死亡"主题的打工诗人许立志》，《中国青年报》2014年11月24日第8版。
[3] 高四维：《许立志：咽下一枚铁做的月亮》，《中国青年报》2014年12月10日第10版。

## "读书的料"及其文化生产

最终，这个年轻的诗人和打工者选择以自杀的方式离开这个世界。那些取得高学业成就的"读书的料"的文化生产的暗面只是投射出当代中国通过教育向上流动所经历的苦痛的冰山一角。相比于被埋没的人，他们是真正的"天之骄子"，为这幸运所付出的那些代价相较之下就根本微不足道。但这样一条通过教育向上流动的路越是艰辛，个体越是在这一过程中经历制度不公与隐性歧视，越是说明我们这个社会流动之路并不通畅，就有越多的人被埋没了。可是，我们竟然还会在这个时代听到有人赞美这样一种教育选拔，以为这才是社会的常态。① 另外一些人则讴歌某种匮乏的生活。余华在最近的一篇文章中就对这样一些人进行了有力的反击：

> 2009年2月，我在温哥华UBC②演讲，说到中国在2006年的时候年收入只有八百人民币的贫穷人口高达一个亿的时候，一位中国留学生站起来说："金钱不是衡量幸福的唯一标准。"……我告诉这位中国留学生："我们讨论的不是幸福的标准，而是一个普遍性的社会问题。如果你是一个年收入只有八百元人民币的人，你说这样的话会令人尊敬。可是，你不是这个人。"③

问题的真相只可能是这样：如果自己处在有更多生存资源和更多生活选择的位置，赞美贫穷而匮乏的生活就十分可疑。布迪厄过于强调教育在一个固有的阶层结构面前的无力，而没有考察不同文化情境下教育体系的内部分殊。与威利斯一样，布迪厄也混淆了社会分层体系与社会阶级关系之间的区分。从社会分层的角度来看，劳动阶层确实处于社会底端，而且还将持续存在。但从社会阶级关系来看，这个阶级的很多成员和整个社会

---

① 一些热门文章认为，"对于国内家境一般的学子来说，他们拥有的机会越来越少……这其实才是人类社会的常态"，"中国过去的两千年里，大部分时间都是阶层非常稳定的社会……认为'阶层固化'是社会病了。但其实，社会没病，这才是社会原本的常态"。参见政见CNPolitics《女朋友君的北美社会学博士申请总结》，知乎（https://zhuanlan.zhihu.com/p/25433703?refer=cnpolitics）；肥肥猫《城堡的落成：上升通道即将关闭的中国社会》，豆瓣网（www.douban.com/note/60828/210/?form=tag）。

② UBC是加拿大不列颠哥伦比亚大学（University of British Columbia）的简称。

③ 余华：《北京男孩和西北女孩的梦想差距四百多年》，搜狐网（http://mt.sohu.com/20170114/n478720547.shtml）。

的关系从来都不是固定不变的。不同的人因个人天资、能力和境遇不同所造成的社会政治经济地位的差异可以忍受，甚至很多人认为是应当的，但这并非意味着人们应当忍受不公正的制度情境。农村—城市这种长期不平衡的社会经济二元结构就是当代中国最不公正的制度情境，为不同的群体提供完全不同的教育。一部分人的发展已经从这种制度中获益，但这种制度让高学业成就的农家子弟体尝种种犹如过山车一般的刺激与苦痛，而被埋没的"读书的料"却用一生背负了制度之重。

谢宇指出，中国社会虽然贫富差距逐渐扩大，但其依然稳定的重要条件是"一般的劳动人民有流向更高的社会地位的可能性"[1]。一定程度的阶级再生产确实是可以接受的，但不能接受的是这种可能性越来越小。一个开放的社会应当使这种可能性越来越大，堵上那些危及这种可能性的漏洞。一个公共支持体系完善的社会并非一个均贫富的社会，但必然是一个阶层流动较为频繁的社会，在那里，人人都有压力，也都有机会。阶层流动是一个社会的减压阀，也是社会稳定和进步的一个关键。对于整个转型中国社会来说，处于社会最底层的农家子弟的向上流动，是一个衡量社会健康的重要指标。对于他们而言，如果教育很难改变命运，就会有越来越多的农家子弟退出通过教育向上流动这条路，因为既然"注定不能翻身，就不用再焦虑"[2]。但如此，则必定导致"读书的料"向苏格拉底意义上的天生丽质者转化。它的真正的文化意蕴，就只能更加难以捉摸了。

## 第二节 "读书的料"的文化世界及其风险[3]

1960年，美国社会学家特纳（Ralph H. Turner）就对社会向上流动可能造就的心理和人格特质表示出了极大的兴趣。他说：

---

[1] 谢宇：《认识中国的不平等》，《社会》2010年第3期。
[2] 熊易寒：《"学而思"热背后是中产的集体焦虑》，澎湃新闻（http：//www.thepaper.cn/news-Detail_ forward_ 1565194）。
[3] 本节部分内容已发表。参见拙作《向上流动的文化代价——作为阶层旅行者的"凤凰男"》，《中国青年研究》2016年第12期。

## "读书的料"及其文化生产

在竞争性模式下，人们由于无法确定自己是否能升迁而形成严重、持续的紧张心理。而在赞助性模式下，人们为了适应阶级地位的变换必须经常地改变友谊方式，人们遇到的更多的问题是如何克服障碍以学成精英阶级的价值体系。进一步弄清这些区别有赖于进一步认识美国的阶级制度。到目前为止，还没有人研究过在赞助性模式下人格形成的过程。[①]

在中国情境下，高学业成就的农民子弟一般历经农村小学、农村/县城中学、城市重点高中、重点大学的向上流动轨迹。这其中既有带有基于器重、关爱与提点的赞助性流动，又有长期的竞争性流动。既有不同阶级文化的碰撞，又会生发出特定的性情与敏感，促成特别的心理与人格特质。借助这一切，"读书的料"的文化生产不仅生产了有助于取得高学业成就的意义结构，展示了底层文化资本的力量，也最终生产了一种特定类型的文化世界。下面，我们再就"读书的料"及其这样一种文化生产的命运做一些探讨。

## 一 匮乏与"向上爬"

相比于停留在父辈原有阶层，实现向上流动是一条艰难之路。由于沿途的风景一再被错过，个人经常会产生强烈的匮乏感，那些想要得到的满足在此永远无法满足。生于法国底层家庭的安妮·艾诺，在其自传性质的小说《位置》中，曾细腻地描写了在自己身上深深印下的"匮乏感"：

> 会在所有的话里，在这一句、那一句、我所说的话里，疑心其中带有羡慕、带有比较。当我说，"有个女孩子去过罗亚尔河的城堡游览"，立刻，我爸爸妈妈就发火，"要去，以后时间还多得是。你现在有这些，就应该很知足"。一直有所匮乏，仿佛见不到底。[②]

---

[①] [美]拉尔夫·H. 特纳：《赞助性流动与竞争性流动：教育使社会地位升迁的两种模式》，载厉以贤《西方教育社会学文选》，（台北）五南图书出版公司1992年版，第230页。
[②] [法]安妮·艾诺：《位置》，邱瑞銮译，（台北）皇冠文化出版有限公司2000年版，第54页。

余论　对"读书的料"的再认识

布迪厄也曾这样说道：

> 小资产阶级家庭出身的优胜者就是这样，他们往往比其他阶层出身的学术更经常地赋予自己顽强的品行，此时，他们往往清楚地（这种清楚只不过是他们服从于学业评判的一种征象）表现出了自己学业实践的客观真实性——处于这样一个勤奋而紧张的状态中……①

结果，就像我们所说的"读书的料"，他们的梦想没有终点，因而也就几乎没有任何怡然自得、驻足观赏的时刻。图明（M. Tumin）也曾提到，底层工人阶级子女具有一种"向上爬心态"（mobility-minded）②。阶层旅行者的"向上爬心态"虽然能够衍生出强烈的上进心，但也容易带来严重的"成功焦虑"。艾略特·列堡（Elliot Liebow）曾经深刻地分析了美国街角黑人的"当下取向"（present-time orientation）③——对延迟满足的无能，"好像一切都是为了直接满足当下的欲念，屈从于当下的情绪和心血来潮的放任，对成本、结果、未来不加考虑"④。"'我此刻就要'是最后绝望的呼喊，是对可预见的未来的直接反应"⑤。"读书的料"则刚好与之相反，他们往往努力去做的是一个"长远规划的人"（A-F-1），"我未来就要"是他们希望的呼喊，而这经常带来持续不断的焦虑。

对于来自社会底层的农家子弟而言，他们的"循规"高度依赖于自身的天分和苦读，依赖学校和家庭一以贯之地将其认定为"读书的料"并予以相应的支持。他们为了避免堕落为"废材"，必须勤奋自律，排除一切干扰。而极端的苦修，经常带来个体极端的片面发展。熊和妮在其博士学位论文中感叹，劳动阶层子女"在教育这条道路上披荆斩棘，终于成为少数几个能够成功穿越荆棘的人。但当他们穿越荆棘之路时，他们却因为遍

---

① [法] P. 布尔迪厄：《国家精英——名牌大学与群体精神》，杨亚平译，商务印书馆 2000 年版，第 38 页。
② Tumin Melvin, "Social Mobility: Reactions to Evaluation", in *Cultural: Critical Concepts in Sociology* (Volume Ⅲ), Psychology Press, 2002, p. 34.
③ 在列堡看来，中产阶级是"未来取向"（future orientation）。
④ [美] 列堡·艾略特：《泰利的街角：一项街角黑人的研究》，李文茂等译，重庆大学出版社 2010 年版，第 31 页。
⑤ 同上书，第 33—34 页。

体鳞伤、血肉模糊而不能优雅地站立"①。确实，他们容易在正常的人际和娱乐活动中感到不安，在情窦初开中品尝自卑，在对成绩的焦虑和对成功的渴望中忘掉生活本身，陷入自我压抑，甚至牺牲健康和爱情，最终走上"成功与幸福相对立"的道路。

## 二 贤能主义者的幻灭

就像威利斯所说的那样，社会底层子弟要想通过教育实现社会向上流动就必须在相当大的程度上遵循学校制度与教师权威，遵守学校官方的时间表，当一个"循规者"。② 这样，通往高学业成就的文化生产过程，也最终生产出了学校化的人。学校是他们荣誉的竞技场，农家子弟高度学校化，但这不代表他们高度社会化。他们经常被视作认死理的书呆子，而且事实上也秉信贤能主义（Meritocracy），即"智商+努力=成就"③，不认可出身，最厌恶"拼爹"和找关系，甚至因此产生强烈的幻灭感。对此，威利斯也有深刻的洞见，认为"循规生""被那些掌握大权的人视为更不愿意接受现状、更具威胁性的群体。因为这些男孩还如同以前一样，习惯于学校或多或少地传讲给他们的那些平等、任人唯贤和个人主义的观念"④。

说到底，出身贫寒的"循规者"是大卫·里斯曼（David Riesman）所称的"内在导向型"的孩子，他们多生于相对贫寒的家庭，必须"学会从家往外飞，飞向未知的目的地"，逆境成长成为其一生拼搏奋斗的心理动力。⑤ 甚至说，内在导向的孩子"只有置身于类似其家庭环境的那种需要奋斗和拼搏进取的外界环境中时，他才感到舒适"⑥。由于对"任人唯贤"的崇信，他们很容易因为在现实世界中受挫而发展成"愤青"。这样，遵

---

① 熊和妮：《命运共同体：劳动阶层教育成功的家庭机制研究》，北京师范大学，博士学位论文，2016年。
② 参见［英］保罗·威利斯《学做工：工人阶级子弟为何继承父业》，秘舒、凌旻华译，译林出版社2013年版，第17—18页。
③ 刘云杉：《大众高等教育再认识：农家子弟还能从中获得什么?》，《中国农业大学学报》（社会科学版）2015年第1期。
④ ［英］保罗·威利斯：《学做工：工人阶级子弟为何继承父业》，秘舒、凌旻华译，译林出版社2013年版，第143—144页。
⑤ ［美］大卫·理斯曼：《孤独的人群》，王崑、朱虹译，南京大学出版社2002年版，第41页。
⑥ 同上书，第44页。

循学校制度和教师权威、有志于取得高学业成就的"循规者"恰恰可能成为最大的反叛者,说到底,他们是以自己的阶层流动为武器挑战现有阶层秩序的人,也像是永远在等最后一班公交车的乘客,每次总是格外小心地面对这最后一次向上攀爬的机会。而中上阶层子女像是等几分钟一班公交车的乘客,能够更从容地面对向上流动的机会。对他们来说,不管错过几趟,下一趟还有。由于一不小心就会被挤出"读书的料"这一地位群体的客观情势,来自底层家庭的子弟更渴望某种道德秩序,也更容易生长出幻灭感,就是一件自然而然的事。

但即便身处一个贤能主义的环境,他们有时还是被那样一个环境的华丽与多元所震撼,深感自己的渺小与无力。有农家子弟在BBS上这样写道:

> 我始终找不到归属感,始终觉得自己和这里格格不入,不敢去图书馆,太豪华,太明亮,我怕我的笨拙会暴露无遗——装饰得越豪华我越不知所措……我也不敢和那些穿着很得体或是很时尚的人(同学、老师、工作人员之类)讲话,害怕自己会被嘲笑。
>
> 我很丑,很穷,不可能有女生要的。胆小、害羞、内向,没口才,没能力,不会唱歌,不会跳舞,不会乐器,什么都不会,什么才艺都没有,也许也找不到工作。看到那些多才多艺的同学,真是打心底羡慕他们。[1]

他们很难真正融入城市精英大学的文化氛围之中,就像布迪厄回忆起自己在巴黎高师的学习经历时所说的,"在高师学习的每时每刻,我都难以遏制地感到不自在。"[2]

## 三 异化与自我疏离

值得注意的还有这些阶层跨越者的自我疏离问题。杰克·赖安(Jake

---

[1] 转引自余秀兰《从被动融入到主动整合:农村籍大学生的城市适应》,《高等教育研究》2010年第8期。
[2] [法]布尔迪厄、[美]华康德:《反思社会学导引》,李猛、李康译,商务印书馆2015年版,第254页。

Ryan）和查尔斯·夏克瑞（Charles Shackrey）认为，"社会流动的个体经常纠缠于该忠诚于哪一群体，在不同阶级的文化里漂泊"①。莱曼（Wolfgang Lehmann）也认为：

> 从这些年轻人的述说来看，尽管他们偶尔有得意忘形，也反映了一个更严重的与他们惯习的"分离"。对于中产阶级学生来说，独立于父母，离开家，并不需要研究。而这些工人阶级男女生则根本性地与他们的社区、生活方式决裂。②

缺乏归属感可能会使个体陷入不知所措的境地。彼得·布劳（Peter M. Blau）区分了停留在原有阶层（stationary highs and stationary mobile）以及实现阶层流动（upwardly mobile and downwardly mobile）两个群体，他认为实现阶层流动群体中的个体，"（他们的）行为被预期夹在那两个静止的阶层中间"③。

> 如果社会流动的个体既不能很好地与那些长期保持相似经济位置的人协调好关系，又不属于那些他之前曾共享相似社会经济位置的群体，他的行为就可预期地脱离两个群体的主流。……这种模式，也许可以叫文化互渗模式（pattern of acculturation），可以用来解释社会流动的个体不能很好地融入任何一个社会阶级。④

海德维格·艾克瓦德（Hedvig Ekerwald）认为，"一个工人阶级背景的孩子如果长大后成为上层阶级的人。在这样一个阶级穿梭者那里，两个阶级的文化将会相遇"⑤，这种相遇意味着冲突、碰撞、取舍与煎熬。而"不

---

① Jake Ryan, Charles Sackrey, *Strangers in Paradise: Academics from The Working Class*, South End Press, 1984, p. 119.
② Wolfgang Lehmann, "Habitus Transformation and Hidden Injuries: Successful Working-Class University Students", *Sociology of Education*, Vol. 87, No. 1, 2013, pp. 11 – 12.
③ Peter M. Blau, "Social Mobility and Interpersonal Relations", *American Sociological Review*, Vol. 21, No. 3, 1956, pp. 290 – 295.
④ Ibid., p. 295.
⑤ Hedvig Ekerwald, "Reflections on Culture", in Devorah Kalekin-Fishman (ed.), *Designs For Alienation*, University of Jyväskylä, 1998, p. 26.

同文化在一个人的身上碰撞是异化与文化的最佳联合点"①。他还认为这种异化可能导致西门（M. Seeman）所言的异化的第五种形式——"自我疏离"（self-estrangement），意味着"酬劳是在活动之外的"，比如"工人工作只是为了得到薪酬，家庭主妇做饭只是为了赶快做完，或者其他种类'仅仅为了别人'的行动"，这样就"难以找到奖赏自己的活动"②。

"读书的料"往往习惯于通过主动付出获得肯定，通过满足他人彰显自我价值，在向上爬的压力和对成功的焦虑中难以自如地沉浸在当下的爱和生活。最明显的事实是，由于曾长久地体验着"钱"的稀缺。对农家子弟而言，节俭是生存需要，也已成为他们的习惯和思维模式。但中上阶层生活又是一种由金钱搭建、盛行消费主义的生活方式。因而，"读书的料"很容易把自己目前的生活视为一种不恰当的享受并因此心生愧疚。如此，在中上阶层文化情境中被视为正常的消费和享受，也会给他们带来内心的煎熬。就像黄灯在谈到自己农村出身的丈夫时所说的那样：

> 丈夫和任何一个通过求学改变命运的农村孩子一样，在城市的生活从来就不以追求享受为前提，甚至用在他身上的正常开销，在他看来都是一种负罪，与生俱来的家庭阴影深深渗透到他的日常生活中。③

异化劳动是马克思提出的重要概念，在这里，人并不享受劳动，而是成了劳动的工具。南森·格雷泽（Nathan Glazer）在总结异化概念时说："曾经紧密连接的东西分裂开来的感觉，价值、行为、期望咬合结成的无缝模子被破坏了。"④"读书的料"也会陷入这样一个曾经紧密的东西不断陌生、陌生的东西又不断回归的循环。他们在不同文化情境中穿梭，情感、价值与文化难以定型，不断生产着疏离感。迥异的情感、价值与文化形态迫使他们改头换面，自我陷入分裂，成了一副副生存的工具，真实的自己被隐匿起来，不知归路。凡勃仑曾在《有闲阶级论》中指出：

---

① Ekerwald Hedvig, "Reflections on Culture", in Devorah Kalekin-Fishman (ed.), *Designs For Alienation*, University of Jyväskylä, 1998, p. 26.
② Seeman Melvin, "On The Meaning of Alienation", *American Sociological Review*, Vol. 24, No. 6, 1959, p. 790.
③ 黄灯：《回馈乡村，何以可能?》，《十月》2016 年第 1 期。
④ Glazer Nathan, "The Alienation of Modern Man", *Commentary*, Vol. 4, 1947, p. 378.

# "读书的料"及其文化生产

由于刻意的模仿与有系统的训练,可能使人们在体格和态度方面发生一种病态的或其他特异性的变化;人们就利用这一点来有计划地造成一个文化阶级,往往收到很圆满的效果。①

但实际上,跨越阶层的向上流动过程却并不圆满,即便是一段美谈,也要付出相应的文化代价。对于劳动阶层而言,向上流动不仅意味着"获得",同时还包含着"失去"②。当然,这些风险并不是注定和先验的。他们不会安于自卑、羞耻或加诸自身的道德枷锁,也有自己独特的应对策略。更进一步说,这些心理特质和文化代价并不是静态的,而是情境性和富有创造性的。它们也是"读书的料"文化生产沉淀下来的结果,也都与布迪厄所言的"惯习"(性情倾向)有关。管理性情倾向是可能的,"借助自觉意识,行动者可以经过反复思量,让他们的性情倾向'发作',或是相反压制住这些性情倾向"③。正如"惯习不是宿命"④,客观的家庭经济条件不是宿命,"读书的料"的心理藩篱和文化代价也绝非不可逾越。

## 第三节 他们能成为道统的守护者吗?

有学者认为"士"是文化意义上的道统守护者,按照这样一种理解,虽然中国的读书人受着儒、释、道三种哲学的深刻影响,但讲究经世致用的儒家在历史上的绝大多数时期都是主流。"士"往往有着"修身、齐家、

---

① [美]凡勃伦:《有闲阶级论——关于制度的经济研究》,蔡受百译,商务印书馆1964年版,第41页。
② 熊和妮:《命运共同体:劳动阶层教育成功的家庭机制研究》,北京师范大学,博士学位论文,2016年(原出处为:H. B. London, "Breaking Away: A Study of First-generation College Students and Their Families", *American Journal of education*, Vol. 97, No. 2, 1989, pp. 144–170)。
③ [法]布尔迪厄、[美]华康德:《反思社会学导引》,李猛、李康译,商务印书馆2015年版,第168页。
④ 同上书,第164页。

治国、平天下"① 的人生理想，也有着 "为天地立心，为生民立命，为往圣人继绝学，为万世开太平"② 的使命感。即使 "士" 向往成为官僚，其中的很多也成了官僚，但依然不能给他们只贴上地主阶级或者官僚阶级的标签。治世时，他们表面服从政统。但逢乱世昏君，"士" 的本质功能——对 "道统" 的坚决维护就经常会让人为之振奋。

"士" 之所以能成为 "道统" 的守护者，是因为他们中的许多人都是庶民出身，也就是来自社会中下层。在他们赖以生存的世界，能力（书读得好）才是晋升唯一之阶。而且，他们的人生本身就是一个阶层旅行的过程，即使在经济和社会地位上可以划归某一阶层，其在文化上也不完全归属于任何一个阶层。在这里，说他们在维护一个讲究道义、讲究能力本位的社会，与说他们在维护自己阶层旅行的合理性具有高度的同质性。

中国传统上的读书人或者说 "士" 与这里的 "读书的料" 之间有着诸多的相似。"士" 来自社会中下层，"读书的料" 来自社会底层，同样具有对一个固化社会结构的反叛性。"士" 是通过读书实现社会流动的那批人，"读书的料" 也一样。为了实现社会流动，他们遵循 "知识改变命运" 的行动逻辑。"士" 要受十年寒窗之苦，农家子弟若是能进入大学，至少要历经 12 年寒窗之苦。当然，历史上的读书人有 "学而优则仕" 的传统，而取得高学业成就的农家子弟更多地将成为社会中的知识生产者、技术专家和公共管理者，因而在某种意义上后者更接近于那样一种 "道德事业"。

在今日之中国，作为奢侈品的精英教育已经转为作为必需品的大众教育，高等教育已从积极投资转变为防御性消费。③ 精英高等教育提升和改变个体命运的生活叙事已经式微。文凭作为 "位置性商品"（position goods），拥有者越多，其价值越低。在金融资本席卷房地产的历史狂潮中，出身普通家庭的精英大学学子普遍感受到一种被欺骗的无力和

---

① 出自《礼记·大学》，原文为："古之欲明明德于天下者，先治其国。欲治其国者，先齐其家。欲齐其家者，先修其身。欲修其身者，先正其心。欲正其心者，先诚其意。欲诚其意者，先致其知。" 参见陈戍国校注《礼记校注》，岳麓书社 2004 年版，第 485 页。
② 出自宋代哲学家张载 "横渠四句"，参见张岱年《试谈 "横渠四句"》，《中国文化研究》1997 年第 1 期。
③ 刘云杉：《大众高等教育再认识：农家子弟还能从中获得什么？》，《中国农业大学学报》（社会科学版）2015 年第 1 期。

无奈感。① 步入精英大学的学子虽然仍有着自己的骄傲，但面对经济资本和社会权力，"学术资格是'一个疲软的通货'"②。

当自身的匮乏与现实相撞，幻灭感的出现就不可避免。在体尝幻灭感之后，支撑他们学业成功的道德世界也可能会随时坍塌，他们可能既无法维系对家人的道德责任，又无力承担读书人的历史使命，甚至会沦为"精致的利己主义者"③。那么，进入精英大学的这些"读书的料"，还可能成为中国"士"的一部分，成为维护"道统"的中坚力量吗？在这个金融资本横行的时代，他们还能够在负重私领域道德的同时走向公共道德吗？他们还能够承担这一代读书人对家人、社会、国家的历史使命吗？让我们拭目以待。

---

① 2007年，描写农村学子生活的文章《我奋斗了18年才能和你一起喝咖啡》热传网络，引发了许多出身农家的学子的共鸣，但这故事中最终还是以奋斗成功为结局。而2016年集中爆发的则是普通家庭出身的精英学子的无力和无奈，《一名非典型985毕业生的大学简史》以及《我上了985、211才发现自己一无所有》都不同程度地说明了这一点。参见麦子《我奋斗了18年才和你坐在一起喝咖啡》，腾讯网（http：//view.news.qq.com/a/20071224/000018. Htm）；陈昌《一名非典型985毕业生的大学简史》，搜狐网（http：//mt.sohu.com/20161012/n470125061. shtml）；樊小书《我上了985、211才发现自己一无所有》，搜狐网（http：//mt.sohu.com/20161102/n472130012. Shtml）。

② [法] 皮埃尔·布迪厄：《文化再制与社会再制》，载厉以贤主编《西方教育社会学文选》，（台北）五南图书出版公司1992年版，第447页。

③ "精致的利己主义"的说法来自北大中文系钱理群教授的一段话："我们的一些大学，包括北京大学，正在培养一些'精致的利己主义者'，他们高智商，世俗，老到，善于表演，懂得配合，更善于利用体制达到自己的目的。这种人一旦掌握权力，比一般的贪官污吏危害更大。"参见钱理群《大学里绝对精致的利己主义者》，腾讯教育（http：//edu.qq.com/a/20150520/041737. htm）。

# 附　录

## 附录一　自传邀请信

亲爱的师弟 or 师妹：

你好！我叫程猛，是师大 2006 级的本科生，现在是教育学部三年级的博士生。目前我的博士学位论文主题为"读书的料及其文化生产"，主要有关身处精英大学的农家子弟的学校生活经历及家庭生活体验，想要探索用自传的方式来叙说进入精英大学的"我们"的故事，希望邀请在座的师弟师妹作为研究伙伴参与到我的研究中来。

时过境迁，经历和感受都会发生轮转。我有一个高中同学，进入大学之后在校内网（"人人网"）上以"200×年的自己"为题写这一年的自传，现在我很后悔没有学她，感觉自己在某种意义上丢掉了曾经的自己。写作算得上是一种抗拒遗忘的方式。撰写自传时，我们成了自我的研究与书写者。你的勇气和真诚帮助也会让你成为对我而言意义重大的研究伙伴。如果你愿意接受邀请，我恨不得以身相许，但毕竟逃不过年老色衰被嫌弃的命运，只能从以下三个方面表达感激和敬意：

（1）一个大龄男博士的革命友情；
（2）与你分享我的自传；
（3）《斗室星空》（复印版）。

师弟、师妹可根据自己的兴趣和意愿自主选择是否接受邀请。自传没有任何字数、形式方面的限制，真实、真诚即可。如果可以的话，希望过年之前可以发我。博士学位论文中如若引用，一定会匿名处理。同时，自传不会外传他人，只会用于此次博士论文的相关研究，除非征求作者同意，不会挪作他用。

我的邮箱是 chengmengbnu@126.com，电话是＊＊＊＊＊＊＊＊＊＊＊。如若愿意加入，请师弟师妹搜索手机号加我微信！有任何疑问都非常欢迎随时联系我。身边要是有同学或朋友愿意加入，书写自己的故事和历史，也可以随时与我联系。感谢！感恩！

附：自传参考

1. 童年经历，家庭的情况，父母（兄弟姐妹）、亲戚朋友和自己的关系。

2. 学习态度、习惯、学业成绩，与老师（包括导师）的关系，对学业影响比较大的课程、活动、课外阅读、事件等。

3. 不同学业阶段之间的调适、心路历程；体验到成功或失败，自卑或骄傲、失落或惆怅、欢喜或感动等各种情绪、想法的事件等。大学时期在宿舍、班级、社团的人际关系、恋爱经历等。

4. 自己在不同学业阶段发生的变化（个人的处世态度、原则，三观发生的颠覆、转变与执着等）。

5. 家庭背景对自己学习和生活的影响；与父母（包括家庭其他成员）、村庄或社区（曾经的小伙伴、亲戚朋友等）的关系和事件。

6. 对自己而言意义重大的各种事件与转折等。

7. 总之，一切你想写的，真实、坦诚即可。随心随性，完全不必拘泥于以上几点。

# 附录二 访谈纲要

一、家乡及家庭相关情况

1. 家乡所在地理位置、经济水平、村庄文化及价值观念。
2. 家乡生活的感受（生活习惯、价值观念，具体到消费观、金钱观、人际交往准则、人生追求等）。
3. 家族历史、父母和祖辈受教育状况。
4. 兄弟姐妹的求学状况。
5. 家庭规模、经济收入来源以及社会经济地位、家庭内部分工。
6. 在村庄的社会关系网络（曾经的朋友、伙伴、同学）。
7. 父母的个性差异以及各自的性格优缺点。
8. 父亲的影响。
9. 母亲的影响。
10. 和父亲/母亲的关系（和谁更亲近、性格更像谁、分别爱和父亲/母亲聊哪些方面的事情）。
11. 家庭生活的环境和氛围。
12. 家庭中的矛盾和冲突（包括具体事件、解决的方式等）。
13. 家里约定俗成的生活习惯或规矩。
14. 父亲/母亲做的最让你感动的一件事。
15. 父亲/母亲做的最让你反感的一件事。
16. 家庭生活中对你的个性发展影响最大（积极或消极）的一件事。
17. 在家庭生活中，做过的最令自己骄傲/愧疚的事。
18. 青春期（叛逆期）的表现。
19. 对"长大"和"懂事"的理解。
20. 对父母以及其他亲人的期望。
21. 与受教育水平有差异的兄弟姐妹的关系。
22. 在不同的求学阶段与父母相处的关系模式。
23. 回农村老家的感受。
24. 怎么看今天的农村家乡/今天的中国农村？

二、求学经历

1. 求学过程中印象深刻的事情、经历。
2. 求学过程中对你影响最大的有哪些事？
3. 不同学业阶段都更容易和哪些同学（家庭背景、性格等）成为好朋友？
4. 喜欢哪种老师？对自己影响最大的老师是哪一位？为什么？
5. 说说对自己影响比较大的同学。
6. 现在的朋友有什么特点？
7. 哪个学业阶段对你影响最大？
8. 高考时专业和学校是如何选择的？
9. 怎么理解自己的农村背景？这一背景对你的学校生活（学业、人际关系等）有哪些影响？
10. 导师给了你怎样的影响？

三、恋爱、婚姻及新生家庭

1. 选择恋爱对象时会主要考虑哪些因素？
2. 女朋友/配偶的家庭基本情况（家庭经济、学历、工作）。
3. 当出现一些因家庭背景造成的争吵和差异时，自己是怎么想的？又是如何处理的？
4. 与配偶/恋人的生活习惯、性格特点、处世方式的一致和分歧。
5. 对于生男孩还是女孩有什么偏好。
6. 对自己孩子未来教育的计划或期望。

四、工作及生活

1. 选择职业时主要考虑哪些因素？
2. 现在面临的主要压力（焦虑）是什么？
3. 期望自己的工作带给家庭什么样的改变？

# 参考文献

## 一 中文文献

（一）中文图书

［澳］杰华：《都市里的农家女：性别、流动与社会变迁》，吴小英译，江苏人民出版社2006年版。

［德］恩斯特·卡西尔：《人论：人类文化哲学导引》，甘阳译，上海译文出版社2013年版。

［德］汉娜·阿伦特：《人的境况》，王寅丽译，上海世纪人民出版社2009年版。

［德］马克斯·韦伯：《新教伦理与资本主义精神》，康乐、简惠美译，广西师范大学出版社2010年版。

［德］尼采：《尼采诗集》，周国平译，作家出版社2013年版。

［德］叔本华：《作为意志和表象的世界》，石冲白译，商务印书馆1982年版。

［德］滕尼斯：《共同体与社会》，林荣远译，商务印书馆1999年版。

［德］乌尔里希·贝克、［英］安东尼·吉登斯、［英］斯科特·拉什：《自反性现代化：现代社会秩序中的政治、传统与美学》，赵文书译，商务印书馆2001年版。

［俄］谢尔盖·叶赛宁：《叶赛宁抒情诗选》，丁鲁译，湖南文艺出版社1991年版。

［法］布尔迪厄：《文化资本与社会炼金术：布尔迪厄访谈录》，包亚明译，上海人民出版社1997年版。

［法］P.布尔迪厄：《国家精英——名牌大学与群体精神》，杨亚平译，商务印书馆2000年版。

［法］布尔迪约等：《再生产———一种教育系统理论的要点》，邢克超译，商务印书馆2002年版。

［法］P. 布尔迪约，［法］J. -C. 帕斯隆：《继承人———大学生与文化》，邢克超译，商务印书馆2002年版。

［法］P. 布尔迪约、［法］J. -C. 帕斯隆：《再生产：一种教育系统理论的要点》，邢克超译，商务印书馆2002年版。

［法］P. 波丢：《人：学术者》，王作虹译，贵州人民出版社2006年版。

［法］皮埃尔·布迪厄：《单身者舞会》，姜志辉译，上海译文出版社2009年版。

［法］布尔迪厄、［美］华康德：《反思社会学导引》，李猛、李康译，商务印书馆2015年版。

［法］卢梭：《社会契约论》，何兆武译，商务印书馆2003年版。

［法］孟德拉斯：《农民的终结》，李培林译，社会科学文献出版社2010年版。

［法］安妮·艾诺：《位置》，邱瑞銮译，（台北）皇冠文化出版有限公司2000年版。

［法］让·鲍德里亚：《消费社会》，刘成富、全志钢译，南京大学出版社2014年版。

［法］萨特：《存在与虚无》，陈宣良等译，生活·读书·新知三联书店2014年版。

［法］涂尔干：《道德教育》，陈光金等译，上海人民出版社2006年版。

［法］托克维尔：《论美国的民主》（上册），董果良译，商务印书馆2004年版。

［法］西蒙娜·德·波伏娃：《第二性》，郑克鲁译，上海译文出版社2011年版。

［古希腊］柏拉图：《理想国》，郭斌和、张竹明译，商务印书馆1986年版。

［加］马克斯·范梅南：《教学机智：教育智慧的意蕴》，李树英译，教育科学出版社2001年版。

［美］C·赖特·米尔斯：《社会学的想象力》，陈强、张永强译，生活·读书·新知三联书店2001年版。

［美］S·鲍尔斯、H. 吉丁斯：《美国：经济生活与教育改革》，王佩雄等译，上海教育出版社1990年版。

［美］安妮特·拉鲁：《不平等的童年》，宋爽、张旭译，北京大学出版社

2010年版。

[美]保罗·弗莱雷：《被压迫者教育学》，顾建新等译，华东师范大学出版社2001版。

[美]贝克尔：《局外人：越轨的社会学研究》，张默雪译，南京大学出版社2011年版。

[美]大卫·理斯曼：《孤独的人群》，王崑、朱虹译，南京大学出版社2002年版。

[美]杜威：《学校与社会·明日之社会》，赵祥麟等译，人民教育出版社1994年版。

[美]凡勃伦：《有闲阶级论——关于制度的经济研究》，蔡受百译，商务印书馆1964年版。

[美]亨利·吉鲁：《教育中的理论与抵制》（第2版），张斌等译，教育科学出版社2016年版。

[美]克利福德·格尔茨：《文化的解释》，韩莉译，译林出版社1999年版。

[美]雷可夫（George Lakoff）& 詹森（Mark Johnson）：《我们赖以生存的譬喻》，（台北）联经出版事业股份有限公司2006年版。

[美]列堡·艾略特：《泰利的街角：一项街角黑人的研究》，李文茂等译，重庆大学出版社2010年版。

[美]刘易斯·科赛：《社会思想名家》，石人译，上海人民出版社2007年版。

[美]罗伯特·K.默顿：《社会理论和社会结构》，唐少杰、齐心等译，译林出版社2006年版。

[美]米尔顿·弗里德曼、罗斯·弗里德曼：《自由选择：个人声明》，胡骑等译，商务印书馆1982年版。

[美]欧文·戈夫曼：《日常生活中的自我呈现》，冯钢译，北京大学出版社2008年版。

[美]乔纳森·特纳：《社会学理论的结构》，邱泽奇、张茂元等译，华夏出版社2006年版。

[美]威廉·富特·怀特：《街角社会——一个意大利贫民区的社会结构》，黄育馥译，商务印书馆1994年版。

[美]詹姆斯·C.斯科特：《弱者的武器》，郑广怀、张敏等译，译林出版社2011年版。

[美]詹姆斯·克利福德、乔治·E.马库斯：《写文化——民族志的诗学与

政治学》，商务印书馆 2006 年版。

［美］Thomas S. Popkewitz：《心灵追索：学校教育政治学与教师的建构》，钟宜兴译，（台湾）巨流图书公司 2010 年版。

［意］葛兰西：《狱中札记》，曹雷雨等译，中国社会科学出版社 2000 年版。

［英］巴兹尔·伯恩斯坦：《教育论述之结构化》，王瑞贤译，（台湾）巨流图书公司 2006 年版。

［英］巴兹尔·伯恩斯坦：《教育、符号控制与认同》，王小凤等译，中国人民大学出版社 2016 年版。

［英］吉登斯：《社会的构成》，李康、李猛译，生活·读书·新知三联书店 1998 年版。

［英］班克斯：《教育社会学》，（高雄）复文图书出版社 1984 年版。

［英］鲍尔德温等：《文化研究导论》，陶东风等译，高等教育出版社 2007 年版。

［英］保罗·威利斯：《学做工：工人阶级子弟为何继承父业》，秘舒、凌旻华译，译林出版社 2013 年版。

［英］雷蒙德·威廉斯：《漫长的革命》，倪伟译，上海人民出版社 2013 年版。

［英］罗丝玛丽·克朗普顿：《阶级与分层》，陈金光译，复旦大学出版社 2011 年版。

［英］詹妮特·温特森：《守望灯塔》，侯毅凌译，人民文学出版社 2005 年版。

陈向明：《旅居者和外国人——留美中国学生跨文化人际交往研究》，教育科学出版社 2004 年版。

丁钢：《声音与经验：教育叙事探究》，教育科学出版社 2008 年版。

丁瑜：《她身之欲：珠三角流动人口社群特殊职业研究》，社会科学文献出版社 2016 年版。

杜维明：《儒家思想：以创造转化为自我认同》，生活·读书·新知三联书店 2013 年版。

杜小真：《福柯集》，上海远东出版社 2003 年版。

费孝通：《江村经济》，商务印书馆 2001 年版。

费孝通：《乡土中国》，北京出版社 2004 年版。

辜鸿铭：《中国人的精神》，文津出版社 2013 年版。

顾晓鸣：《生活中的社会学》，天津人民出版社1985年版。

韩少功：《山南水北》，人民文学出版社2008年版。

贺雪峰：《新乡土中国——转型期乡村社会调查笔记》，广西师范大学出版社2003年版。

胡适：《四十自述》，中国文史出版社2013年版。

扈中平、蔡春等：《教育人类学论纲》，高等教育出版社2015年版。

江露露：《"女孩子""男孩子"——荷尔蒙暗示下的身体剧场》，陕西人民教育出版社2013年版。

姜添辉：《资本社会中的社会流动与学校体系——批判教育社会学的分析》，（台北）高等教育文化事业有限公司2005年版。

康永久：《教育学原理五讲》，人民教育出版社2016年版。

康永久：《教育中的三个世界》，教育科学出版社2017年版。

李友梅、孙立平、沈原：《转型社会的研究立场与方法》，社会科学文献出版社2009年版。

厉以贤：《西方教育社会学文选》，（台北）五南图书出版公司1992年版。

林贤治：《我是农民的儿子》，花城出版社2005年版。

路遥：《平凡的世界》，北京十月文艺出版社2013年版。

梁漱溟：《中国文化要义》，上海人民出版社2005年版。

刘良华：《教育自传》，四川教育出版社2006年版。

刘云杉：《从启蒙者到专业人》，北京师范大学出版社2006年版。

罗钢、刘象愚：《文化研究读本》，中国社会科学出版社2000年版。

牟宗三：《生命的学问》，广西师范大学出版社2005年版。

启功：《浮光掠影看平生》，陕西师范大学出版社2008年版。

钱穆：《中国历史精神》，九州出版社2012年版。

邱泽奇：《社会学是什么》，北京大学出版社2002年版。

王国维：《人间词话》，上海古籍出版社1998年版。

吴康宁：《假如大师在今天当老师》，广西教育出版社2009年版。

吴念真：《这些人，那些事》，译林出版社2011年版。

吴永军：《课程社会学》，南京师范大学出版社1999年版。

夏林清：《斗室星空——家的社会田野》，财团法人导航基金会2011年版。

阎云翔：《私人生活的变革：一个中国村庄里的爱情、家庭与亲密关系（1949—1999）》，龚小夏译，上海书店出版社2006年版。

杨善华主编：《当代西方社会学理论》，北京大学出版社1999年版。

张君劢、丁文江等：《科学与人生观》，岳麓书社2012年版。

周其仁：《城乡中国》，中信出版社2013年版。

晏阳初：《平民教育与乡村建设运动》，商务印书馆2014年版。

John Dewey：《民主主义与教育》，林宝山译，（台北）五南图书出版公司1989年版。

　　（二）中文期刊

［法］米歇尔·福柯：《无名者的生活》，李猛译，《社会理论论坛》1999年第6期。

［英］保罗·威利斯：《两个瞬间》，吕途译，《读书》2017年第2期。

［英］斯图亚特·霍尔：《文化研究：两种范式》，傅德根译，《马克思主义美学研究》2000年第00期。

鲍磊：《社会学的传记取向：当代社会学进展的一种维度》，《社会》2014年第5期。

毕向阳：《转型时代社会学的责任与使命——布迪厄〈世界的苦难〉及其启示》，《社会》2005年第4期。

蔡春：《叙述故事何以称得上研究：论教育叙事研究的基本理论问题》，《首都师范大学学报》（社会科学版）2008年第4期。

查特吉：《关注底层》，《读书》2001年第8期。

邓志强：《青年的阶层固化："二代们"的社会流动》，《中国青年研究》2013年第6期。

丁道勇：《作为一种隐喻的绿色教育》，《北京师范大学学报》（社会科学版）2011年第5期。

丁钢：《教育研究的叙事转向》，《现代大学教育》2008年第1期。

董永贵：《突破阶层束缚——10位80后农家子弟取得高学业成就的质性研究》，《青年研究》2015年第3期。

董泽芳：《社会流动与教育选择》，《教育研究与实验》2007年第1期。

冯仕政：《重返阶级分析？——论中国社会不平等研究的范式转换》，《社会学研究》2008年第5期。

傅敏、田慧生：《教育叙事研究：本质、特征与方法》，《教育研究》2008年第5期。

高宣扬：《论布尔迪厄美学的核心概念"生存心态"的特殊性质》，《马克思主义美学研究》2010 年第 2 期。

郭于华：《作为历史见证的"受苦人"的讲述》，《社会学研究》2008 年第 1 期。

韩潮：《自然社会的厚与薄》，《读书》2016 年第 3 期。

韩俊：《中国城乡关系演变 60 年：回顾与展望》，《改革》2009 年第 11 期。

郝东方：《教室摄像头的注视现象研究——以萨特的他者理论为视角》，《电化教育研究》2015 年第 12 期。

贺晓星、仲鑫：《异乡人的写作：对赛珍珠作品的一种社会学解释》，《南京大学学报》（哲学·人文科学·社会科学）2003 年第 1 期。

贺晓星：《教育中的权力—知识分析——深度访谈的中国经验》，《北京大学教育评论》2014 年第 4 期。

贺晓星：《论教育社会学中的新马克思主义——S. 鲍尔斯和 H. 吉丁的对应理论及其转向》，《南京师大学报》（社会科学版）2014 年第 4 期。

贺晓星：《作为方法的家庭：教育研究的新视角》，《教育学术月刊》2014 年第 1 期。

洪岩壁、赵延东：《从资本到惯习：中国城市家庭教育模式的阶层分化》，《社会学研究》2014 年第 4 期。

黄灯：《回馈乡村，何以可能?》，《十月》2016 年第 1 期。

黄鸿文：《抗拒乎？拒绝乎？偏差乎？学生文化研究中抗拒概念之误用与澄清》，《教育研究辑刊》2011 年第 3 期。

蒋逸民：《自我民族志：质性研究方法的新探索》，《浙江社会科学》2011 年第 4 期。

康永久、施铁如、刘良华：《教育叙事——来自广州的视角》，《教育导刊》2003 年第 12 期。

康永久：《先验的社会性与家国认同——初级社会化的现象学考察》，《教育学报》2014 年第 6 期。

李春玲：《"80 后"的教育经历与机会不平等——兼评〈无声的革命〉》，《中国社会科学》2014 年第 4 期。

李春玲：《教育不平等的年代变化趋势（1940—2010）——对城乡教育机会不平等的再考察》，《社会学研究》2014 年第 2 期。

李强、王昊：《中国社会分层结构的四个世界》，《社会科学战线》2014 年第 9 期。

李三达:《阶级秩序的再生产——兼评两种读书无用论》,《读书》2014 年第 3 期。

梁晨、李中清等:《无声的革命:北京大学与苏州大学学生社会来源研究》,《中国社会科学》2012 年第 1 期。

梁晨、李中清:《贫寒之家大学之路的变迁》,《读书》2013 年第 9 期。

梁福镇:《教学社会学研究的新典范:传记研究方法之探究》,《教育科学》2004 年第 4 期。

刘云杉、王志明、杨晓芳:《精英的选拔:身份、地域与资本的视角——跨入北京大学的农家子弟(1978—2005)》,《清华大学教育研究》2009 年第 5 期。

刘云杉:《大众高等教育再认识:农家子弟还能从中获得什么?》,《中国农业大学学报》(社会科学版)2015 年第 1 期。

刘云杉:《自由的限度:再认识教育的正当性》,《北京大学教育评论》2016 年第 2 期。

罗云、曾荣光、卢乃桂:《新社会背景下教育与经济生活之关系——再思"符应原则"》,《北京大学教育评论》2005 年第 4 期。

刘亚秋:《知青苦难与乡村城市关系研究》,《清华大学学报》(哲学社会科学版)2008 年第 2 期。

秦惠民、李娜:《农村背景大学生文化资本的弱势地位——大学场域中文化作为资本影响力的视角》,《北京大学教育评论》2014 年第 4 期。

石艳:《再生产·抵制·拓殖——新马克思主义教育社会学的理论进展》,《外国教育研究》2010 年第 9 期。

史秋霞、王毅杰:《片面洞察下的"反学校"生存——关于教育与阶层再生产的探讨》,《华东师范大学学报》(教育科学版)2015 年第 3 期。

孙立平等:《改革以来中国社会结构的变迁》,《中国社会科学》1994 年第 2 期。

田丰:《高等教育体系与精英阶层再生产——基于 12 所高校调查数据》,《社会发展研究》2015 年第 1 期。

王富伟:《个案研究的意义和限度——基于知识的增长》,《社会学研究》2012 年第 5 期。

王金娜:《高考统考科目的"文科偏向"与隐性教育不公平——基于场域—文化资本的视角》,《教育发展研究》2016 年第 20 期。

王晓阳：《国外关于不同阶层家庭教养方式的研究》，《北京师范大学学报》（社会科学版）1993 年第 5 期。

谢爱磊：《精英高校中的农村籍学生——社会流动与生存心态的转变》，《教育研究》2016 年第 11 期。

谢爱磊：《"读书无用"还是"读书无望"——对农村底层居民教育观念的再认识》，《北京大学教育评论》2017 年第 3 期。

夏林清：《"斗室星空"：家的社会田野》，《中国农业大学学报》（社会科学版）2013 年第 3 期。

谢宇：《认识中国的不平等》，《社会》2010 年第 3 期。

熊春文、史晓晰、王毅：《"义"的双重体验——农民工子弟的群体文化及其社会意义》，《北京大学教育评论》2013 年第 1 期。

熊和妮、任梦莹：《关于劳动阶层家庭教育研究方法的探讨》，《教育学报》2016 年第 2 期。

熊和妮：《他们真的不懂教育孩子吗？——劳动阶层家庭教育的污名化危机及其批判》，《基础教育》2016 年第 2 期。

熊易寒：《底层、学校与阶级再生产》，《开放时代》2010 年第 1 期。

熊易寒：《命运的政治学》，《开放时代》2011 年第 10 期。

许斌、定宜庄：《一个口述史学者的口述——定宜庄博士访谈》，《黑龙江民族丛刊》2003 年第 5 期。

杨东平：《高等教育入学机会：扩大中的阶层差距》，《清华大学教育研究》2006 年第 2 期。

杨善华、孙飞宇：《作为意义探究的深度访谈》，《社会学研究》2005 年第 5 期。

叶启政：《社会学家作为说故事者》，《社会》2016 年第 2 期。

余秀兰：《文化再生产：我国教育的城乡差距探析》，《华东师范大学学报》（教育科学版）2006 年第 2 期。

余秀兰：《从被动融入到主动整合：农村籍大学生的城市适应》，《高等教育研究》2010 年第 8 期。

张济洲：《"高考工厂"背后的阶层焦虑与机会公平》，《中国高教研究》2015 年第 9 期。

张建成、陈珊华：《生涯管教与行为管教的阶级差异：兼论家庭与学校文化的连续性》，《教育研究集刊》2006 年第 3 期。

张玉林：《通向城市的阶梯——20世纪后期一个苏北村庄的教育志》，《南京大学学报》（哲学·人文科学·社会科学）2004年第4期。

赵鼎新：《社会科学研究的困境．从与自然科学的区别谈起》，《社会学评论》2015年第4期。

郑新蓉：《社会变迁中的个体生命——转述一个农村妇女的故事》，《山西师大学报》（社会科学版）2010年第1期。

周潇：《反学校文化与阶级再生产："小子"与"子弟"之比较》，《社会》2011年第5期。

周怡：《贫困研究：结构解释与文化解释的对垒》，《社会学研究》2002年第3期。

周勇：《忧伤与愤怒：教育社会学的情感动力——以涂尔干、麦克拉伦为例》，《教育学术月刊》2014年第9期。

周作宇：《教育、社会分层与社会流动》，《北京师范大学学报》（人文社会科学版）2011年第5期。

朱国华：《文化再生产与社会再生产：图绘布迪厄教育社会学》，《华东师范大学学报》（哲学社会科学版）2015年第5期。

（三）硕博论文

胡雪龙：《主动在场的本分人》，北京师范大学学士学位论文，2015年。

李涛：《底层社会与教育——一个中国西部农业县的底层教育真相》，东北师范大学博士论文，2014年。

任振夏：《我家出了个大学生——90后大学生对家庭文化影响的个案研究》，北京师范大学学士学位论文，2015年。

王欧：《文化排斥：学校教育进行底层社会再生产的机制》，华中科技大学硕士学位论文，2011年。

王伟剑：《不指向抵制的行动：从身份角度理解农村初中学生的学校表现》，北京师范大学硕士学位论文，2016年。

熊和妮：《命运共同体：劳动阶层教育成功的家庭机制研究》，北京师范大学博士学位论文，2016年。

熊易寒：《当代中国的身份认同与政治社会化——一项基于城市农民工子女的实证研究》，复旦大学博士学位论文，2008年。

闫晓庆：《教育与社会变迁下的新工人及其家庭——基于山东T镇的田野考察》，北京师范大学博士学位论文，2016年。

余秀兰:《中国教育的城乡差异》,南京大学博士论文,2002 年。

## 二 英文文献

(一) 英文图书

A. Hurst (ed.), *Collegeand The Working Class* (Vol. 3), Rotterdam: Sense Publishers, 2012.

Louis Althusser, *On The Reproduction of Capitalism: Ideology and Ideological State Apparatuses*, Verso, 2014.

Aneselm Strauss, *The Contexts of Social Mobility*, Aldine, 1971.

Angela McRobbie, *Feminism and Youth Culture: From "Jackie" to "Just Seventeen"*, Macmillan Education LTD, Palgrave, 1991.

Annette Lareau, *Unequal Childhood: Class, Race and Family life*, University of California Press, 2011.

Ben Highmore, *The Everyday Life Reader*, Routledge, 2002.

Bernstein, R. J., *Beyond Objectivism and Relativism: Science, Hermeneutics, and Praxis*, Philadelphia: University of Pennsylvania Press, 1983.

Pierre Bourdieu, *Distinction: A Social Critique of the Judgment of Taste*, Cambridge: Harvard University Press, 1984.

J. E. Richardson (ed.), *Handbook of Theory and Research for the Sociology of Education*, New York: Greenword, 1986.

Pierre Bourdieu, Jean Passeron, *Reproduction in Education, Society and Culture*, London: SAGE Publications, 1990.

Devorah Kalekin-Fishman (ed.), *Designs for Alienation*, University of Jyväskylä, 1998.

Grimes, Michael and Joan Morris, *Caught in the Middle: Contradictions in the Lives of Sociologists from Working-class Backgrounds*, Praeger, 1997.

Howard S. Becker, *Outsiders: Studies in the Sociology of Deviance*, Free Press of Glencoe, 1963.

Jake Ryan and Charles Sackrey, *Strangers in Paradise: Academics from the Working Class*, South End Press, 1984.

John Marsh, *Class Dismissed: Why We Cannot Teach or Learn Our Way Out of Ine-*

quality, New York: Monthly Review Press, 2011.

Jerome Karabel & A. H. Halsey, *Power and Ideology in Education*, New York: Oxford University Press, 1977.

Kathleen Lynch, *The Hidden Curriculum: Reproduction in Education, A Reappraisal*, The Falmer Press, 1989.

Kuhn, A., *Family Secrets: Acts of Memory and Imagination*, London: Verso, 1995.

Halsey, A. H., Hugh Lauder, Phillip Brown, Amy Stuart Wells (ed.), *Education: Culture, Econom and Society*, Oxford and New York: Oxford University Press, 1997.

Marx, K., Engels, F., *Manifesto of the Communist Party*, Moscow: Foreign Languages Publishing House, 1848.

Nadine Dolby, Greg Dimitriadis, E. Paul (ed.), *Learning to Labor in New Times*, Routledge Falmer, 2004.

Barack Obama, *Dreams from My Father*, Fort Benton: The River Press, 1995.

Paul Willis, *Learning to Labor: How Working Class Kids Get Working Class Jobs*, Columbia University Press, 1981.

Paul Willis, *The Ethnographic Imagination*, Polity, 2000.

Peter McLaren (ed.), *Capitalists and Conquerors: A Critical Pedagogy Against Empire*, Lanham, MD: Rowman & Littlefield Publishers, 2005.

Paul Willis, *Profane Culture*, Princeton University Press, 2014.

Pitirim Sorokin, *Social and Cultural Mobility*, New York: Free Press, 1959.

Richard Sennett and Jonathan Cobb, *The Hidden Injuries of Class*, New York: Vintage Books, 1973.

Stephen Edgell, *Class*, Routledge, 1993.

（二）英文期刊

Alice Sullivan, "Cultural Capital and Educational Attainment", *Sociology*, Vol. 35, No. 4, 2001.

Andrew Kipnis, "Articulating School Countercultures", *Anthropology & Education Quarterly*, Vol. 32, No. 4, 2001.

Annette Lareau and Elliot B. Weininger, "Cultural Capital in Educational Research: A Critical Assessment", *Theory and Society*, Vol. 32, 2003.

# 参考文献

Barry Troyna, "Paradigm Regained: A Critique of 'Cultural Deficit' Perspectives in Contemporary Educational Research", *Comparative Education*, 1988, Vol. 24, No. 3, 1988.

Basil Bernstein, "Linguistic Codes Hesitation Phenomena and Intelligence", *Language and Speech*, Vol. 5, 1962.

Burton R. Clark, "The Cooling-out Function in Higher Education", *American Journal of Sociology*, Vol. 65, No. 6, 1960.

Christine Griffin, "Whatever Happened to the (Likely) Lads? 'Learning to Labor' 25 Years On", *British Journal of Sociology of Education*, Vol. 26, No. 2, 2005.

David Bills & Su Euk Park, "A Review of: 'Learning to Labor in New Times'", *Educational Studies*, Vol. 43, No. 3, 2008.

David Labaree, "Reviewed Work: Bowles and Gintis Revisited: Correspondence and Contradition in Educational Theory by Mike Cole", *Contemporary Sociology*, Vol. 18, No. 6, 1989.

David Mills, Robert Gibb & Paul Willis, "Centre and Periphery—An Interview with Paul Willis", *Cultural Anthropology*, Vol. 16, No. 3, 2001.

David Swartz, "From Correspondence to Contradiction and Change: Schooling in Capitalist America Revisited", *Sociological Forum*, Vol. 18, No. 1, 2003.

Paul DiMaggio & John Mohr, "Cultural Capita, Educational Attainment and Marital Selection", *American Journal of Sociology*, Vol. 9, No. 6, 1985.

Emory S. Bogardus, "A Social Distance Scale", *Sociology and Social Research*, Vol. 17, 1933.

Glazer Nathan, "The Alienation of Modern Man", *Commentary*, Vol. 4, 1947.

Hall P. Beck & William D. Davidson, "Establishing an Early Warning System: Predicting Low Grades in College Students from Survey of Academic Orientations Scores", *Research in Higher Education*, Vol. 42, No. 6, 2001.

Elizabeth Higginbotham & Lynn Weber, "Moving up with Kin and Community: Upward Social Mobility for Black and White Women", *Gender and Society*, Vol. 6, No. 3, 1992.

Ines W. Jindra, "Why American Sociology Needs Biographical Sociology—European Style", *Journal for The Theory of Social Behaviour*, Vol. 44, No. 4, 2014.

J. C. Walker, "Romanticising Resistance, Romanticising Culture: Problems in Willis's Theory of Cultural Production", *British Journal of Sociology of Education*, Vol. 7, No. 1, 1986.

Jeffrey Shantz, "Biographical Sociology: Struggles Over an Emergent Sociological Practice", *Auto/Biography Studies*, Vol. 24, No. 1, 2009.

Joan McFarland & Mike Cole, "An Englishman's Home is His Castle? A Response to Paul Willis's 'Unemployment: The Final Inequality'", *British Journal of Sociology of Education*, Vol. 9, No. 2, 1988.

John H. Goldthorpe, "Cultural Capital: Some Critical Observations", *Sociologica*, Vol. 2, 2007.

James S. Coleman, Sally B. Kilgore, Thomas Hoffer, "Public and Primate Schools", *Society*, Vol. 19, No. 2, 1982.

Henk Kleijer & Ger Tillekens, "Twenty-five years of Learning to Labour – Looking Back at British Cultural Studies with Paul Willis", *Journal on Media Culture*, Vol. 5, 2003.

London, H. B, "Breaking away: A Study of First-Generation College Students and Their Families", *American Journal of Education*, Vol. 97, No. 2, 1989.

Lorraine Gamman, "Feminism and Youth Culture: From Jackie to Just Seventeen", *Feminist Review*, Vol. 41, 1992.

Michael Apple, "What Correspondence Theories of The Hidden Curriculum Miss", *The Review of Education*, Vol. 5, No. 2, 1979.

Michael Apple, "The Other Side of the Hidden Curriculum: Correspondence Theories and The Labor Process", *Interchange*, Vol. 11, No. 3, 1980.

Michael Apple, "Standing on The Shoulders of Bowels and Gintis: Class Formation and Capitalist Schools", *History of Education Quarterly*, Vol. 28, No. 2, 1988.

Mats Trondman, "Educating Mats: Encountering Finnish 'lads' and Paul Willis's Learning to Labour in Sweden", *Ethnography*, Vol. 19, No. 2, 2018.

Paul Willis & Mats Trondman, "Manifesto for 'Ethnography'", *Ethnography*, Vol. 1, 2000.

Paul Willis, "Cultural Production is Different from Cultural Reproduction is Different from Social Reproduction is Different from Production", *Interchange*,

Vol. 12, No. 2, 1981.

Paul Willis, "Foot Soldiers of Modernity: The Dialectics of Cultural Consumption and the 21st - Century School", *Harvard Educational Review*, Vol. 73, No. 3, 2003.

Paul Ernest, "Communities of Practice: Learning, Meaning, and Identity", *British Journal of Educational Psychology*, Vol. 72, 2002.

Peter Kaufman, "Learning to Not Labor: How Working - Class Individuals Construct Middle - class Identities", *The Sociological Quarterly*, Vol. 44, No. 3, 2003.

Peter M. Blau, "Social Mobility and Interpersonal Relations", *American Sociological Review*, Vol. 21, No. 3, 1956.

Robert E. Park, "Human Migration and the Marginal Man", *American Journal of Sociology*, Vol. 33, No. 6, 1928.

Robert K. Merton, "The Unanticipated Consequences of Purposive Social Action", *American Sociological Review*, Vol. 1, No. 6, 1936.

S. Michael Gaddis, "The Influence of Habitus In the Relationship between Cultural Capital and Academic Achievement", *Social Science Research*, Vol. 42, No. 1, 2013.

Seeman Melvin, "On The Meaning of Alienation", *American Sociological Review*, Vol. 24, No. 6, 1959.

T. E. Woronov, "Learning To Serve: Urban Youth, Vocational Schools And New Class Formations In China", *The China Journal*, Vol. 66, 2011.

Tara J. Yosso, "Whose Culture Has Capital? A Critical Race Theory Discussion of Community Cultural Wealth", *Race Ethnicity and Education*, Vol. 8, No. 1, 2005.

Mats Trondman, "Disowning Knowledge: To Be or Not To Be 'The Immigrant' in Sweden", *Ethnic and Racial Studies*, Vol. 29, No. 3, 2006.

Wolfgang Lehmann, "Habitus Transformation and Hidden Injuries: Successful Working - Class University Students", *Sociology of Education*, Vol. 87, No. 1, 2013.

Wu, Xiaogang, Donald J. Treiman, "The Household Registration System and Social Stratification in China: 1955 - 1996", *Demography*, Vol. 41, No. 2, 2004.

# 索 引

暗面 150，164，250
成长叙事 41—43，46，51，54，58，59，179，246
创造性 2—7，9，19，27，43，49，61，62，72，82—85，87，90，91，93，94，101，109，125，149，151，160，178，191，219，222，226—229，233，238，239，258
代价 177，219，234，238，250，258
单向度优越 145，148，149，180，182，183
道德化思维 132，133，150，165，168，210，213—215，217，228
道德世界 167，168，222，226—228，239，240
道统 31，226，228，258—259
底层文化资本 111，202，213—217，220—223，234，238，239，241，248，252
地位群体 245，247—249，255
懂事 124，159，165—168，171，172，176，177，182，233，247
洞察 5，27，35，69，72，82—85，87—93，96—99，102，103，105，126，162，182，224，225，227—229，243

读书的料 1，15，18，20，23—31，39—43，51，55，63，67，73，82，104，107，110—112，122，142，151，154，159，164，168，188，190，193，198，201，202，206，210，213，214，219，223，227，228，232，233，238，240，245—253，255，257—259
反学校文化 1，2，5，6，8，12，19，30，35，39，78，83，86—90，93—97，99—102，137，147，150，226，228，231
非预期后果 28，29，171，172
复杂性 29，73，164，183，227，230，233
高学业成就 7，9，10，13，22，26，27，29，30，41，42，46，51，59，67，95，103—108，111，112，124，129，148—150，160，175—177，179，180，183，191，192，196，199，202—204，206，209，214—216，218—220，222，223，227，228，230，232—234，247，249—252，254，255，259
公共支持体系 241，251
惯习 26，27，77，79，80，190，199，

210—213，256，258

幻灭感　229，254，255

家伙们　1—6，8，9，12，13，19，27，29，35，39，78，83，84，86—91，93，94，96，98，99，101，102，147，223—231

家庭经验　40，42，50，192，209，233，234

阶层旅行　164，191，192，196—198，251，253，259

联合生活　141，148，149，181，183，191，239

梦想　112，120—123，140，141，186，189，220，232，247，250，253

农村出身　18，22，51，153，154，160—162，164，191，234，257

农家子弟　13，15，18，20—23，25，26，28—30，40—43，46，48—51，54，57，59，65，67，78，81，82，94—96，98—112，118，120—133，135—143，145，147—151，153—162，164—168，170—177，179，180，182，193，195—202，204，205，214，215，220，226，228，231—234，237—239，241，245—247，249，251，253—255，257，259

钱　16，17，39，53，64，88，97，112，125—131，136，149，152，154，156，165，172，174，185，186，193，209，226，250，257

情感结构　150，159，160，164，191

深度访谈　43，49，50，54，59，61，62

文化　2—6，8—10，12，22，26，27，29，31—40，42，44，55—57，61，

62，65，70，73—75，77，78，80—94，96，98—105，108，112，113，123—125，130，133—138，141，145，147—149，151，154，160，161，163，164，170，171，173，176，178，184，185，187，188，190—192，194—200，202—211，213—217，219—223，225—234，238—241，247，250—252，255—259

文化穿梭　191，199，233

文化生产　1，2，5—11，13—15，19，26—30，34，35，37—40，43，51，53，55—57，67，73，78，82—88，90—95，101—105，107，110—112，126，135，147—150，179，183，202，203，213—216，222，223，225—234，245，247，248，250，252，254，258

文化世界　7，10，30，35，40，112，138，149，190，220，228，231，232，247，251，252

文化资本　5，16，26，27，67，76，77，79，81，82，85，104，105，107，111，126，133，134，152，155，159—161，180，188，202—207，209—223，231，232，234，239

物或损之而益　111，124，125，150，202，215，216，219，222，228，287

先赋性动力　125，150，183，210，213—215，217，226，228

贤能主义　254，255

向上流动　2，9，10，15，21，27—29，41，45，54，56，68，78，83，89，93，95，101，103，106，109，112，120，137，150，155，159，164，

281

168，189，192，196，202，204，
215，231，236，238，246，247，
249—252，254，255，258
学校化的心性品质　134，148，150，
210，213—215，217，226，228
循规　1—10，13—15，19，27，43，
83，90，91，97，99，101—103，
107，147，159，179，191，198，
199，214，223，224，226—231，
233，234，253—255
异化　151，255—257
意义生产　35，36，38—40，43，82，
84，104，106，213
有负担的爱　129，131，143，149，
156，226
再生产　1，2，5，6，8，10—12，19，

26—30，34，35，38，41，51，67，
70—75，77—79，81—85，87，90—
97，99—101，103—105，107，134，
135，149，173，182，196，202—
206，209，214，219—221，225，
226，231，237，240，241，243，251
子不承父业　8—10，15，21—23，26，
27，29，229，231
自传　15，17，44—50，53，54，57—
60，64，65，111，112，125—127，
129，137，138，140，143，155，
157，163，165，173，186，192，252
自传社会学　43，45，46，54，58
自我疏离　255，257
自主性　4，39，164，203

# 后 记

没有强烈的情绪和情感，我写不出字来。由于缺少必要的才华与克制，我的分析有时贫乏、有时枯燥、有时执拗、有时泛滥，唯有求得笔锋带一点原初的情感，好让我不至忘却自己为何要选择"文化生产"的视角，去编织"读书的料"的成长故事。

博士刚入学不久，我就向导师康永久老师吐露了对高学业成就农家子弟的研究兴趣。自己的成长过程让我模糊地感觉到，包括我在内的这样一群农家子弟的教育和家庭体验具有极强的时代性，将我们的成长体验记录下来近乎一种使命。但导师却敏锐地提醒我，这样的研究设想必须与关于再生产理论的一系列研究——包括董永贵师兄、熊和妮师姐、胡雪龙师妹有关"寒门何以出贵子"的研究——有本质区别。没有新意，不如不写。

那时，我还无法明言感受独特性与研究独特性之间的关联。我的生命历程让自己在面对文化再生产和文化生产理论时总忍不住质疑。一方面，我不服气"文化资本"近乎成了中上阶层的专属品，底层总是被视为"缺少文化资本"。另一方面，在阅读《学做工》的过程中，威利斯关于"循规者"的寥寥数语也已激起了我强烈的探索欲望。很难想象，能突破社会结构的种种桎梏、最终取得高学业成就的底层子弟只是毫无主动性和创造性的"书呆子"。但零星的自我感知还不足以支撑对理论的质疑。

2015年4月，我在导师办公室第一次接触到了结集而成的教育自传。那时的我呆坐在电脑前，感到一种震颤从内心升起，无数的生命记忆像雪花一般飞来。我梦想着勾勒出这些活生生的生命的本来面貌，揭示他们生活的内在力量。可以说，那一刻的震颤是这篇博士论文真正意义上的起点。之后，我的学术志趣便集中在了这样一群"读书的料"身上。

布迪厄曾将自己的社会学实践看作有关他自己社会经验的社会学。但我有足够的社会经验去编织"读书的料"的生命故事了吗？时机似乎并未足够成熟。完成博士论文初稿时，我才 27 岁，工作经验也只有两年，历练不深，学识更是浅薄。文中的这些"读书的料"与我年龄相仿或者更大一些，他们的生命历程像是一个幽深的隧道，其中的复杂性并非现在就可道尽。但对与"读书的料"成长经历相似的人来说，或许阅读本身会成为一种治愈。而对于那些与"读书的料"成长经历不同的读者来说，文中的故事或许能够让你感受到另一个世界。在 Michael Jackson 的《治愈世界》（Heal The World）中有这样一句歌词："爱让我们不断成长，去创造一个更美好的世界。"我想，真正的爱就是这样一些面对的勇气、对自我的接纳、误解后的理解、真正的宽恕以及发自心底的同情与慈悲。

若是从 2015 年 4 月算起，这篇博士论文的写作花了近乎整整两年。写作的艰苦本是一个博士生应当独自承受的，但我遇上了一个很特别的导师。温源宁曾这样评价胡适："胡博士不是那种把自己的才能深藏起来的人。他有什么就拿出来什么。他是什么人，全都摆在那儿——在他的著作里，谈话里，作风里。他一点也不想有所隐瞒。他没有神秘之处：一切都在光天化日之下，并无暗影。"这样的评价同样适于我的导师，他是我见过的最明朗清澈的人。有什么，他就说什么，很少会隐藏。观点的刀光剑影背后是先验的善意与温润。也许这与读书人的"风骨"相近，但我却更愿意相信这是一种天性。

当然，康老师不仅是有什么就说什么，也是有什么就做什么。三年求学过程中，他一次次忍受我以各种理由找他谈论文时的前言不搭后语，一针见血地指出我思维的无数漏洞、行文的拖沓散漫，总能灵光一现地为我提供新的思考方向。在无数次的"互相折磨"甚至是"吵架"中，我的观点和他的观点已经分不清楚，要么他被迫接受了我的立场，要么我彻底被他的审美和观点征服。当然，后者往往是我们的日常。康老师对审美和行文的要求，比如逻辑不要进标题、章节一定要奇数，有时简直让人无法忍受。但如今，我也成了看见六章、四节就身心难以自如的康门弟子。而且，我最终认识到，在审美上的追逐，将倒逼对文字的雕琢，表达的是作者的用心和敬畏。

说到底，这篇博士论文是我与康老师一起求索而成的果实，是我们尝试推翻再生产理论已有的断言，站在新的角度理解中国底层读书人生命实践的努力。它的酸涩皆来自我个人学识的浅薄、人生阅历的局限，而它的甘甜皆离不开康老师为人的磊落，对学生的善意以及不辞劳苦的教导。相

## 后 记

处越久，我越是能够理解康老师对学术的纯粹态度和为人处世的可贵立场。像一切人一样，他也并不能让所有人都喜欢他，但喜欢他的人也许就能够理解"君子之交淡如水"中"君子"的真正意涵。

我的硕士导师郑新蓉老师是带着懵懂青涩的我走进教育社会学大门的人，她思想博大而宽容，常常能融冰雪为春意、化干戈为玉帛。成为郑老师的学生之后，我才理解韦伯所说的"卡里斯玛"究竟是什么意思。在硕士期间，她给了我走南闯北的机会，一次次帮我树立做学术的信心。她对学术工作的热爱，对处境不利群体的关切，对身边人的理解和体贴，所有的这些言传身教都为我的立身处世和学术风格铺上了一层底色。没有经历她的教导，我很可能成为学术领地的匆匆过客。重返校园之后，郑老师鼓励我参加读书会，不时过问我的学术和生活。在美国访学期间，远在日本的郑老师鼓励我、支持我，让我相信自己并没有那么差，我也可以做得好学术。郑老师见证了我曲折的成长历程，她对我的信任和关怀永远难忘。

这本书也是向 Paul Willis 教授及其《学做工》的致敬。在最初参与教育人类学课程时，他勉为其难地接纳了我这个旁听生。之后我和刘磊明、闫予沨邀他一起喝咖啡，才慢慢熟悉起来。他就职于北京师范大学的三年，也是我读博的三年。在此期间，他担任了我的副导师，邀请我承担教育人类学课程的助教工作，耐心地听我讲对"循规者"和"阶层旅行者"的兴趣，给了我许多无私的支持和宝贵的建议。在我看来，他是一个"不循规"的循规者，无论是在学术还是生活上。有一次和张越一起与他喝咖啡，他在桌子上画了几道横线，告诉我们这几条横线就是已有的理论，而我们要做的是竖着走、斜着走、超越、综合、连接而非模仿。不得不说，他是我心目中的勇者，有自己清晰的底线，有绚丽的辞藻，有旺盛的精力和无穷无尽的创造力。尽管已经回到英国，但他还是一直关心着我的生活和学术发展。这份师生情谊对我而言弥足珍贵。

另一位我要感谢的人是 Michael Apple 教授。他慷慨地应允做我的合作导师，为我提供了赴美国威斯康辛大学麦迪逊分校访学的机会。他在课上说起处境不利的劳工、黑人、女性在遭遇不公正对待时的激愤，周五讨论会上鼓励和期待的目光，在咖啡馆与我讨论选题时的宽容与耐心……所有这些都砥砺我不要将自己的成长背景遗忘在身后，不要停止对处境不利人群的关切，不要以自己力量微小为借口逃避读书人的家国使命。

依托于北京师范大学教育学部搭建的平台，我得以参与一系列国内外

· 285 ·

的学术活动，拓展自己的视野。我从顾明远先生、郭华教授、郭法奇教授、朱旭东教授、石中英教授、檀传宝教授、刘宝存教授、楚江亭教授、朱志勇教授、徐勇教授等许多老师那里领略到了教育学不同领域研究者的独特魅力。陈建翔老师、张莉莉老师、王啸老师、丁道勇老师在我开题时提供了许多真知灼见，帮助我重新审视了自己的研究设想。在我出国访学的准备过程中，杜亮老师还无私地担任了我的担保人。魏曼华老师、尹力老师、余清臣老师、刘水云老师、王熙老师也在求学过程中给过我许多温暖的鼓励。

　　读博期间陪伴我的舍友是王成龙、俞子恩两位同学。成龙有什么好的文献总是与我分享，他帮我复印的由厉以贤先生编著的《西方教育社会学文选》成为读博期间翻阅次数最多的著作之一。在我遇到困惑时，他也常常能设身处地地为我提供好的建议，在我情绪低落时恰到好处地鼓舞我。子恩阳光而富有灵气，他在很多方面拓展了我对生活的感知，教我轮滑，带我们去酒吧，开车带我们去驾校一路上的欢声笑语还恍如昨日。从10岁开始，我便过上了宿舍集体生活，成龙和子恩是我漫长求学生涯中最后两位舍友，1203也终将成为我们共同的生命记忆。感谢他们对我的理解、宽容、陪伴和支持。

　　2014级博士班的刘磊明、崔春龙、郝东方就住在我们隔壁宿舍。明明极富学术激情，与人讨论起来就非常投入，常常语出惊人，犀利而睿智。三年读博期间，他是陪我"自过最多习，吃过最多饭"的人。春龙热情大方，极有运动天赋，博一空闲时甚至和他一起跑到西操场一对一踢球，累到两个人都躺在漫天星空之下，烦恼便烟消云散。方方身体壮硕，沉稳可靠，有什么困难他都能热情地帮着想办法。张默涵像一个大哥，他的勤奋和对学术的认真是我们的榜样。杜光强人称强哥，运动达人，总带我们组织各种活动。王铄张罗了博一时的班级学术沙龙，督促我写出了第一篇自己比较满意的文章。张越对少数民族教育保有极大热情，每次与她讨论都最容易互相喋喋不休，总是能产生思想交锋。三年间，成龙、张越、我，我们三人作为教育社会学方向的博士生，一直互相支持和砥砺，期盼能够不辜负教育社会学团队的老师们，做出点像样的成果来。此外，江露露、张梦琦、田京、王雪双、孟彦、张冉、余晓汉、王聪颖、何文涛、杨传利、万海鹏、张琪、郑孝玲、刘惠、孙雪连、郝艳丽、袁玉芝等同学在生活和学术上也给予了我许多关心和帮助。

## 后 记

  在威斯康辛大学麦迪逊分校联合培养期间，硕士同学邓思恩、吴佳妮、王中雷、杨扬、博士班同学谢晓宇为我提供了一切他们能够给予的可能支持，帮助我逐渐适应了在美国的生活。特别是思恩和佳妮，在我最初到达时提供了至关重要的帮助，在此致以深深的谢意。Michael Apple 教授团队中的博士生 Thatcher Spero 是我认识的第一位美国朋友，这是一份珍贵的友谊。访学期间，我还有幸结识了陈正为、王哲然、吴迪、王名扬、陈娴、卓泽林、邵琪、杨红、兰玉亭、俞越、楚颖、Yanli、Jen、Minji、Graziella、Simone、BryanMcGinn、Morgan Stephens、MayaReisz……感恩有这些善良而热情的好友陪我一起度过生命中一段难忘的时光。

  论文还直接受益于康门和郑门兄弟姐妹的帮助以及在读书会上彼此的坦诚分享。董永贵师兄、熊和妮师姐、闫晓庆师姐、王伟剑师弟、胡雪龙师妹的学位论文曾给过我重要的启迪。史薇、许金星、杨扬、吕雨欣、杨瑶、沈子仪、汪子津、黄慧真、李婷婷、王智颖、张耀文和我一起完成了博士阶段三个课题的研究，感谢他们的信任和帮助。杨瑶、郑梅钦、闫予沨、姚岩、何芳、赵倩、牛慧丹帮助我确立了论文中一些观点，汪子津、杨扬、徐婉茹三位师妹协助我校对了本书的参考文献，杨小兰、李嘉怡师妹分别协助我校对了威利斯的序言中文版以及英文摘要、目录。安超师姐为我提供了自己精心整理的投稿指南，她和吕雨欣、杨瑶师妹也不断地支持鼓励我，帮助我度过了一段艰难的日子。王学男师姐和余智柔姐夫在我求学和生活的方方面面一直给予我莫大的支持和鼓励。武晓伟、熊和妮、闫晓庆、喻意师姐，傅淳华、周序、孔祥渊、高政、王国明、陈玥、胡金木师兄，雷雅琦、朱丽、佟彤、任梦莹、李彩虹、徐文旭、王一杰、赵倩、江雪婷、刘祎莹等师弟师妹也在求学过程中给过我诸多温暖与支持。我从本科时就结交的刘江伟、王江伟两位挚友在博士论文写作以及许许多多倍感压力和艰难的时刻里给予了我不可替代的关心和支持。

  在北京大学第二届教育社会学暑期学校学习期间，有幸得到洪岩壁老师对文章《"物或损之而益"——关于底层文化资本的另一种言说》的点评。湖北师范大学明庆华老师、东北师范大学石艳老师在第十四届全国教育社会学学术年会上对我的研究给予了许多鼓励。南京大学余秀兰老师的学术作品以及之后和余老师的交流为我的博士论文和后续研究提供了重要的启发。中国青少年研究中心邓希泉老师、南京大学贺晓星老师、南京师范大学程天君老师、中央民族大学滕星老师、首都师范大学蔡春老师以及

· 287 ·

华东师范大学周勇老师、黄忠敬老师、柯政老师在我求学过程中给予了许多支持和帮助。华东师范大学董伟琛老师在阅读论文初稿后提供了积极的反馈,天津大学王志萌老师在我求学求职过程中给过我真诚的建议。此外,还有幸与陕西师范大学陈鹏、阮小飞、郝文武、常亚慧等老师就论文的部分内容进行了交流,感谢他们的关照。

在论文前期探索期间,我的哥哥帮助我联系了田野调查的初中。我的姐姐也一直给予我精神上的鼓励和生活上的关心。爷爷奶奶、家乡的亲人们在多年的求学过程中也一直给予我默默的支持。在我最茫然的时候,我的高中同学常川和他的母亲李小平女士帮助我联系了田野调查的高中,感恩这份雪中送炭的情谊。在初中和高中做田野调查的日子里,老师们在不清楚我究竟要做什么的情况下依然给了我宝贵的信任,特别要感谢陈要武校长、姚国辉老师、陈怀成校长以及杨秀山老师在田野调查过程中给予的热忱帮助。许多同学也无条件地接纳了我,一起在操场打篮球的酣畅,在教学楼、餐厅访谈时的敞开心扉至今难忘。虽然最终用到的前期资料较少,但他们的帮助让我度过了最艰难、最无所适从的日子,让我有机会重新找到方向。

这里所呈现的书稿也凝聚了博士后阶段的心血。从 2017 年 7 月下旬起,我进入清华大学公共管理学院博士后流动站工作。清华大学科教政策研究中心苏竣老师和黄萃老师给了我一个虽节奏紧张却足够宽松和温和的工作环境,耐心而宽容地指导我接触新的研究范式和思维方法,鼓励我申请和参与一系列国家和地方重大课题,帮助我以更开阔的视野去审视自己的博士论文和学术之路。博士后期间,我还有幸结识了王树涛、杨超、李思敏、彭娜娜、郭建莹、李丽娜、梁楚颖、岑晓腾、黄新平、谢其军、张煜、任弢、魏钰明、廉威、王健骁、陆言、杨帆、张立立、陈静、岳晓旭、许弈等优秀的同事和师弟师妹。特别感谢高杰博士带我参加了清华大学凯瑞英博士后足球队,让我有机会捡起自高中起就深爱的足球,重新感受到了运动的自信和快乐。

"文字是走过的路,书是文字的归宿"。之所以还能有机会写下这些文字,还能在内心保有纯真和对学术的追求,离不开这些年我在求学和工作的各个阶段遇到的师长和朋友,离不开培养我的母校——贺疃中心小学、淮南市第二十一中学、淮南二中、北京师范大学哲学与社会学学院以及教育学部所有给予我真诚的关心、陪伴我度过青黄不接的青少年时期的老师

## 后 记

和同学们。硕士毕业后的两年工作期间，北京市第十四中学的老师们给予了我许许多多的关照。我的两位教学导师李慧秀和徐凌老师一直关心和牵挂着我，一起入职的邵丹阳老师给予了我许多帮助。梁秀丽、安彩凰、李存秀、唐立娟、罗莜琳、张茜、李超颖、姚东英、白雪飞、赵万刚、丁香、朱文玲、刘中山、董向玮等领导和老师也给了我许许多多的温暖和鼓励。所有教过的学生们，特别是和高一八班的孩子们共同生活的片段还经常入梦，成为我前行的重要力量。想要感谢的人太多，有些在后记中已经提到，有些则深藏于心。深深地感谢和祝福。

感谢我的父亲母亲，他们生养了我，给了我一个平凡却温暖的家，教给了我做人的基本品格。而我求学至今也只给他们带来一点虚名。即便已经成家，我还是他们心中时时刻刻的牵挂。我的母亲坚强果敢，总是积极乐观地面对生活，很少抱怨生活的艰辛。她对每一个人都很好，总是设身处地地为他人着想，对自己的子女更是付出所有。如果我的性格中有一些好的地方，都是受我母亲潜移默化的影响。我的父亲勤劳善良，默默承担着家里的劳作，支撑着自己三个孩子去看见更广阔的世界。读博最后一年，种种压力重叠到了一起，时常觉得苦闷，却只能自己硬撑着。一次给父亲打电话，不知说起什么，父亲突然说"也没给你帮上什么忙"，"自己一辈子也就这样了"。当时听到这些，我心里很难过。2015年，我在美国访学时，一次夜里10点多，从图书馆回到住处，坐公交车睡着了，过了站，到了一个四周漆黑的地方。我不知道坐过了几站，周围没有人，没有房屋，只有灌木和打在脸上的寒风。我心里有些怕，靠着一点记忆往回走。路上，突然微信显示有消息，居然是父亲给我发的语音。他不会打字，给他买了新手机，开了流量，下了微信，但我几乎没给他发过消息，他也从没给我发过语音。只是几天前试着给他发过我拍的一些照片，也不知道他收没收到。就在异国他乡的一片漆黑之中，点开语音，听见父亲说"猛猛，照片看到了，我很高兴"，我一下子哭了出来，一边哭一边鼓起勇气向前走，远处也终于闪现出了一点亮光。现在，我真的很想告诉他这件事情，想告诉他我觉得他很厉害，他真的帮了我很多忙，他在我心中是一个善良、有责任心的伟大父亲。

感谢全国博士后管理委员会、中国社会科学院、中国社会科学出版社、清华大学博士后支持计划、顾明远教育研究发展基金在研究、写作和成书过程中提供的支持。王琪老师专业而细致地帮助我纠正了最初书稿中存在的问题，让这本书能以较为完善的面貌出现在读者面前。限于自己的学识和阅历，作为学术生涯的第一本著作，错误和浅薄在所难免，敬请读者批评指正。

愿这本书有缘与你相遇，不扰人清梦，却能带来一缕微风。

程 猛

于北京师范大学

2018 年 12 月初稿

2021 年 4 月修订